KB202987

나의 연약함을 사랑하시는
하나님을 이야기하고 싶었습니다.
감사합니다.

정 금애 드림

지금도 그대 성장을 꿈꾸십니까?
그 간절한 소망의 응답

참 감사합니다

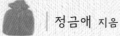

정금애 지음

서우북스
SEOWOO BOOKS

주순이 _ 한국메세나협회 국장, 경영학 박사

이 작가를 처음 만난 건 2000년 초, 대학원 강의실에서였다.

나보다 몇 살 연상이지만 그녀는 누구보다 꿈이 많았고, 더불어 한없이 맑고 순수했다. 세상에 못 이룰 게 없는 듯 자신만만하기까지 했다. 우리는 치열하게 공부했고, 동기들과 캠퍼스 카페에 모여 앉아 서로의 꿈을 응원하고, 맛있는 음식을 함께 나눠 먹으며, 교수들과도 즐겁게 지냈다.

그러나 졸업 후 들려오는 그녀의 삶은 그다지 행복해 보이지 않았다.

자신의 꿈과 인생을 뒤로 미루고, 불의의 사고로 장애를 갖게 된 여동생을 오랜 시간 간호해야 했고, 연로한 어머니까지 돌봐야 했다. 고된 시간이 길어질수록 지칠 만도 했지만, 그럴수록 그녀는 더 강렬하게 주님을 찾았고 기도의 끈을 놓지 않았다.

삶이란 고통으로 다가올 때가 많다. 그것은 축복으로 향하는 좁은 문이라는 것을 알면서도, 거기 머물러 있는 순간은 버거운 것이 사실이다. 녹록지 않았던 그 시간 속에서도 그녀는 긍정의 언어를 사용하고, 주님을 향해 절실하게 매달렸다. 나는 그녀의 그런 모습에서 경외감까지 느꼈다. 누군가 말했다. 원저자는 잘 기억나지 않지만 읽은 기억만큼은 분명해서 여기에 옮겨서 적어 본다.

인생 60대는 은퇴와 더불어 사는 삶의 부록이 아니고, 두 번째 맞는 20대라고. 60대는 가족 부양과 직장생활에서 자유롭게 되는 나이로, 20대 때 진짜 하고 싶었고 꿈꾸던 일을 할 수 있는 최고의 황금시대라고 했다.

오호, 60대부터의 삶은 지금까지 살아온 인생의 부록(附錄)이라는 생각의 발상을, 자기 삶의 개정판(改訂版)을 쓴다는 쪽으로 바꿔야겠다는 생각이 참신하지 않은가.

나는 이 작가에게 미뤄졌던 꿈과 인생의 개정판이 새롭게 펼쳐지는 것을 진심 응원한다. 그녀가 성취하는 그 좁은 길이 하나님이 함께 만들어가는 단단한 대로로 넓혀질 때쯤, 우리도 그 길을 걸어가야 하기에.

최근에 그녀와 이야기를 나눌 때였다.

모든 과정이 오직 주님의 뜻이었고, 그 주님이 아픈 동생과 어머니를 통해서 자신이 세상을 넉넉하게 살아갈 수 있는 강인한 힘을 주었다고 담담하게 말한다. 그 순간 코로나고 뭐고 주변 환경이 다 비켜나간다. 내게 요원하기만 했던 하나님의 크신 사랑만이 영롱하게 빛을 발하기 시작한다.

그녀에게 말하고 싶다.

나까지 힘을 낼 수 있게 해줘서, 참 감사합니다.

목
차

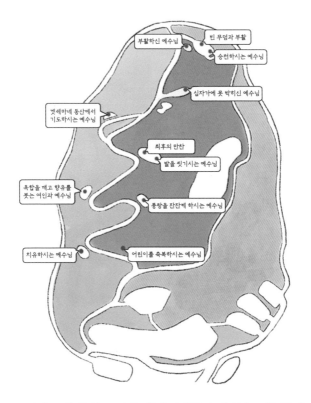

부활하신 예수님

빈 무덤과 부활

승천하시는 예수님

십자가에 못 박히신 예수님

겟세마네 동산에서
기도하시는 예수님

최후의 만찬

발을 씻기시는 예수님

옥합을 깨고 향유를
붓는 여인과 예수님

풍랑을 잔잔케 하시는 예수님

치유하시는 예수님

어린이를 축복하시는 예수님

〈경기도 광주시 오포읍 추자길 107 소재 K수도원 전경〉

코로나로 인해 산티아고나 이스라엘 성지순례지에
가는 길이 막힌 사람들을 위한, 축소판 성지순례지다.
신령한 아우라가 충만해서
기도 묵상하는 사람들의 순례가 끊이지 않는다.

세상의 위기가 하나님의 일을 할 기회라면

매일 새벽에 일어나면 앞뒤 베란다의 문을 활짝 열어젖히고 스트레칭과 스쿼트를 한다. 심호흡하면서, 일련의 순서대로 몸의 긴장을 푼다. 곧이어 집 안 구석구석에 소독약을 뿌린다.

안방에 들어가 창문을 약간 열어젖힌 다음 공기청정기의 버튼을 누른다(밤에는 꺼 둔다). 위생 장갑을 끼고, 와상 환자인 여동생 혜숙이의 기저귀를 갈아 준다. 미지근한 물로 하체를 샤워해 준다. 환자복을 갈아 입히고, 팔 다리를 가볍게 마사지 한다. 혈액순환을 돕기 위해서다. 기저귀는 비닐에 꼭꼭 싸서 뒤 베란다의 항균 분리수거함에 집어넣고, 환자복은 세탁기의 '삶음'기능 버튼을 눌러서 바로 세탁한다. 환자복에 냄새가 밸까 봐서다. 7분이면 끝난다.

나 역시 양치질과 간단히 세안한 다음, 집필 테이블에 앉아 유튜브로 비대면 예배를 드리거나 혹은 교회에 나가 예배를 드리면서 하루를 시작한다. 운동은 오후에 한다.

요즘은 교회에 나가 6시 새벽 예배를 드린다. 방역이 철저하게 이뤄지고 있는 작은 예배실에서, 앞뒤 한 칸씩 띄어 앉는다. 평소 대여섯 명 정도 앉을 수 있는 긴 의자에, 양쪽 끝과 끝에 두 명씩 앉도록 자리가 배치되어 있다.

누군가의 절실한 기도 제목이 있을 땐, 내게 부탁하지 않아도 자발적으로 중보 기도를 하겠다고 상대에게 선언한다. 21일간 오전에 금식하면서 하나님 앞에 그 혹은 그녀를 위한 기도에 정성을 쏟는다. 가끔은 맛있는 식사를 나누며 짧고 강력하게 격려와 용기를 불어 넣어 준다. 주님의 뜻이 그들을 통해 이루어질 때까지, 끈질기게 기도를 드린다.

구하라 그리하면 너희에게 주실 것이요,
찾으라 그리하면 찾아낼 것이요,
문을 두드리라 그리하면 너희에게 열릴 것이니
(마태복음 7장 7절)

이 말씀을 믿고 응답을 받은 상대가 나를 찾아오면, 상대가 하나님께 직접 기도하는 방법을 알려 준다. 자신에게 가장 좋은 것으로 하나님의 사랑을 체험한 사람은, 더 이상 하나님을 외면하지 않는다.

1시간 30분 후쯤 집에 돌아오면, 손을 씻고 나서 혜숙의 체위를 바꿔 준다. 10분 후에 혜숙의 몸을 바로 뉘고 리모컨으로 전동침대의 상체를 세운다. 즉석에서 믹서로 갈아 만든 케일 주스를 숟가락으로 떠서 입에 넣어 준다. 케일과 코코아 워터, 바나나를 넣은 주스를 혜숙이가 좋아한다. 다음 날은 꾸덕꾸덕한 그릭 요거트에 견과류와 베리류를 섞어 먹이면서, 중간중간 따뜻한 물을 마시게 한다. 간식 메뉴는 자주 바꾼다. 치즈, 아보카도와 토마토, 사과 같은 과일과 삶은 달걀 등. 아침 식사는 1시간 후에 준다. 혜숙이를 돌봐주시는 장애인 활동 보조 선생님 M은 혜숙이의 아침 식사가 끝나고 나면 출근한다. 혜숙의 목욕은 M 선생님과 함께 격일로 안방의 욕실에서 시킨다. 여름에는 거의 매일 샤워를 해준다. 안방에서 욕실까지 혜숙의 이송 과정은 독자들의 상상에 맡긴다.

식기류도 혜숙이와 우리 형제들 그리고 손님용으로 철저하게 분리해서 사용한다. 위생을 고려한 컵까지도.

전기밥솥에서 혜숙이의 영양밥이 걸쭉하게 익어가는 동안, 세탁기에서 순면 환자복을 꺼내어 건조기에 넣고 버튼을 누른다. 지금부터 밥이 다 될 때까지 나는 자유다.

거실 깊숙이로 스며드는 햇살을 온몸에 문지르며 볼륨을 높인 클래식으로 집 안 전체를 물들인다. 거실의 소파든, 비즈니스 테이블이든, 작업 테이블이든 간에 아무 데나 기대앉아 눈을 감고 명상에 잠기는 이 시간이 하루 중 가장 행복하다. 완벽하게 자유로운 영혼이 되어 머릿속을 개운하게 비워낸다. 그래야 풍부하게 살아 움직이는 상상력을 노트북에 풀어낼 수 있다.

다시 작품을 쓰기 시작하면서부터 나 자신에게 약속했

다. 하나의 작품을 끝마치면, 무조건 건강 검진부터 받을 것. 단골 내과에 가서 혈액 종합검사를 하고 피로를 푸는 수액을 맞는다(며칠 후에 나오는 처방에 따른 약을 먹거나 별다른 증상이 없다는 전화가 걸려 오면 감사하게 생각한다). 인접한 재활의학과로 건너가 목과 어깨 통증도 치료한다. 그리고 수도권 인근의 자연에 나가 하루를 즐겁게 보낸다. 작품에 온 힘을 쏟았던 마음을 일상으로 되돌리기 위한 내 나름의 연례행사다.

하지만 다음 작업 일정이 바짝 당겨지면, 영성이 탁월한 K수도원을 찾아간다. 지친 감수성에 LTE급 속도로 새 힘을 불어넣어 주기 위함이다. 나는 그곳에 가면 기도공원을 출발하기 직전 문제 해결을 원하는 기도를 먼저 간절히 드린다. 20여 분쯤 걸어 올라가 정상의 예수님 부활의 동상 앞에 이르거나, 산에서 내려오는 길에 대개 기도 응답을 받았다. 그만큼 신령한 아우라가 충만한 수도원이다. 이곳에서 마흔에 성령의 은혜를 체험했다.

식당과 유스호스텔인 <샬롬하우스>가 운영되지만 코로나로 잠정 폐쇄한 터라, 산 중턱의 벤치에 앉아 혼자 묵상의 시간을 가졌다. 하나님과 코로나의 상관관계를 집중적으로 연결해 보았다. 코로나를 통해 우리에게 주는 하나님의 메시지는 뭘까 고민했다.

집에 돌아온 나는 수도원에서 얻은 영감을 현실적으로 구현하기 위해, 관련 책과 연구 논문을 구해서 분석하는 시간을 가진다. 조금씩 실마리가 풀리기 시작했다.

문득 성경의 집필 배경에 대해 생각을 정리해보았다. 구약성경과 비교하면, 신약성경은 그리스도인들을 향한 당대의 사회적, 정치적 거센 핍박 속에서 예수 그리스도의 제자들에 의해 쓰였다. 사도 바울이 예루살렘에서 체포되어 로마 황제의 재판을 받기 위해 로마로 끌려갔을 때다. 그는 가택연금을 받으면서 주옥같은 옥중서신을 썼다. **에베소서, 빌립보서, 골로새서, 빌레몬서**를 비롯한 목회자들에게 보내는 목회 서신인 **디모데전후서, 디도서**를 썼다.

네로 황제의 박해로 순교를 예감한 베드로도, 그리스도인들에게 마지막 때를 초대교회의 선배들처럼 잘 견디라는 의미에서 **베드로전후서**를 썼다.

그 밖의 신약서들도 절대로 태평성대에서 쓰지 않았다. **요한복음**과 **요한 1.2.3서**, 그리고 **요한계시록**은 요한이 귀양 가 있는 밧모섬에서 썼다.

세상의 위기가 하나님의 일을 할 기회라면, 나는 코로나 시즌에 무엇으로 주님께 감사와 영광을 돌릴 수 있을까?

성경을 읽고 기도하는 가운데, 신앙인으로서 소박한 사회적 책무를 떠올렸다. 이 책의 5장인 '코로나 시대를 사는 지혜'에서 그 내용을 다루었다. 나머지 1장에서 4장은 내가 하나님을 만나는 과정에 대해 질박한 마음으로 썼다.

코로나 시대를 불안해하는 크리스천들에게 영적 정체성을 회복하는 지렛대가 되기 위함이다. 동시에 지금까지는 나름 열심히 살았는데, 코로나를 겪으면서 앞으로의 삶이 막막하다는 이방인들에게도 가열찬 삶의 희망을 제시하고 싶었다.

많은 사람이 코로나 이후를 부정적으로 얘기하지만, 내 생각은 좀 다르다. 지금까지의 분주한 삶에 부분적인 경종을 울리는 것도, 우리 자신의 삶을 되돌아보는 자가격리 시간을 갖는 것도 나쁘진 않다고 본다. 반성의 시간이 지나고, 긍정적으로 새롭게 변하고 나면 어제보다 더 나은 오늘의 평정심을 되찾으리라 믿는다.

우리의 역사를 돌아보라. 수치스러웠던 일제 강점기도, 암흑같이 어둡던 한국전쟁도, 모두가 한 방에 휙휙 쓰러지던 IMF도, 우리는 치열하게 싸워서 이겨냈다. 코로나도 우린 결국 이긴다.

최근에 코로나 양성 반응이 나온 사람이 격리 수용되어 있다가, 열흘 만에 나와서 주변 사람들에게 말했다. 두통을 호소했더니 **타이레놀**을 복용하라고 내민 것이 전부였다고 한다. 약간의 미열이 있을 때, 내 맘대로 한입에 털어 넣는 그 약 말이다. 백신을 맞기 전까지는 개개인이 조심하는 수밖에 없다.

우리 모두 코로나가 종식되는 그 날까지, 방역 매뉴얼을 잘 지키고, 건강하게 살아남아서, 서로를 응원하고 함께 일어서는 데 이 책이 유쾌한 말동무가 되었으면 한다.

방역 당국과 의료진들의 거룩한 헌신에 진심 감사하고, 원치 않는 코로나로 고생하는 사람들은 하루빨리 쾌유하기를 간절히 기도드린다.

그리고, 이 글의 구상은 순전히 나의 개인적인 의견이다.

내가 속한 교회공동체와는 전혀 무관한 일이라는 것을 굳이 밝혀 둔다.

2021년 봄
잠원동에서 정금애

1
장
•

지 적   욕 망

내가 지혜로운 길을 네게 가르쳤으며
정직한 길로 너를 인도하였은즉,

다닐 때에 네 걸음이 곤고하지 아니하겠고
달려갈 때에 실족하지 아니하리라.

(잠언 4장 11절12절)

1.

시대의 우울

80학번인 나는 대학 1학년 내내 무기한 휴강으로 집에서 지냈다.

반정부 시위 데모를 저지하기 위한 정부의 강압이었다.

5월에 접어들면서 정읍의 우리 집 전화기에 불이 났다. 시국은 시국이고, 우리는 젊었다. 좀이 쑤신 친구들로부터 전화가 빗발쳤다. 고교 2학년 때 학생 잡지 「학생 중앙」에서 전국의 고교생들을 대상으로 선발한 기자 친구들이었다. 대학에 입학해서도 학보사와 방송반에 들어가 학생 기자의 연장선에서 친하게 지냈다.

하루는 서울대 공대생 K가 고모가 사는 정읍에 내려온 김에 날 찾았다. 우리는 국밥 한 그릇을 먹고 나서 2층 다방으로 자리를 옮겼다. 그 당시는 요즘처럼 브랜드 커피숍이 없었다. 레지들이 커피 보온병과 조그만 쟁반에 커피 잔을 넣고 보자기에 싸서 배달이 가능한 시절이었다. 우리 는 구석진 낡은 테이블에 앉아 낮은 목소리로 시국을 성토 했다. 금서(禁書)인 김지하 시인의 『오적』을 프린트해서 돌려 보았고, 프랑스의 계몽사상가 볼테르의 『캉디드』에 관해 이야기했다.

K는 전라도에 흩어져 있는 친구들과 다 함께 만나자고 제안한다. 연락망은 나였다. 장소는 광주역 앞 시계탑, 약 속 날짜는 1980년 5월 18일 정오. 전남대와 조선대에 다 니는 친구들과 서울에서 내려오는 시인 친구, 그리고 이름 이 생각나지 않는 여대생 친구들에게 전화로 일일이 K의 의견을 전달했다. 모두 반갑다고 대환영이다.

18일 오전, 그날따라 날씨가 우중충했다. 텔레비전과 라 디오에서는 별다른 낌새가 없는데, 아침에 출근했던 아빠 가 대문을 열고 다시 들어오셨다. 한전의 아래 도급 업체 에서 근무하는 아빠의 표정이 굳어 있다.

"너 오늘 광주 간다고?"

"네."

영문을 모르는 난 고개를 끄덕였다.

"가지 마. 너 꼼짝하지 말고 집에 있어."

"안돼, 아빠. 친구들이랑 약속이 되어 있어서 가야 해."

"글쎄, 아빠 말 들어. 광주에 큰일이 났다는 소문이 돌아 서 아빠가 열 일을 제치고 온 거야. 뉴스에도 안 나오는 얘기라면 심상치 않아."

그 길로 아빠는 문밖으로 나갔다. 나는 엄마의 삼엄한 감시 아래 집에 머물렀다. 마루에 있는 전화 수화기를 들었다. 광주에 사는 친구 집에 다이얼을 돌렸다. 신호는 가는데 전화를 받지 않는다. 휴대전화가 없던 시절이다. 다른 전화번호를 돌렸다. 마찬가지였다. 광주의 어떤 친구도 전화를 받지 않는다.

대체 무슨 일이래?

나는 빨래를 걷으러 가는 척하면서 옥상으로 향하는 계단을 올라갔다. 양옥집으로 되어 있는 우리 집은 담벼락에 철근으로 계단을 만들고, 옥상에 장독대와 더불어 빨랫줄을 달았다. 나는 빨래를 걷으면서 동네 안팎을 내려다보았다. 평소와 다름없이 조용하고 평화스러운 풍경이다. 옥상을 내려오려고 계단에 발을 내딛는 순간, 도로를 사이로집 건너편에 동네 아저씨들과 서 있는 아빠를 발견했다. 평소 호탕하게 잘 웃는 이웃집 아저씨들과 아빠의 표정이심각했다.

옥상에서 내려온 나는 마루에 앉아 전화기만 쳐다보았다. 내가 불참했으면 득달같이 채근하는 전화라도 올 터인데 아무리 기다려도 전화벨이 울리지 않는다.

이상하다.

5월 말, 광주의 모든 것을 알았다.

분노와 허무로 가슴이 뻥 뚫려 버렸다.

다행히 친구들은 모두 무사했다. 가까스로 서울에 상경한 K로부터 전화가 걸려 왔다. 그날 K는 송정리역에서 누군가의 귀띔으로 외곽으로 빠져나가 국도에서 남의 차를 타고 남해로 피신했다. 시인 친구는 전날 같은 대학 친구의 부탁을 받고 목포행 열차에 올랐고, 조선대 친구는 산모로 위장했다. 산부인과 원장인 형 내외의 기지로, 원래 곱슬머리인 그에게 산모복을 입히고 아랫도리에 혈흔을 낭자하게 묻혔다. 간호사가 하얀 시트로 그의 몸을 둘둘 말았다고 한다. 신생아는 병원에 남기고, 얼굴에 약간의 화장을 하고, 군인들의 삼엄한 경계에 간호사가 대신 대답했다.

"제왕절개로 방금 아이를 해산한 산모예요. 비켜요."

"아이는?"

"병원 신생아실의 인큐베이터에 있어요. 가서 확인해 보세요. 아, 비켜요. 산모가 위험하다고요."

간호사의 기지로 그는 시내를 빠져나가 화를 면했다.

전남대 친구 역시 시위대에서 분노의 구호를 외치다가 가족들에게 붙들려 머리를 고교생처럼 깎였다. 고교 시절의 교복을 입고, 고교 시절의 이름표를 달고, 고교생 가방

을 옆구리에 끼고 남해행 시외버스를 타고 광주를 빠져나
갔다. 우리들의 미팅 장소였던 광주역 시계탑은 18일 그
날 유혈이 낭자했다는, 가슴 저미는 소문을 듣고 나는 정
신적 혼란이 왔다. 거의 식음을 전폐하고 금서를 찾아 읽
었다.

그때 용돈은 주로 엄마에게 주 단위로 받았는데, 하루는
아빠가 날 전화로 호출했다. 시내 본정통에 있는 풍년제과
로 나갔다.

단팥빵과 우유를 주문한 아빠가 용돈을 주었다.

"나는 내 딸이 너무 우울하게 지내지 않았으면 좋겠다.
요 앞에 서점이 있으니까, 가서 여성지도 좀 사서 봐라. 골
치 아픈 책만 골라 보는 것, 편식처럼 좋지 않아."

그 당시 5형제의 맏이인 나는 아빠의 제안을 선뜻 받아
들일 수 없었다.

"엄마가 주는 것으로 충분해요. 쓸 데도 별로 없고요."

"친구들 만나서 차도 마시고, 머리도 식히고 그래."

그간 아빠가 나 때문에 마음 졸였을 것을 생각하니 목이
메었다.

6월, 대학의 학생회 임원으로부터 연락이 왔다. 내가 다
니던 우석여대는 1979년에 설립된 신설 대학으로 나는 2
회 신입생이었다. 선배의 대의원 영입 제안에 응했다. 다
음 날 대학에 나가 전국연합 학생회 모임에 우리 대학의
대의원 자격으로 2명이 선발되어 이대에 도착했다. 서울

에 고모 집이 있어서 숙식은 그곳에서 할 요량이었지만, 그 당시 덕성여대 총학생회장이 내 손을 잡았다. 자기 집에서 이틀을 자면서 연합 총학의 일을 하자고 제안했다.

나는 그 선배의 호의를 매우 감사하게 받아들였다. 정읍 집과 장충동 고모 댁에 사정 이야기를 하고 그 선배의 집 전화번호를 양쪽에 다 알려주었다. 나는 외박을 하면 반드시 목적지를 집에 밝혔다. 대학 1학년 때부터 지금까지…. 그 습관은 엄마가 내게 주문한 것이었다.

"여행도 갈 수 있고, 때론 친구나 선후배의 집에서 잘 수도 있어. 이해한다. 중요한 것은 반드시 목적지를 집에 알릴 것. 술을 마시는 것은 이해한다. 담배는 절대로 안 돼. 이 두 가지는 반드시 지켜라."

나는 굳이 마다할 이유가 없었다. 담배는 냄새가 싫어서 입에 대지도 못하니까.

그 선배가 사는 명륜동의 한옥에 갔다. 내 기억에 그 선배는 외동딸이었다. 이름은 생각나지 않는다. 날 초대한 이유는 이념이나 시대의 우울한 이야기를 나눌 상대라기보다는, 내 눈빛을 보는 순간 자기 집에서 재우고 싶었다고 얘기한다.

앞머리를 눈썹에서 반듯하게 잘라 펑크 파마를 해서 둥글게 말고, 어깨에 찰랑거리는 머리 스타일인 나는, 셔츠를 바지 속으로 받쳐 입고 7센티 하이힐을 신고 다녔다. 대학 4년 내내 나는 하이힐을 즐겨 신었다. 1학년 때부터

연하게 화장도 하고 다녔지만, 옷은 항상 수수한 셔츠를 바지에 받쳐 입고 벨트를 맸다. 가방은 책을 넣고 다녀서 큼지막했다.

그날 밤, 1980년에 덕성여대 총학생회장이었던 그 선배는 내게 자신의 액세서리를 선물로 주었다. 여학생들이 좋아하는 손가방도 두 갠가 주었던 기억이 난다. 나는 준비한 게 없어서 망설였다. 그녀는 괜찮다고, 여동생이 없어서 마음에 드는 여대생이 있으면 뭐든 주고 싶다고 말한 기억이 난다. 집안 분위기가 고즈넉했고, 부모님들이 안채에서 도란도란 대화를 나누는 것도 인상적이었다. 그날 가랑비가 내렸던가.

선배의 오래된 낡은 전축에서 클래식에 이어 샹송이 흘러나온다. 우리는 이부자리 두 개를 펴고 나란히 누워서 많은 대화를 나누었다. 그 선배는 이념이나 시국에 관한 이야기는 더 이상 하지 않았다. 졸업반 여대생으로서 취업과 대학원 진학에 대한 고민, 결혼에 대한 청사진도 그려보고 있었다. 처음 만난 내게, 오래 만나 우정을 다져 온 후배에게나 할 법한 이야기를 나눴던 기억이 난다.

그 당시 만났던 야심만만한 여자 선배나 남학생들은 나를 만나면 그들의 꿈을 이야기했다. 대개 남에게 잘 안 하는 얘기를 이상하게 나한테는 하게 된다고 고백한다. 나는 속으로 킬킬거리고 웃는다.

거짓말, 나한테 들려주는 이야기라면 다른 사람에게도

이미 했다는 말이다.

다만 한 번 더 자기 생각을 정리하는 기회를 가져 보는 것이라고 알아들었다.

다음 날 한옥 대문을 나선 우리는 그새 다정한 자매가 되어 명륜동 한옥마을의 골목을 걸었다. 이대의 총학생회 사무실에 도착한 우리는, 곧바로 역할 분담 때문에 자리를 옮겼다. 시위의 피켓과 플래카드, 시위의 정당성에 관한 선언문은 고학년 선배들이 작성했다. 나는 심부름꾼에 불과했지만, 감정적으로 엄청 고양되었다. 전주에서 최루탄이 뿜어대는 순간 삼십육계를 놓기 바빴던 때와는 다른 체험이었다.

그 뒤로도 계속해서 서울연합 총회에서 연락이 왔지만, 우리 대학에서는 더 참가하지 않았다. 나는 대의원 활동으로 2학기에 등록금 면제 장학금을 받았다.

그해 가을, 우연히 9시 뉴스를 보다가 이대 총학생회장이 구속되는 것을 보았다. 굉장히 열정적으로 전국연합 학생회를 구성하고 당당하게 우리를 지휘하며 격앙되었던, 이대 총학과 몇몇 대학의 임원들이 붙잡혔다. 날 재워 주었던 덕성여대 총학의 이름은 눈에 띄지 않았다.

아, 다행이다.

훗날 시외전화로 그 언니의 진심을 전해 들었다. 이념적 분노로 머리가 터져 버릴 것 같았던 그때, 우연히 마음을 나눴던 나를 통해 오랜만에 자신의 자화상과 마주 설 수 있는 시간을 가졌다고 고백한다. 자기도 왜 낯선 내게 자신의 얘기를 했는지 이유는 모르지만, 실상 시대의 분노가 개인의 분노로 연결되지 않는 갭 차이로 고민이 컸다고 말했다. 언니는 이념과 현실의 격차에서 현실적인 선택을 하게 되었다고 한다.

"잠은 내가 널 재워 주었는데, 너는 잠든 내 안의 날 깨워 주었어. 너의 순수한 아우라가 날 총학생회장의 껍질 속에 잠들어 있던 한 인간, 한 여자인 나를 끄집어준 거야."

나는 그 언니의 삶에 행운을 기원했다.

2.

교회, 오빠가 있었네

간헐적인 휴학과 띄엄띄엄 수업 끝에 겨울방학을 맞았다. 여고 친구에게서 전화가 걸려 왔다. 30분은 족히 걸어가는 곳에 소재한 성광교회에 가자는 것이다. 집에서 가까운 교회도 마다한 나는 거절했다. 사회 만점은 웃으면서 솔직하게 이실직고한다.

"야, 정읍에서 그중 물 좋은 교회 오빠들이 나오는 대학부가 있거든. 전국에서 모인 교회 오빠들이 우리를 부르는데, 가자."

여고 3년간 짝꿍인 사회 만점이 내 손을 이끌었다. 친구 관계에서도 특별히 신뢰가 가는 경우가 있고, 그저 어울리다 보니 허물없는 친구가 되는 경우가 있다. 이 친구는 전자였다. 그런 신뢰의 관계는 지금까지도 이어지고 있다.

친구는 여고 3년을 사회 전 과목에 걸쳐 만점을 받다시피 했다. 어쩌다가 한두 문항 틀린 점수를 받으면 사색이 되어 암기에 목숨 걸고 공부했다. 결국, 국사학과 4학년 때 서울 지역 중등교사 순위 고사에 합격했다. 반포와 잠실 구역에서만 중학교 국사 선생으로 근무하다가 최근 자진 은퇴했다. 여유 있게 취미 활동을 보내려던 계획이 코로나로 인해 방에 머물러 지낸다. 아들딸을 미국에 유학시켰는데, 존스홉킨스대를 졸업하고 결혼한 아들은 미국의 대학병원에서 심장내과 의사로 재직 중이다. 뉴욕 주립대 미대를 나온 딸과 두 부부가 함께 살고 있다. 프라이버시를 위해 '사회 만점'으로 호칭한다.

사실 우리 집은 나만 빼고 부모님과 동생들 모두 집에서 5분 거리의 제일교회에 나가고 있었다. 나는 세상 경험 다 해 본 다음에 나간다는 명분으로, 일요일에 가족들이 집을 나가면 혼자 남아서 책을 보았다. 주로 사회 과학서에 꽂혀 있었다.

끝도 없는 우울한 시국에 낙천적인 내 기질이 슬슬 권태기를 느낄 즈음, 나는 친구 따라 강남 가듯 성광교회에 나갔다. 대성전에서 예배를 드리기 위한 거룩한 발걸음이 아니었다. 고향의 수많은 교회 중에 순전히 물 좋은 교회 오빠들이 출몰하는 교회 대학부라는 호기심이 전부였다.

서울에서 온 교회 오빠가 주관하는 성경 말씀은 외래어였다. 도대체 뭐라는지, 머리에 들어오지 않았다. 찬송가는 입에 착 달라붙지 않고 혀끝에서 맴돌았다. 곡조를 따라가기가 너무 힘들었다. 크게 원을 그리고 방석에 앉아서 하는 예배 의식이 끝날 즈음 다리에 쥐가 났다. 온몸을 뒤틀고 앉아 있는 우리는 서둘러 교회를 나섰다. 수면제를 먹은 것처럼 졸려서 하품이 다 나왔다.

예배를 어떻게 드리는 것인지, 성경 말씀이 뭔지, 찬송가는 왜 그렇게 고리타분한 지, 교회 오빠들은 왜 한결같이 우울한 인상을 쓰고 다니는지!

그때 내 시선을 끄는 점퍼 차림의 오빠가 있었다. 그가 내 곁을 스치듯이 지나치면서, 전화번호를 물었던가? 우중충한 오빠들과는 달리 좀 젠틀해 보여서 가벼운 마음으로 전화번호를 주고받았다.

교회 문밖에는 배우 장미희 씨의 수려한 외모와 기럭지를 가진 미대생 연예인 친구와 사회 만점이 날 기다리고 있었다. 사회 만점과 연예인은 초등학교 동창이고, 시인을 꿈꾸는 나와 사회 만점은 여중과 여고 동창이다. 대학은 셋 다 달랐다.

"이번 주말에 내장산 관광호텔에서 페스티벌이 있거든. 같이 가자."

"파트너는?"

내가 물었다. 연예인이 으스댄다.

"전북대 상대와 공돌이들(공대생들)."

교회 오빠의 스펙에 비해 달렸지만 상관없었다. 우리는

바로 연예인의 꾐에 홀딱 넘어갔다. 사회 만점과 나는 순전히 권태스러운 날들을 보상받기라도 하는 것처럼 단순한 유희였는데 연예인은 역시 우리와 노는 급이 달랐다. 격을 갖춘 춤 연습을 하고 가야 한다는 것이다. 의상도 점검하겠다고 선수친다. 사회 만점과 나는 코웃음을 쳤다.

"웃겨. 얘, 나 안 가."

나는 바로 튕겼다. 끼는 많아도 성격은 유순한 연예인은 키들거리며 곧바로 내 팔을 잡는다.

"아, 알았어. 알았어. 흐흐."

웃는 모습이 영락없는 장미희 씨다. 미워하려야 미워할 수 없는 표정이다. 내가 즐겨 입는 옷차림으로 사회 만점 집에 갔더니 큰언니의 표정이 화가 나 있다. 나는 사회 만점에게 눈짓으로 무슨 일이 있냐고 물었다. 큰언니가 바로 대답한다.

"너희들 연예인인가 뭔가 걔하고 그만 어울려 다녀라. 어, 얘가 공부는 안 하고 만날 옷 타령만 한다. 아마도 연예인 걔가 너희들이 노는 물을 흐려 놓은 게 분명하다. 너, 안 그러냐?"

"네? 아, 네. 언니."

나는 바로 꼬리를 내리고 사회 만점이 이끄는 공부방으로 들어갔다. 아니나 다를까, 옷이 없다고 투덜대다가 언니한테 혼났다고 한다. 나는 사회 만점에게 따끈따끈한 정보를 흘렸다.

"얘, 김칫국 마시지 마. 우리는 연예인이 최근에 사귀는 녀석과 화려한 이벤트를 갖는데 들러리에 불과해. 백댄서라고."

"누가 그래?"

"척 보면 모르냐? 너랑 나는 그냥 그들의 놀이터에 가서 우리 맘껏 즐기고 놀다 와서 공부나 하자."

"그 계집애 못됐다."

"야, 원래 제대로 잘 놀려면 사교계의 전문가를 끼고 노는 거야. 너랑 나랑은 기껏해야 담배 연기 나는 다방에 앉아서, 쓴 커피 한 잔 주문해 놓고는 뭐 시국이 어쩌고 이념이 어떻고 하는 얘기로 허리에 타박상이 날 정도로 떠들고 오는 게 전부였잖냐. 그간 연예인 쟤가 주선하는 파티에 가 봤잖아. 지네 부모한테 용돈 많이 받는 녀석들이 음식 제공에 파티와 에스코트까지, 급이 달라도 한참은 다르니까 눈 딱 감고 그냥 가자. 응?"

"너는 시인을 꿈꾸는 애가 좀 속물이다 얘."

"그래, 나 노는 건 완전 속물이다."

우리는 허리를 붙잡고 웃었다. 사회 만점도 기럭지가 길고 머리가 어깨까지 찰랑거린다. 청바지에 스웨터, 칠부 코트를 입고 머플러와 부츠를 신고 나오자 사회 만점 언니의 얼굴이 환해진다.

"그래, 그렇게 하고 다녀야 여대생 답지. 연예인 걔는 그게 학생 옷차림이냐? 지가 무슨 모델도 아니면서 화려하

기는. 너, 앞으로 금애하고만 친구로 지내라. 수수하니 좀
보기가 좋아?”

우리는 얼른 밖으로 나왔다. 내가 종알거린다.

“야, 나는 지지리 궁상이란 말이지?”

“뭐 그렇게 생각해. 언니 말은 셔츠에 진바지가 여대생
답다는 얘기지.”

나는 바로 명랑함을 되찾고 사회 만점과 수다를 떨면서
걸었다. 다방에서 우릴 반기는 연예인은 그날도 온갖 ‘째’
를 내고 앉아 있다. 우리랑 만나면 완전히 선머슴애처럼
굴면서, 곁에 남학생이 한 명만 있어도 세상에 없는 조신
하고 우아한 숙녀로 변신한다. 그날도 그 조신한 잠자리
날개 같은 원피스 차림으로 다리를 달달 떨면서 진도를 뺀
다.

춤 연습을 하고 가야 한다는 것이다. 춤 선생은 연예인
자기가 할 텐데, 장소가 문제라는 것이다. 사회 만점은 결
혼한 언니 집에 살고 있고, 연예인은 대가족이라서 그렇
고, 결국 단출한 우리 집이 낙점되었다.

나는 꾀를 내어 엄마가 외출하는 날 우리 집에서 거사를
치르기로 합의했다. 딸 셋, 아들 둘인 형제들이 우리의 춤
연습을 위해 총동원되었다. 국민학교(그 당시는 초등학교
대신) 입학 전인 남동생 두 명은 호각을 입에 물고 옥상에
서 망을 봤다. 엄마가 집으로 일찍 올 경우, 옥상에서 호각
을 불면 우리는 자연스럽게 영어공부를 하는 것이다. 여동

생 두 명은 대문을 주의 깊게 탐색했다.

우리는 내 방에서 박자 빠른 팝송 '원티드' '섹시 뮤직' 등을 틀어 놓고 연예인으로부터 춤 과외수업을 받았다. 거사가 진행되는 토요일 정오, 나는 도서관에 간다는 핑계를 대고 친구들과 합류했다. 토요일 오후는 내장산의 대자연 속 어두컴컴한 나이트클럽에서 열리는 사교댄스를 즐겼다. 바닥이 대리석으로 반들반들해서 조금만 흔들어도 자연스럽게 빙글빙글 춤으로 연결된다. 우리는 놀 때는 신나게 논다.

다음 날 일요일은 교회 대학부에 가서 꾸벅꾸벅 졸았다. 성경과 하나님은 여전히 두려운 존재였다. 우리는 돌담 계단을 올라 2층 본당 대예배실에 올라가 예배를 드릴 엄두를 내지 못했다. 사회 만점과 나는 뭔가에 끌리듯이 매주 계단 아래 1층 대학부로 가서 출석 도장을 찍었다.

그때 누군가 성경을 제대로 가르쳐주었더라면, 하나님이 누군지 알려주었더라면 좀 좋았을까. 아무도 우리에게 성경과 하나님을 정확히 알려주는 사람이 없었다.

내가 만난 교회 오빠도 방안퉁수였을까. 교회 안에서는 별 말이 없었다. 하지만 교회 바깥에서 그 진가를 발휘했다. 오빠가 주로 전화를 걸었고 우리는 시내 다방에서 만났다. 그는 내가 시인 지망생이라는 것을 무척 고무적으로 받아들였다. 우리는 커피를 마시면서 구시대의 시인들을 다방 테이블로 소환시켜 함께 게임판을 벌였다. 그의 지적인 열변에 시간 가는 줄 몰랐다.

어느새 아테네의 광장에서 우리는 아리스토텔레스와도 포커판을 벌였다. 당연히 우리 편이 이겼다. 우리가 심판이니까!

만날 때마다 주제가 있는 이야기가 끊이지 않았다. 나는 그가 정읍에서 어디에 사는지, 누구 집 아들인지, 가족 환경은 어떤지 지금도 잘 모른다. 서로에 대한 호구조사는 대학과 과 정도로 끝냈다. 오빠가 1년 선배다. 어찌나 어른스럽게, 선비답게 구는지!

우리는 주로 지식의 향연을 벌이는 것으로 시간을 보냈다. 배고픈 줄도 몰랐다. 박학다식한 지식으로 포화상태였던 교회 오빠는, 지적 욕망이 강한 나의 자아로 망설임 없이 파고들었다. 어떤 논쟁도 어떤 사상과 비판도 차분하게 대응해 주는 나와 걸어 다니는 백과사전인 교회 오빠는, 주로 방학을 이용해서 만났다.

2학년 가을 학기에, 대학에서 공모하는 시 부문에 당선되었다. 상금이 있었다. 축제를 시작하는 첫날 시상식에서 내 이름을 호명하는 그 시각, 나는 캠퍼스에 없었다. 인후동 친구와 함께 서울 청량리역에서 가평행 3등 열차에 올랐다. 서울에서 유학 중인 교회 오빠와 셋이서 남이섬을 향해 행군하고 있었다.

셋 다 명분주의자였다. 오빠는 나에게 인후동 친구가 왜 따라왔냐고 굳이 묻고 또 물었다. 교회 오빠가 잠시 자리를 떴을 때 인후동 친구가 물었다.

"저 오빠, 너랑 무슨 사이야?"

"머리 좋은, 교회 오빠!"

"그게 다야?"

"그럼 뭐가 더 필요한데?"

내가 그 친구에게 물었다.

"지금 너한테 교회 오빠는 어떤 사이냐?"

"야, 나는 너 따라다니는 수호천사지."

우리는 동문서답을 하며 킬킬거리고 웃어댔다.

교회 오빠는 행정고시 공부를 하고 있었는데 나름대로 고민이 컸다. 반정부 시위로 이미 구속된 친구들과 선후배들이 많은데, 혼자 제도권에서 출세를 위해 공부하는 죄책감에 시달리고 있었다. 편지랍시고 보내오는 글은 고시생들이 사용하는 세로형 붉은 줄무늬 편지지에 왔다. 최장 편지는 무려 27장까지 길게 왔다. 내용은 이념에 대한 갈등과 시국에 대한 소감, 개인과 지식인의 책무 사이에서 고뇌하는 글이 한자어와 영어를 섞어서 빼곡히 적혀 있다. 약어로 사용하는 한자어는 아주 난해해서 해독이 어려웠다.

나는 연애편지 답지도 않은 편지를 들고 한시(漢詩) 전공 교수를 찾아갔다. 약어 한자의 해독을 부탁했다가 맞아

죽을 뻔했다.

"야 인마. 하다 하다 연애편지 한자 해독을 해 달라는 녀석은 처음 본다. 이 친구 누구냐?"

"교회 오빠요."

"교회 오빠는 연애를 이렇게 하냐?"

"연애까지는 아니고. 음, 시인과 교회 오빠의 형이상학적인 문서 교환이랄까?"

"웃겨."

"됐죠? 이제, 한자 해독이나 해주세요."

"너, 진짜!"

교수는 온갖 신경질을 내면서도 다 해독해 준다.

그 길로 나는 도서실에 가서 한자사전과 영어사전을 펴들고 답장 공부에 목숨을 걸었다. 수많은 시간, 그 많은 편지 어디에도 첫 문장에서부터 끝장까지 단 한 번도 사적인 감정을 내비치는 글귀도 없건만 뭐 그리 대단하다고 꼬박꼬박 답신을 해주고, 정읍의 외곽이란 외곽은 함께 돌아다니면서 찧고 까불고 떠들고 다녔는지, 나원. 유식한 교회 오빠를 상대하느라 머리를 쥐어뜯던 한때가 있었다, 내게.

러브라인?

그런 거 없다.

(왜 그를 남자로 생각하지 않았는지 지금도 참 미스테리하지만, 사실이었다. 어쩌면 청춘의 옥시토신을 뇌로 과열 집중한 나머지, 사랑의 호르몬이 로마로 이민 가 버린 것

은 아니었는지 모르겠다.

훨씬 훗날 김정운 박사의 에세이『바닷가 작업실에서는
전혀 다른 시간이 흐른다』에서, 내 젊은 날의 감정에 대한
객관적인 검증을 확인하고 웃었다.

'육체적인 오르가슴만 있는 게 아니다, 정신적·지적 오르
가슴도 있다.'

섬에 사는 그는 자신의 전용 배 이름을 '오리 가슴'이라
고 했다. 전혀 웃기지 않는 얼굴인데, 글은 깨알같이 웃긴
다. 나는 그에 대한 팬은 아닌데, 그의 글에 대해서는 왕팬
이다. 주변에 홍보도 많이 해주고 책도 사서 많이 선물했
다. 그는 나에게 감사해야 한다. 뭐, 나 혼자만의 생각이
다.)

그렇더라도 우리는 청춘의 한때 지적인 교류를 나눈 젊
은이답게, 굳이 작별의 세레모니를 나누었다. 대학을 졸업
한 이듬해, 나는 관악 캠퍼스 기숙사 앞 잔디밭에서 그를
만났다. 약간의 우여곡절이 있었지만 다 지난 일이다. 잔
디를 손으로 쓸어주면서 그렇게 우리는 서로 각자의 갈 길
을 향해 발걸음을 내디뎠다.

3.

섬싱 철학

대학시절 내내 나는 전주로 통학했다. 엄마는 전주에서 자취를 권했지만 내가 싫었다. 통학버스가 이른 아침과 저녁에 30분 간격으로 두 번 운행하는데 굳이 부모에게 경제적인 부담을 주고 싶지 않았다. 오히려 틈틈이 중학생 과외를 시작할까 생각 중이었다. 내 의중을 전해 들은 엄마가 날 불러 앉힌다.

"여자한테 대학 4년은 인생을 통틀어 가장 화려한 시절이야. 과외해서 돈 벌 필요 없다. 엄마가 빠듯하게나마 용돈을 매주 줄 테니까, 너는 마음껏 대학생활을 누려라."

"왜?"

"넌 시인이 된다면서? 돈 걱정을 안 해야 자유로운 영혼으로 시를 쓰고, 나중에 졸업하면 국어 선생을 하면 좋겠다."

"고마워, 엄마."

2학년에 접어들면서 국문과를 선택했다. 과에서 수다가 제법 통하는 친구 다섯 명이 한 패거리가 되어 떼 지어 다녔다. 대학 근처에서 의대와 음대에 다니는 쌍둥이 동생들과 함께 자취하는 군산 친구, 전주 인후동에 사는 친구, 인후동에서 자취하는 남원 친구, 전주 완산동 친구, 집에서 통학하는 군산 친구2였다.

우리는 시 동인으로 뭉쳤다. 각자가 습작한 시 노트를 들고 품평회를 했고, 비가 부슬부슬 내리는 날은 수업을 빼먹고 시내 카페에서 버지니아 울프의 시를 읊조리며 눈시울을 적셨다. 전혜린의 우울한 감수성을 떠올리며 애달파했고, 전주 홍지서림의 시집이란 시집은 곶감 빼먹듯이 한 권씩 빼 들고 달달 외웠다.

배가 출출하면 완산동 캠퍼스 앞 주막집에서 식사를 주문했다. 그 당시 1만 원 정도면 교자상을 두 개 붙여진 식탁에 반찬이 무려 스물네 가지로 푸짐하게 나왔다. 처음에 두 명이 가서 먼저 식사를 하고 있을 때, 친구들이 우연히 들르는 척 합류했다. 들어갈 때는 두 명인데 나올 때는 대여섯 명이어도, 언제나 교자상 밥값은 2만원이었다. 주인 아줌마도 이해를 하는 듯 아무 말이 없었다. 그곳은 내가 통학버스를 타기 직전까지 머무르는 정류장이기도 했다.

나의 일상생활은 빠짐없이 서울의 교회 오빠에게 편지

로 전해졌다. 오빠의 답장은 실로 거창했다. 봉투 안의 편지지는 거의 소포 수준으로 빼곡이 채워져서 전해져 왔다. 인생의 과외 선생을 가진 느낌이랄까.

그때는 통학버스 시간을 놓칠 경우를 예상하고 엄마에게서 용돈을 받았지만, 나는 웬만해서는 통학버스를 놓치는 법이 없었다. 4교시에 수업이 끝나는 날은 친구들과 함께 시내에 나가서 놀았다. 좀 일찍 집에 가고 싶은 유혹에 져본 적이 한 번도 없다. 친구들과 어울려 노느라 9시에 막차를 타본 적은 여러 번 있었지만. 그렇게 시외버스 왕복 비용인 250원을 한 달 동안 아끼면 꽤 쏠쏠한 목돈이 되었다. 친구들에게 가끔 한턱을 낼 수도 있고, 교과서 이외의 책을 사거나 동생들에게 용돈을 나눠줄 수 있어서 좋았다.

매일 새벽같이 일어나 밥을 먹고 엄마가 싸 준 도시락을 챙겼다. 밥과 마른반찬, 단무지, 간혹 김을 싼 도시락을 비닐로 돌돌 말았다. 그 당시는 비닐 랩이 없을 때라 까만 비닐봉지로 틀어 맸다. 김치와 달걀부침은 냄새가 날까 봐 사양했다. 내가 새벽 6시 30분경에 밥을 먹으면 아빠가 대문 밖에 자전거를 대기하고 기다렸다. 통학버스 정류장까지 도착하면 후배들이 환호성을 지른다. 아빠의 자전거로 도착하는 날 부러워하기도 하고 혼자만 대우받는 것에 대한 야유이기도 하는 함성을, 친하다는 반응으로 가볍게 흘려들었다.

우리까지는 여대였는데 2학년에 올라가면서, 그러니까

3회 입학생부터 남녀공학이 되면서 남학생 후배들이 생겼다. 복학생이 많았다.

유난히 날 따르는 후배가 있었는데 내가 지어준 별명이 '이쁜이'다. 일문과 남학생인데, 보름달같이 둥근 얼굴에 앞머리를 반듯하게 자르고 옆머리와 뒷머리가 똑 단발이다. 얼굴은 평범한데 이름 부르기가 뭣해서 지시대명사로 이쁜이라고 했건만 나이는 나보다 위인 이쁜이가 갈수록 이쁜 짓을 한다. 우리 과 친구들이 웃겨 죽겠다고 해도 이쁜이는 나만 보면 세상 혼자 밝은 얼굴로 방긋방긋 웃는다. 이쁜이 통학 짝꿍은 복학생 '미스터 아담'. 약간 아담한 체구라 그렇게 이름 지었다.

어쩌다가 아빠가 바빠서 나 혼자 걸어가면, 이쁜이가 내 무거운 가방을 대신 들어주었다. 여전히 나는 7센티 하이힐을 신고 큰 가방을 어깨에 메고 또박또박 잘 걸었다. 가끔은 이쁜이가 빠르게 걸어가고, 미스터 아담이 자전거 뒤에 나를 태우고 달리는 날도 있었다. 하여튼 어찌 된 영문인지 그 시절에 내 주변에는 수호천사들이 참 많았다. 남학생들이 반할 정도로 결코 미모가 예쁜 내가 아니었는데도 호사를 누렸다.

통학버스를 타고 전주까지 가는 동안 줄기차게 수다를 떠는 정열파 이쁜이가 눈이 뒤집히는 일이 발생했다. 정읍 톨게이트를 지나 고속도로 중간에 과수원이 있다. 과수원 집 막내 도령인, 훤칠한 키에 고독한 타입의 남학생이 차에 올라탄다. 맨 꺼풀진 눈과 약간 긴 커트 머리에 체크 와이셔츠를 빛 바랜 청바지에 집어넣고, 벨트로 허리를 동여맨 수학과 멋쟁이가 나를 향해 씩 웃는 것이렸다?

모두가 잠이 부족한 청년들이라 슬슬 졸음이 올 그 무렵 이쁜이가 종알거린다.

"정 선배. 정말 그러기야?"

"뭐 어쨌다고?"

흥, 토라지는 얼굴로 이쁜이는 입술을 비죽거린다. 그러거나 말거나 수학과 멋쟁이가 내게 아는 체를 하며 통성명을 튼다. 멋쟁이는 나보다 한 살 위 복학생이다. 수학과 멋쟁이는 고개를 하늘로 치켜들고 눈가로 쏠리는 머리칼을 손으로 쓸어 올린다. 향긋한 샴푸 내음이 은은하게 전해진다. 나는 자리에 앉아 있고 그는 선 채로 고개를 구십도 각도로 내 어깨쯤에 숙인 채, 나직한 어조로 주거니 받거니 대화를 나눈다. 어찌나 양치질도 잘 하는지 말하는 입에서도 향긋한 치약 냄새가 솔솔 풍긴다. 아휴, 예뻐라. 깔끔하기도 하지.

"이따 하교 버스도 탈 거죠?"

그의 말에 나는 고개를 끄덕인다.

"당연하지."

"내가 자리를 맡아 놓을 테니까 그럼 이따 봐요."

"고마워."

내가 의자에서 일어나면 그 자리에 멋쟁이가 앉는다. 그

당시 정읍에서 전주 초입의 완산동에 인문계열 캠퍼스가
있고, 완산동에서 30분을 달리면 전주의 위성 마을인 삼
례에 대학본부와 이과 계열 캠퍼스가 있었다. 완산동 정류
장에서 내리자마자 이쁜이가 내 가방을 채 간다. 약간 토
라진 얼굴로. 잰걸음으로 걸어가던 이쁜이가 뒤돌아보며
채근한다.

"정 선배. 1교시 수업 있지 않아?"

"그래서?"

"빨리 가야지!"

　30분은 족히 여유가 있었지만 나는 이쁜이 곁으로 가서
함께 걸었다. 내 왼쪽은 똑 단발 이쁜이, 오른쪽에는 미스
터 아담이 호위하며 걷는다. 약간 언덕 위에 있는 캠퍼스
강의실 3층에서 우리를 내려다보던 우리 과 친구들이 야
유를 보낸다.

"아주 삼류영화를 찍어라. 찍어!"

　하하하, 우리 셋은 영문도 모르고 와르르 웃는다.

　통학버스에서 벌어지는 섬싱(Something)은 언제나 통학
버스 안에서 끝난다.

　그게 나의 섬싱 철학이다.

　어느 좋은 날 오후, 우리 과 남원 친구가 날 붙잡고 꼬드
긴다. 전북대 상대생들과 고고장에 가서 페스티벌을 하는

데 함께 가자고 커피믹스 잔을 내민다. 그때는 커피믹스가 인기였다. 뜨거운 물이 나오는 정수기도 없고, 커피믹스를 타 마시려면 교수실의 조교들이 끓여 놓은 주전자 물에서 한 컵 얻어다 마셔야 한다. 그 수고를 마다하지 않고 실행에 옮긴 남원 친구의 뇌물에 나는 쉽게 넘어간다. 다른 친구들은 이미 다 섭외 완료가 되었다는 것이다. 빈자리 하나를 내가 채워야 한다는 얘기다. 나는 우리 집 통행금지가 밤 8시인데, 분명한 사유 없이 늦게 귀가하면 엄마한테 벌을 받는다고 엄살을 떨었다.

벽을 보고 꿇어앉아서 두 손들고 1시간을 버텨야 한다. 손은 버틸 만한데 장판방에서 1시간 동안 꿇어앉아 있으면 무릎의 실핏줄이 터질 듯이 아팠다. 2학년에 올라가면서 나의 대학생활은 사교계의 과외 업무로 무릎이 성할 날이 드물었다. 아빠가 엄마 몰래 베개를 밀어 넣어서 그나마 간신히 버티는 중이었다.

뇌물은 뇌물로 끝내고, 나는 고개를 가로저었다. 남원 친구가 집요하게 유혹한다.

"3시간을 재미없게 집에서 고삐리 동생들 숙제나 봐 주면서 지낼래? 1시간 화끈하게 벌서고 우리랑 3시간 즐겁게 보낼래?"

"야, 그러지 말고 미팅 시간을 좀 앞당겨 봐. 4교시 수업 마치고 곧바로."

"이미 정해져서 안 돼. 네가 한 번만 더 벌서고 즐거운 인생을 사는 거야."

인후동 친구와 군산 친구가 같이 꼬드기는 바람에 그만 고개를 끄덕였다.

며칠 후, 오후 수업을 빼먹고 친구들과 우르르 몰려가 깜깜한 고고장에서 삑삑거리는 스피커 음악에 맞춰 놀았다. 그날은 엄마가 아껴 둔 꽃 자줏빛 실키 소재 원피스를 입었다. 가방 속에 몰래 넣고 와서 학과 조교실의 칸막이 안에서 갈아입었다. 살짝 속이 비칠 듯 말 듯한 원피스가 살랑거릴 때마다 내 친구들이 킥킥거리고 웃는다. 친구들은 엄마 옷인 줄 다 알고 있었다.

내 파트너는 흰 이를 드러내며 화사하게 잘 웃었다. 얼굴은 가무잡잡하고 훤칠하게 큰 키에 체구는 야위었다. 고고 타임과 블루스 타임의 반복으로 이어지는 브릿지 타임에, 그는 내게 양해를 구하고 밖으로 나갔다. 15분은 족히 있다가 다시 들어와 내게 손을 내민다. 장난기 도지는 말투로 신사도를 발휘한다.

"함께 춤을 추실까요?"

그는 제법 춤을 잘 추었다. 처음엔 원 밖에서 느리게 박자를 맞추던 우리는 드디어 중앙 한가운데로 나가 제대로 놀았다. 또다시 브릿지 타임에, 그는 내게 양해를 구하고 홀을 빠져나간다. 호기심에 뒤따라 나갔다. 아직 해가 지기 전 밝은 노을빛이 비치는 창가에서 그 친구가 종이쪽지를 들여다보고 있었다. 가까이 다가간 내가 물었다.

"뭐 하는데?"

"어? 하하하."

그 친구는 내일 구두로 치르는 전공과목 시험이 있어서 중요 내용을 암기 중이었다. 3학년이라 학점 관리가 필요하다면서, 내일 시험 끝나고 나서 만나자고 말했다. 그때 내 머릿속에서 작은 지진이 일어났다.

남자애들은 이렇게도 공부를 열심히 하는구나.

그 친구가 다시 내 손을 잡아끌었을 때 나는 그 손을 내려놓았다. 그가 말했다.

"왜? 나, 네가 마음에 든다. 시험 끝나고 보자."

나는 웃으면서 튕겼다.

"야, 넌 상대생이면서, 고팅에서 상도의도 모르냐?"

"응?"

"우리는 고팅에서 애프터는 안 받아. 너, 가서 공부나 열심히 해. 나도 통학차 시간에 맞춰서 갈 시간이야. 나, 간다."

"아니, 저."

그 친구가 날 붙잡았지만 나는 웃으면서 손을 흔들었다. 홀 안에 들어가 보니 고고 타임이라 자리가 텅 비어 있었다. 나는 내 자리에서 가방을 들고 나왔다. 화장실에 들어가 원피스를 벗어서 가방에 넣고, 내 옷으로 갈아입었다. 친구들에게도 말없이 고고장을 나와 시내버스를 탔다. 완산동 통학버스 정류장에서 내리자, 이쁜이와 미스터 아담이 날 반긴다. 나는 씩 웃었다.

 그날 밤새 고민한 끝에 다음 날 이른 아침.

 통학차에 오른 나는 이쁜이에게 양해를 구하고 잠을 잤다. 캠퍼스에 도착하는 즉시 도서관으로 직행했다. 내가 좋아하는 작가를 선정한 다음, 책을 읽고 난 감상과 생각을 노트로 정리하기 위함이었다. 대개 통학버스로 학교에 도착하면 8시경이다. 2교시나 3교시 수업부터 시작하는 날은 도서관에서 꽤 시간을 알차게 보낼 수 있었다. 첫 번째 선택한 작가는 소설가 어니스트 헤밍웨이다. 나는 그의 모든 책을 찾아 읽었고 감상문을 노트에 정리했다. 그다음이 헤르만 헤세, 독일의 시인 프리드리히 휠덜린 등과 신동엽, 전혜린, 정양 순으로 정리했다.(그때 시작한 독서 방법과 노트 정리는 지금까지도 습관이 되었다.) 통학버스 안에서 남들이 자는 시간에 나는 미등을 켜고 책을 읽었다.

 막상 수업이 시작되고 나서 쉬는 시간이 되면 친구들과 웃고 떠들고 수다를 떠느라 도무지 책을 읽거나 공부할 시간이 없었다. 교수한테 친구들과 함께 불려가 혼난 적도 많았지만 나는 개의치 않았다. 약간 고집이 세지만 마음은 여린 학과장의 호통에도 기죽는 법이 없었다. 다른 친구들은 꾸중 듣는 중간에 어김없이 눈물을 뚝뚝 떨어뜨리곤 했다. 나는 남의 얘기를 듣는 것처럼 덤덤하게 듣는다. 태도는 물론 단정한 자세를 취하며 절대로 교수의 자존심을 건

드리지 않는다.

혼내다가 날 쳐다보는 교수가 나중에 웃어 버린다.

"얘, 뭐니? 너 뭐 그렇게 잘났다고 단정하게 서 있는데?" 딴 애들은 다 울고불고 징징거리는데 넌 왜 울지 않느냐는 표정이다. 나는 속으로 좀 가소로웠지만, 겉으로는 예의 바르게 답변한다.

"교수님 말씀이 구구절절 옳고 당연해서 머리로 좀 새겨 듣느라고요."

"치, 얘 좀 봐라. 아주 맹랑해."

고개를 살랑살랑 흔든다. 지금 손을 꼽아 헤아려 보니 우리가 스무 살 그 시절, 교수들의 연세도 서른 중반이었다. 신설 대학에 갓 임용된 새내기 전임 교수였으니 말이다. 학생들이나 교수 모두 젊고 패기만만한 조합이었다.

4.

치열한 청춘

예비 시인 다섯 명의 아지트는 지도 교수인 손주일 교수 연구실이었다. 다들 지방대학에 주눅 들고, 이념의 시대에 멍들고, 불투명한 미래로 우울해 할 때 우리는 언제나 손 교수의 지적인 열변을 지렛대 삼아 당당하고 씩씩하게 잘 놀았다. 다른 교수들이 점심 시간에 손 교수한테 우리를 성토했다고 한다. 그때마다 손 교수님은 무조건 우리 편이었다.

"내버려 둬요. 좋을 때잖아요."

과 친구들은 우리가 공부하는 꼴을 본 적이 없다고 수군거렸다. 모르는 말씀이다. 우리는 남들 보는 데서는 놀고, 남들 안 보는 데서는 치열하게 고민하고, 공부했다. 과외로 1주일에 시 한 편을 써서 시내 음악다방에서 품평회를 가졌다. 차 주문을 하고나면 장발머리 디제이 오빠에게 팝송 신청을 한다. 다섯 명이 한 곡씩, 다섯 곡을 우리가 먼저 선점해서 음악을 들었다. 음악을 들으면서, 다섯 명이 번갈아 가며 시 평가를 했다. 이념과 실리, 자유와 청년의 주체할 수 없는 욕망과 절제 사이에서 오는 실제적인 고뇌가 담긴 시였다.

비 오는 날이면, 아버지가 사업가인 인후동 친구 집에 몰려갔다. 우리는 그 친구 방에서 고급 클래식을 감상하며 시를 읽었다. 그 친구네 주방은 바닥이 장판방으로 되어 있고, 한 가운데에 커다란 둥근 호마이카 상이 있었다. 과일과 푸짐한 다과가 나왔다. 우리는 먹으면서도 브람스의 음악 세계와 휠덜린의 시를 논했고, 최근의 이념 추세에 관한 토론을 이어 갔다. 토론하다가 논리적으로 막히면 우리는 곧장 홍지서림에 나가서 관련 참고 도서를 구해서 읽었다. 배가 고프면 전동성당 근처 칼국숫집에 가서 한 그릇 주문하고 둘씩 나눠 먹었다. 양이 많았다.

다음 날에도, 등교 통학버스에서 내리면 도서관의 구석진 자리로 직행했다. 하루 2시간이면 과제며 그날 수업의 예습은 충분했다. 복습은 하교 통학버스 안에서 미등을 켜고 반복 학습했다. 때론 무릎 위에 책을 펴고 손전등을 비춰 가며 읽었다. 이념 서적은 주말에 마루의 기둥에 등을 기대앉아 읽었다. 엄마가 내게 집안일을 부탁하고 외출한 사이, 나는 동생들에게 용돈을 주고 그 일을 위임했다.

자장면 가격이 150원 할 때였는데, 네 명의 동생들에게 100원씩만 줘도 고용할 수 있었다. 설거지, 빨래, 마당 청소, 마룻바닥 닦기의 고용직을 창출한 나는, 네 명의 동생들을 정규직으로 고용해서 일하는 근무 환경을 만들었다. 일찌감치 CEO 기질이 남달랐던 나는 마루 기둥에 등을 기대앉아 이념 서적에 심취했다. 직원들의 근무가 끝날 즈음, 의복을 깔끔하게 갈아입힌 다음 우리 다섯 형제는 집을 나섰다.

그날 나는 동생들을 거느리고 본정통에 나가서 시내 한 바퀴를 돈 다음 성림 극장 근처 중국집에서 자장면을 먹었다. 그때 동생들의 호주머니 돈을 건드리면 안 된다. 순전히 내 용돈에서 지급함으로써 동생들의 아낌없는 충성심을 얻는다. 동생들은 입에 자장을 묻히고 잘도 먹는다.

점심을 해결한 우리는 정읍여중 뒤편의 충렬사에 들러서 시간을 보냈다. 이순신 장군이 잠시 머물렀던 시절을 기념하는 곳으로, 긴 계단을 올라가면 충렬비가 있다. 뒤편으로 소나무 숲으로 우거져 있다. 동생들은 계단에서 가위바위보 게임을 하고 놀았고, 나는 너른 바위에 노트를 대고 시를 구상한다.

여름방학에, 과 친구들과 손주일 지도 교수와 함께 지리산의 천왕봉까지 등정을 마치고 집에 들어섰다. 마당에 난

데없는 천막이 쳐 있다. 집안은 시끌시끌했다. 글래머인 제일교회 이기웅 목사님과 눈매가 서글서글하고 날씬한 사모님을 보고 인사를 했다. 마루와 안방, 건넌방, 가운데 방과 부엌에 딸린 방마다 교자상에 간단한 음식이 차려져 있다. 동네 사람들과 아이들이 음식상에서 음식을 먹고 있 는데, 천막 아래 널찍한 평상에 얇은 담요가 깔렸다. 목사 님과 엄마가 각기 윷놀이 말을 쓰고, 두 사람을 사이로 패 가 갈려져서 내기 윷놀이를 했다.

여동생들은 설거지하는 교회 식구들 틈에서 심부름을 하 고, 남동생들은 엄마의 주변에서 아이들과 어울려 놀았다.

한참 윷놀이하는데 목사님이 큰 목소리로 기도를 했다.

"주여, 우리 팀이 승리하게 도와주소서. 아멘!"

엄마도 패를 던지면서 통성 기도를 한다.

"주님, 우리 편이 이길 줄 믿습니다. 할렐루야!"

목사와 집사의 기도에 하나님은 누구 편을 들어주실까.

사람들의 관전 포인트였다.

그날은 우리 집에서 구역 예배를 드리고 애찬을 준비하 는데 우리 엄마는 거의 곗날 수준으로 모임을 확산시켜 버 린 것이다. 도로변의 우리 집에서 큰소리가 나니까 지나가 던 사람들까지 구경하러 들어왔다가, 음식을 권하자 함께 먹게 된다. 자연스럽게 인사를 주고받으면서 사모님이 그 들을 교회로 인도하는 것이었다.

마루 구석에서 모든 것을 차분히 지켜보는 내게 목사님

이 다가왔다. 나는 자리에서 일어나 공손하게 인사를 했다. 목사님은 약간 쉰 듯한 목소리로 말했다.

"우리 따님을 위해서 아버지, 어머니 집사님 두 분이 얼마나 지극정성을 쏟는지! 오늘 보셨죠? 하나님도 어머니 집사님을 승리로 이끄시는 것 보세요. 언제 시간 나면 교회에 나오세요. 나도 큰 따님을 위해서 날마다 기도하고 있어요. 하하하."

"감사합니다."

나는 예의를 갖춰 목사님을 배웅했다.

3학년 2학기를 앞두고, 사회 만점과 만나서 서로의 고민을 나눴다. 시내 다방에서 머리를 맞대고 여러 정보를 취합해서 정리한 결과, 현실적인 선택을 하고 모든 사교계에서 잠정적으로 은퇴를 선언!

사회 만점은 서울 지역 순위 고사 시험에 전념했다. 나는 아빠가 고창의 중학교에 국어 선생으로 추천했고, 대학의 학과장이 서울의 경제 잡지사에 추천해서 미리 장(張) 편집장을 만나 구두 인터뷰를 마치고 왔다. 하지만 내 생각은 좀 엉뚱했다. 신문사의 신춘문예로 등단해서, 방송작가로 활동하는 꿈을 꾸었다.

내 얘기를 전해 들은 손주일 교수는 날 나무란다.

"야, 그거 하늘에서 별 따기야. 신춘문예도 그렇고 방송

일은 얼마나 대학의 스펙을 따지는데? 네가 무슨 수로? 아서라. 상처만 받는다."

"밑져야 본전이잖아요. 교수님, 서울에 언제 가세요?"

손주일 교수는 목요일과 금요일은 서울의 모교에 가서 강의하는 한편 박사과정을 밟고 있었다. 서울에 가면 각자 숙식이 가능한 나와 인후동 친구는 손 교수가 타고 가는 서울행 고속버스에 동행했다. 손 교수는 잠원동의 그 당시 설악아파트(지금의 롯데캐슬) 동생 집에, 나는 장충동 고모 집, 인후동 친구는 서울대 앞 작은아버지 댁에서 숙식할 수가 있었다. 나름 우리는 용의주도했다. 셋이 집결할 시점에 데모로 교통이 통제되거나 혹은 불가피하게 시간을 어기면, 무조건 명동의 미도파백화점 정문 앞에서 기다리는 것으로 합의를 보았다.

인후동 친구와 나는 손 교수의 박식한 이야기를 온 영혼으로, 정신으로 스펀지처럼 빨아들였다. 손 교수 내외가 혹시 우리가 손 교수를 이성적으로 좋아해서 잘 따르는가 하는 의심의 눈초리로 요리 재고 조리 재 보았다지만.

결론은, 명석한 손 교수답게 촌철살인으로 정리한다.

"지적 욕망 때문이다."

4학년 때, 사회 만점은 서울 지역 순위 고사에 합격해서 졸업한 이듬해 서울로 입성했다. 연예인은 파리로 유학 갔다는 소문과 다시 서울에 나타났다는 정보를 끝으로 자취를 감추었다. 나는 M방송사에 보낸 중편소설이 당선되어 방송국의 시상식에 참석차 들렀다가 1층 게시판에서 방송구성작가 모집 공고를 보게 되었다. 시상식을 주관한 담당 PD로부터 시험 요강에 대한 정보를 자세히 전해 들었다. 1년간 모 대학병원의 도서실에 근무한 다음 해였다. 2기 구성작가 공채에 응시해서 합격, 방송작가로 첫발을 내딛게 되었다.

내가 서울로 가기 직전, 우리 집에 인사이동이 있었다. 외삼촌 내외가 갑자기 세상에서 부재중이 되자, 외톨이가 된 외사촌 용욱이와 은희가 고모 집인 우리 집으로 오게 된 것이다. 담양에서 올라온 광산 김씨 문중 어른들이, 두 아이를 보육원으로 보내도록 회의를 마치자마자 엄마가 자리에서 벌떡 일어났다.

"당신들이 문중 어른이라는 게 너무나 창피하네요. 애들은 제가 키우겠습니다. 가자, 얘들아!"

금쪽같이 자랐던 두 아이는 그렇게 우리 집의 식구가 되었다. 우리 형제는 일곱 명으로 늘어났고, 부모님까지 합하면 모두 아홉 식구다.

엄마가 우리 형제들에게 공포의 원단 폭격을 쏘았다.

"성경 말씀에 과부와 고아, 병든 자를 돌보는 것은 예수 그리스도를 섬기는 일이라고 했다. 너희들이 얘들과 친형제처럼 잘 지내면 나도 너희를 내 자식으로 알겠지만, 만일 너희들이 저 아이들을 괴롭히면 나는 그날로 내 조카들을 데리고 이 집을 나갈 것이다. 너희도 한 번 고아가 되어 봐야 저 아이들의 심정을 알 테니까."

엄마의 독재 근성은 알아줘야 해.

나는 엄마의 깊은 속맘을 다 알 수는 없지만, 진심은 알았다. 마음이 슬프다는 말을 위장하는 것이라고.

외사촌들은 우리 자매들과는 터울이 있어서 마찰의 소지가 없었다. 남동생 두 명과는 지그재그로 한 살 터울이었다. 정창우가 초등학교 4학년 김용욱이가 3학년, 정승호도 3학년, 김은희는 1학년이었다. 용욱이가 여덟 살에 초등학교에 입학했고 승호는 일곱 살에 입학해서 같은 학년으로 같은 학교에 다녔다. 나이는 네 명이 연년생이다. 조카들을 받아들이는 문제를 아빠와 충분히 합의를 본 엄마의 엄포로, 남동생 세 명은 한 방에서 지내게 되었다.

하여간 우리 집의 인사이동으로 인해 바람 잘 날이 없는 내일이 예측되었지만, 나는 새로운 삶의 희망에 부푼 내일에 아낌없는 기대를 걸었다.

2장
•

하나님이
도우셨다

내 성장의 무게감을 짊어진 지렛대는,
부모의 기도와 하나님의 도우심이었다.

5.

쫀쫀한 시집살이 통과

새내기 구성작가와 오랜 숙련 기간을 거친 프로페셔널한 PD L과의 관계는 필연적으로 삐걱거릴 수밖에 없었다. 그 차이를 인정하고 겸손하게 L을 선생님으로 호칭했다. 매일 이른 아침에 출근하자마자 도서관에 올라가 아이템에 필요한 자료와 정보를 준비하고 사무실에 들어서면, L은 이미 집에서부터 구상해 온 아이템을 내게 내민다. 선배 작가들과 AD(조연출)들로부터 듣자 하니, L은 작가 교체가 잦은 것으로 명성을 크게 얻고 있었다. 수습 단계인 나도 벌써 그의 눈 밖에 나고 있다는 정보가 귀에 전해졌다. 약간 주눅은 들었지만, 정신을 차렸다.

'힘들면 언제든지 귀향해라. 아빠는 널 환영한다.'

아빠의 말이 귓전에서 맴돌았다. 나는 고개를 가로저었다.

내 사전엔 화려한 귀향은 있어도 초라한 귀향은 없다.

촌년의 강단으로 나 자신을 일으켜 세우고 실력의 칼날을 갈기 시작했다. 방송사가 있는 여의도에서 시내버스로 10분 거리에 있는 곳에서 하숙하며 주변에 과외 선생을 두고 하나씩 배워 가기 시작했다. 하지만 1주일에 한 번 아침 생방송 50분짜리 프로그램을 제작하는 내내 PD의 주도적인 관계에서 '을'의 쓴맛을 봐야 했기에 자존심이 상해서 점심을 거르기가 부지기수였다. 예민한 감수성에 좌우되는 위(胃)의 반란을 다스리려는 긴급조치였다.

PD의 마음은 충분히 이해한다. 구성 프로그램에서 다큐멘터리 등 더 나은 프로그램으로 승진을 꿈꾸는 PD가, 신출내기 작가와 오순도순 프로그램 제작 회의를 하기가 쉽지 않다는 사실을.

하지만 다른 동료 작가들이 PD와 아이템 하나를 갖고도 다양한 시각으로 접근하는, 인격적인 대화가 오가는 회의 과정을 지켜볼 때마다 부러웠다. 반사적으로 우리 팀의 잦은 갈등에 화가 났다. 일의 잘잘못을 말로 표현하지 않고, 비인격적인 언성으로 다그치듯 주눅 들게 해서 일할 용기를 무너뜨리는 갑을 관계를 나는 그때도 싫었지만 지금도 여전히 싫어한다.

결국, 내가 먼저 비장의 칼날을 꺼냈다.

갑에게 차이기 전에, 내가 먼저 갑을 걷어 차 버리자. 그리고 인격적으로 서로 존중하면서 충분히 논의가 가능한 PD와 일해 보자.

거사는 밤에 이뤄지는 법!

평소 말이 잘 통하는 K PD와 함께 저녁을 먹었던가, 아니면 차를 마시면서 반란을 도모했던가? 하여튼, 본론은 내가 먼저 K PD와 일하고 싶다고 말했다. K도 선뜻 내 제안을 받아들인다. 그날 밤, 우리는 열심히 머리를 맞대고 아이템 고민에 들어갔다. 다음 날 출근해서 자리를 K의 테이블 곁으로 옮겨 앉았다. 공채로 들어온 작가들의 수습 기간 시즌에! 팀에서 가장 노련하고 연출력의 질이 높은 노련한 PD를 발로 걷어차 버린 하극상(?)을 저질러 버린 것이다!

1980년대 중반, MBC 교양제작국에서 한밤중에 치러진 거사의 후유증은 일파만파로 커져 버렸다. K의 메인 작가들이 불평을 쏟아낸 것이다. 뜻밖에도 L은 주변 사람들이 예의 주시하는 이 사태를 느긋하게 즐기는 듯한 태도를 보이며 연방 허허실실 웃었다. 여럿이 있는 데서 큰 목소리로 내게 개인적인 농담을 다 건넨다. 자신의 당황스러운 속맘을 다독이는 게 뻔하게 드러나 보인다.

"알고 보니 내 부인 친구 동생이 정 작가 친구라며? 내가 형부뻘인데 말이야."

그게 뭐? 할 말이 없으니까 별 시시한 얘기도 다 하네.

속으로 구시렁거렸다. 그 당시 리포터로 주가가 높은 미스코리아 출신 김종중의 언니 친구 남편이 L이었다. 종중이는 우리 프로그램의 야외 리포터를 맡고 있었고, 종중이와 친하게 지낼 때였다. 나는 L의 썰렁한 농담에 코대답도 하지 않고 K와 함께 방송 프로그램을 준비했다.

자존심이 상하면 상대를 보이지 않는 유령처럼, 감정 없이 무시해 버리는 나의 나쁜 습관이 도진 것이다. 잦은 작가 교체를 통해 전도유망한 작가의 앞길을 싹둑 잘라내는 킬러로 유명한 PD가, 새내기 작가한테 팽당한 느낌이 어떨까 하는 짓궂은 생각을 속으로 즐기면서.

내 야멸찬 반격에도 아랑곳없이 L은 만면에 미소를 띠며 평소보다 더 많은 농담을 주변 사람들과 즐기는 듯이 보인다. 가끔 나와 눈이 마주칠 때가 있는데, 그때마다 그의 눈길은 '아주 제법인데? 감히 내 뒤통수를 쳐? 그건 내 전공인데! 아무튼, 좋아, 좋아!' 기가 막힌다는 듯한 표정을 짓는 것을 보면서 속으로 웃었다.

그날 처음으로 구내식당에서 동료들과 여유 있게 식사를

하고 사무실에 들어섰다. 웬만한 초등학교의 축구장만큼이나 넓은 교양제작국의 맨 앞줄에 있는 유제국 부국장님이 성난 목소리로 날 호출한다.

"정 작가! 일로 와!"

서슬 퍼런 호랑이 부국장 앞에 섰다. 야단을 치는 요지인즉, 내 죄목은 조직의 기강을 흐렸다는 것이다.

"K PD와 일하려던 다른 작가는 어쩌라고 이 사달을 일으킨 거야? 더구나 공채 작가의 수습 기간에 일어난 반란을 진압하는 차원에서, 근신해!"

당연한 처사라고 생각했다. 죄송하다고, 잘못했다는 말이 나오지 않아서일까. 갑자기 유 부국장의 목소리가 더 크게 쩌렁쩌렁 울린다.

"내일부터 출근하지 마!"

"알겠습니다."

나는 미련 없이 짐을 쌌다. 유유자적하는 노련한 L 앞에서조차, 아주 의연하게! 흘끗 보니 K가 아주 난감한 표정으로 자리에 앉아 있는 것이 보인다.

엎어진 김에 쉬어 가자는 심정으로 다음 날부터 휴가를 보냈다. 며칠은 행복했다. 아이템 걱정을 하지 않아도 되고 늦게 일어나도 되었다. 못 만났던 친구들도 만나고, 봐야 할 책도 읽었다. 저녁엔 동료들의 호출에 못 이기는 척 나가서 방송국 밖 단골 식당으로 나가 저녁도 먹고 사내 정보도 전해 들었다.

L은 새로운 작가 없이 최승호 AD와 함께 아이템 제작을 통해 방송한다는 소식, 여전히 부국장은 매서운 시어머니의 눈매를 풀지 않고 있다는 것이었다. 그때 함께 일했던 사람들이 나중에 명성을 크게 얻은, 주철환 PD와 손석희 아나운서, 나중에 MBC 본사 사장이 된 최승호 AD가 있었다. 최승호 AD가 L PD와 함께 나 대신 구성도 하고 아이템 구성도 한다는 뒷얘기가 속속 전해진다.

　하루는 동기 중에 절친하게 지내던 작가 이은경이 나를 찾아왔다.

　"L PD에게 아직 새로운 작가를 붙이지 않는 것은 부국장님이 네가 굽히고 들어오기를 바라는 눈치야. 주철환 PD가 그렇게 슬쩍 귀띔하더라."

　은경은 주 PD의 메인 작가다.

　"2주 정도 쉬었으면 부국장님과 L PD의 체면을 충분히 세워 준 시간이 되었으니까 부국장님을 찾아가 인사드려. 더 늦으면 부국장님이나 L이 너를 더 기다려 줄 수 있는 한계가 무너진다고 본다, 나는."

　근신을 푸는 방법론은 됐고, 내 고민은 다른 데 있었다. 팀워크의 한계를 극복하는 동시에 새롭게 나의 실력을 일취월장시키려면 어떻게 해야 하나….

　시외전화로 아빠에게 그간의 사정을 전하고 조언을 구했

다.

"그 정도 단련된 PD에겐 중언부언 설명하는 식의 회의는 싫증 나고 짜증 나지. 다시 일하게 된다면, 말을 아껴야 해."

정리되지 않는 말은 꺼내지도 말라는 얘기다.

"자판기 커피 한 잔의 로비를 해봐."

"로비요? 제가 왜요? 더구나 커피 한 잔이 로비의 수단이나 되나요?"

"그럼."

아빠는 계속해서 내게 시외전화로 조언을 해준다.

"일이 삐걱거릴 때는 커피나 한 잔 마시자고 해서 PD와 함께 일단 사무실을 나오는 거야. 휴게실에서 자판기 커피 한 잔을 상대에게 권하면 100원짜리(1980년대 중반의 방송국 내 자판기 커피 한 잔 가격. 일반 자판기 가격보다 1/3이 싸다.) 커피를 사양할 남자는 없다. 상대가 커피 한 모금을 마시는 순간, 너는 아이템의 결론을 한 줄로 말해. 어떻게, 라고 상대가 물어 오면 부연 설명도 한 줄로 말하고 대안 역시 한 줄로 답하는 훈련을 쌓아라. 딱 세 줄 이상의 말은 하지 마."

"아빠, 한 줄로 말하는 게 얼마나 어려운데?"

사실이지 않은가?

길게 말하기는 쉬워도 한 줄로 요지를 분명하게 말하는 것은 어렵다. 그러니까 죽을힘을 다해 훈련 또 훈련을 거듭하라는 얘기였다. 자신이 알고 있는 정보를 새로운 시각으로 디자인해서 재구성하려면, 자기 노력 혹은 자기 헌신의 내공이 절실한 것이었다. 난생 처음 나의 존재감을 누리기 위한, 자기 헌신의 시간이 필요함을 절감한다.

아빠는 객관적인 시각에서 L PD의 입장을 정리해 준다.

"네 말이 다 끝나면 PD는 분명 담배 한 개비를 꺼내면서 너한테 먼저 사무실에 들어가라고 할 것이다. 그는 담배 한 개비를 다 태울 무렵이면 벌써 제작에 관한 계획을 세우고 곧바로 제작 현장 헌팅과 섭외가 필요할 테니, 너는 사무실에 들어가는 즉시 섭외 인물과 장소에 관한 자료를 테이블에 내놓으면 모든 갈등은 봉합된다. 업무적인 갈등을 인간적인 감정으로 매도하거나 사사로운 뇌물로 일 욕심 많은 전도유망한 남자의 앞길에 초 치지 마라."

나는 정신이 번쩍 들었다.

"초 치다뇨, 아빠?"

"일 욕심 많은 남자에게 신출내기 파트너는 답답하고 짜증 나지. 당연히 갈등이 있어야 하고, 너는 그것을 극복하거나 자진 사퇴를 하거나 둘 중 하나는 선택해야지. 일에 대한 순수한 열정을 존중하는 의미에서 차 한 잔은 매우 매력적인 수단이지만, 신출내기 주제에 고급 식당에 초대해서 변명하거나 선물 꾸러미를 내밀면 프로의 자존감에 먹칠하고 마는 것이지. 신입답게! 순수하게! 일에서 삐걱거린 것은 일로 승부를 걸어라. 그래야 선배들의 마음을 살 수 있다.”

뜻밖의 해법을 얻은 나는, 다음 날 분홍색 헐렁한 스웨터의 깃을 빳빳하게 세우고 다리에 착 달라붙어 면도칼을 대기만 해도 베일 것만 같은 꽉 낀 청바지 차림에 8센티 굽이 달린 힐을 신고 유 부국장님을 찾아갔다. 테이블을 사이로 약간 쫄고 서 있는 내게 부국장님이 싱긋 웃는다.

“벌써 와? 난 한 달 정도 여행을 다녀온 다음에나 나타날 줄 알았는데?”

“죄송합니다.”

유 부국장은 간단하게 조용한 어조로 말했다.

“L PD가 성격이 좀 괴팍하긴 해도 실력이 있어. 그 사람한테 배워야 자네가 유능한 작가로 성장하게 돼. 나중에 드라마까지 쓰려면, 딴 PD와 일하지 말고 L PD와 다시 잘해봐. 이건 명령이야!”

“감사합니다”

갑자기 나는 생각이 많아졌다.

나는 겨우 하루를 견디기 위해 전전긍긍할 때, 유 부국장님은 내 미래의 청사진을 거대하게 그려 보고 있었다. 그 초입부터 단단하게 붙들어 매고 계셨던 것.

참 감사한 일이다.

유 부국장님이 내 이름을 처음 알게 된 것은 방송사의 공모전 당선작 명단에서였다. 유 부국장님이 교양제작국에 오기 직전 라디오제작국에 계셨을 때, 소설 공모전이 있었다. 거기 중편소설 부문에 '가슴으로 떠도는 섬'을 응모했는데 덜컥 가작으로 당선되었다. 1년 만에 다시 단편 '아버지의 춤'이 당선되었다. 그때만 해도 방송사에서 뜻밖에도 소설을 모집했었다. 모두 다 신문사의 신춘문예를 염두에 두고 준비한 소설이 신문사에서는 낙방하고, 방송사에서 당선된 셈.

"문장이 방송적이라서 눈여겨봤었지."

시로 단련된 소설 문장이 부국장님의 기억에 남은 것이었다. 순전히 작품을 통해 나의 먼 미래까지 내다보고, 센 PD에게 나를 밀어 넣었다는 후일담을 듣고 여러 가지 깨달은 바가 많았다. 그때만 해도 나는 당찬 작가로 보기엔 미더운, 야리야리한 스타일이었다.

점심 시간이 끝날 무렵, 일찍 사무실로 들어서는 L PD에게 휴게실로 나가자고 제안했다. 신기하게도 그는 아빠가 가르쳐준 시나리오대로 움직여 준다. 나 역시 그날을 위해 밤을 새워 가며 분석하고 준비한 내용을 압축해서 그에게 전달했고, 그는 순순히 긍정적인 반응을 보였다. 그 주 우리 팀의 프로그램 시청률 평가는 좋았다.

그 후에도 여전히 우리 두 사람은 전쟁과 평화의 시간을 반복해서 오갔다. 언제나 비무장지대에서의 평화협정은 자판기 커피 한 잔의 압축 회의로 마무리 지었다. 달라진 것은 순하고 발랄한 성품의 내가 L을 상대할수록 악바리 근성을 갖게 되었다는 사실이다.

86 아시안게임과 88 올림픽 경기 때 72시간 생방송을 진행할 때는 아예 방송사에서 숙식을 해결하면서 철야 작업을 자원했다. 세수하고 화장할 시간도 아까워 양치질만 하고 먹을 것은 휴게실에서 간단히 해결했다. 나중에는 피곤을 풀기 위해 잠시 사우나에 다녀오는 L이 먹을 것을 한 아름 비닐봉지에 챙겨 오거나 다른 스테프들이 사 온 것을, 사무실 혹은 영상 편집실에서 일하는 스테프들과 짬짬이 나눠 먹으며 작업에 몰방했다. 외부 취재가 있을 때만 세수도 안 한 민낯에 살짝 루주를 칠한 채 제작진의 차에 올라탔다. 차 안에서도 인터뷰 내용과 현장에서 필요한 멘트를 구상하느라 다른 생각을 할 여지가 없었다.

드디어 아침 생방송을 진행하는 아나운서들의 낭랑한 목소리가 텔레비전 모니터에서 흘러나오는 것을 보면서, 안도의 한숨을 내쉬며 퇴근 준비를 했다. 밤을 꼴딱 세우고 방송사를 나선 시각은 이른 아침 8시경, 여의도 강바람을 마주 보면 피로에 젖은 얼굴을 스치는 바람에 눈물이 와락 쏟아진다. 허무했다.

이대로 죽어도 상관없다.

위험한 생각이지만 사실이었다.

지금 돌이켜 곰곰 생각해 보면 허무감의 원인은 감사하는 마음의 결핍이었다. 그토록 간절히 원한 방송이었는데,

나는 생방송 멘트를 아나운서들과 PD에게 넘기고 나서 단한 번도 감사하다는 기쁨을 갖지 못했다. 편집실에서 영상을 보면서 뜬눈으로 멘트를 작성하느라 늘 잠이 부족했고, 비록 PD와 긴장 상태였지만 그는 업무 이외의 환경에서는 내게 인간적인 호의를 베풀었다. 나는 작가 동기들과도 잘지냈다. 다른 부서의 임원들과 같은 부서의 선배 PD들로부터 응원과 아낌없는 지지도 과분할 정도로 많이 받았다.

그럼에도 불구하고, 나는 그들에게 감사하다는 인사를 넙죽넙죽 입 밖으로 고백한 기억이 나지 않는다. 인간적으로 많이 외로웠던가 보다.

아주 가끔 연예인들이 댓글이나 여타 구설수를 이기지 못하고 자살로 생애를 마감하는 것을 보면서 그때 생각을한다. 그들의 영혼을 갉아먹는 진짜 원인은 허무였을지도모른다는. 허무와 냉소가 고뇌의 흔적으로 보이는 듯싶지만, 경험상 그것은 감사의 결핍이라고 본다.

스타가 되고 싶은 열망을 꿈꾸던 무명시절을 돌아보며이만큼 성장한 것에 대한 감사의 마음이 있다면, 남들의뒷말에 쉽게 흔들리지 않는다. 나 또한 초심의 감동을 잃고 어느덧 방송의 타성, 약간의 교만과 냉소가 나의 정신을 혼미케 한 것이다.

다행히 나는 몹쓸 생각에 빠지기 직전, 영락교회에 나가예배를 드렸다. 아주 가끔 한경직 목사님의 설교 말씀을들을 수 있어서 좋았다. 말씀이 귀에 들어오기 시작했다.

혼자 다니던 교회를 이듬해부터는 숙대 대학원에 다니는 대학 후배와 함께 나갔다. 마음의 온기를 느끼면서 어느 순간부터 생방송 후의 허무감이 사라졌다.

그 대신 한강이 바라보이는 시외전화 부스에 들어가 엄마와 길게 통화를 나누었다. 100원짜리 동전을 한 주먹 쥐고 서서 30분은 족히 엄마와 동생들을 번갈아 가며 통화를 나누었다. 그리운 가족들과 따뜻한 대화를 통해 고독한 마음을 달랬다.

"엄마랑 아빠가 널 위해 기도하고 있으니까 걱정하지 마라. 다 잘될 거야."

"고마워, 엄마."

"애들이 너랑 통화한다고 줄 서 있다."

"바꿔 주세요."

나는 여섯 명의 동생들과 2분씩 번갈아 가며 통화를 나눈다. 귀여운 녀석들의 공통 관심은 방학 때 서울에 가고 싶다는 바람이었다. 나는 흔쾌히 약속했다. 통화를 마치고 나자 마음이 훈훈해진다. 그 당시 53번 시내버스에 올라 탄 나는 새롭게 다짐을 한다.

"그래, 허무 따위로 삶에 등 돌리지 말자. 동생들한테 초라한 귀향을 하는 언니가 되어선 안 돼. 잘하자."

하루 쉬고 난 다음 날부터 나는 다시 전투력을 가다듬고 일에 열정을 불살랐다.

그리고 알았다. L의 스타일이 투덜이라는 사실을.

머리 좋은 남자들이 그러하듯이, 그는 빨리 지루해 하고, 뭐든 귀찮아한다. 그러면서 아이템이 결정되면 확실하게 흥행을 끌어낸다. 평소엔 노는 듯이 빈둥거리다가 막상 생방송 날짜가 다가오면 전쟁을 불사하고 번갯불에 콩 구워먹듯이 작업을 추진한다. 그 속도감과 집중력의 배에 올라타서 함께 박자를 맞추려면 현기증이 난다. 그는 좀 거칠긴 해도 무례하지는 않았다.

그에 비교하면 나는 군소리하는 것을 싫어한다. 별 시답잖은 일도 내게 주어지면 말 없이 해낸다. 좋고 싫음이 분명하고 일단 결정을 내리면 뒤돌아보지 않는 편이다. L은 반대다. 어떤 아이템도 쉽게 정의하지 않는다. 일단 한 번은 비틀어서 꼬집어 보고 두드려 보면서 건강하게 의심한다. 보여주는 영상의 이면을 꿰뚫는 주제 한 줄이 시청률에 승산이 있다고 판단이 설 때만 아이템을 낙점한다.

지금의 나는 L보다 더 자주 오만 변덕을 떨어 가면서 장편에 해당하는 작품을 비틀고 꼬집고 거꾸로 흔들었다가 멀리 던져도 본다. 그 반복 학습을 별반 지루해 하지 않는다. 아무리 해도 지겹지 않았다. 가끔 내 작업에 흥분을 느낀다. 미치지 않았나 싶을 정도로 집중한다.

한 가지 아쉬운 것은 스무 살 중반의 꽃다운 나이에 연애할 시간이 없었다는 점이다. 간혹 주변 사람들을 통해 남자를 소개받아도 마음을 줄 여유가 없었다. 집에서 추천한 남자를 만나고 난 다음 날이면 이름을 까먹을 정도로 방송에 편집증적으로 몰방했다. 구정과 추석 같은 명절은 특집 방송을 하느라 한 번도 제때 귀향하지 못했다.

잃은 것이 있다면 확실하게 얻은 것이 있다.

작가로 성장하는 초입에, 내 부족한 실력과 맷집을 키우는 상대로 아주 훌륭한 파트너 L을 만났다는 사실이다. 그때는 선생님이라고 호칭했지만, 이젠 감히 친근하게 말할 수 있겠다.

"L 선배님, 그때 정말 감사했습니다. 고맙습니다."

6.

정치 드라마의 밀알

3년 내리 아침 생방송 구성 프로그램을 거쳐 건강 다큐멘터리로 업무 영역을 확장했다. 한참 재미를 느끼고 일하던 중 라디오국에서 새로운 영입 제안이 왔다. 정치 드라마 <격동 30년> 투메인 작가로 발탁된 것이다. 장차 정치 드라마 작가로 양성할 계획으로 날 영입한 최 국장님과 정수열 PD의 제안에 좀 얼떨떨했다.

메인 작가 이영신 선생님은 젊은 날 정치적인 꿈이 좌절된 불운을 딛고 일어나, 이 드라마를 통해 정치 작가로 화려하게 부활했다. 내 업무는 현장에서 정치인을 인터뷰해서 드라마 중간중간 현실감을 높이기 위해 인서트 하는 것이었다.

정 PD는 내게 6개월에 걸쳐서 수습 단계를 밟게 했다. 도서관에서 한국의 근대사 정치 역사를 시대순으로 정리하고, 인물 이력서를 정리하게 했다. 그다음 단계로 정치적 이해관계를 퍼즐 맞추듯이 정리해서 도표로 만들었다. 1주일에 한 번씩 회의실에서 정 PD에게 브리핑해야 한다. 가끔은 이 선생님도 내 발표를 듣고 조언을 해주었다. 그 당시는 동교동의 김대중 총재와 상도동의 김영삼 총재가 정치의 양대 산맥을 이루고 있었다. 노태우 대통령 시절이었다. 당대 여당과 야당 거물들에 이르기까지 계파 연구를 깐깐하게 챙겼다. 현직 국회의원들의 정치적 역학관계까지 분석을 마친 다음에 현장 인터뷰 명령이 떨어졌다.

마포의 신민당사에서 김영삼 총재가 첫 인터뷰 대상자였다. 나는 방송국의 녹음기와 마이크, 인터뷰 질문지를 들고 갔다. 처음 하는 일을 돕기 위해 이 선생님도 동행했다. 나는 이른 아침에 미장원에 가서 단발 커트 머리를 드라이어로 정리했다. 1주일 전부터 이태원 보세 상가를 눈요기한 끝에 찜한 연한 커피색 투피스를 입었다. 물론 굽 높은 하이힐을 신었다. 인터뷰를 잘 마치고 당사를 나왔다. 웬일인지 이 선생님의 눈빛이 어둡다. 방송국에 들어가야 할 시간인데 날 커피숍으로 이끈다.

첫 마디는 살짝 빈정거리는 말투로 시작해서 옷차림을 나무랐다.

"정치인들에게 여자로 보이면 치명적인 거 몰라?"

내 나이 스무 살 후반, 상대는 육십 대였다. 아무리 나이

차가 있기로서니 반말을 하다니. 이미 나도 만만한 신출내기가 아니었다. 하고 싶은 얘기가 뭔지 구체적으로 말씀하라고 반문했다. 그 순간 상대가 뭘 우려하는지, 내가 뭘 실수했는지 감은 왔다. 창피한 마음에 기어코 상대가 말을 꺼내기를 기다렸다.

다음 날부터 옷차림을 백팔십도로 다르게 입었다. 낡아서 해진 청바지에 체크 셔츠를 안으로 구겨 입고, 여전히 힐을 신고 나갔다. 어깨에는 무거운 방송 녹음기를 매고 마이크를 쥐고 인터뷰 노트를 넣은 백을 멨다. 이 선생은 단출하게 빈손으로 뒷짐 지고 날 동행한다. 아주 기분 좋은 얼굴 표정이다. 나는 기어코 이 선생님의 염장을 질렀다. 소심한 복수다.

"아주 속이 션(시원)하시겠어요? 거지같이 입고 나온 날 보고, 지나가는 사람들이 불쌍하다고 적선할 테니까. 선생님은요. 아주 바가지 들고 한 푼 두 푼 들어오는 동냥 수입 챙기세요. 그거 알뜰하게 모아서, 일 끝나고 성우들이랑 회식합시다."

세게 윽박지르자 이 선생님은 안경을 추어올리며 소리 내 웃는다.

연말에는 매일 새벽에 상도동으로 출근했다. 김영삼 총재의 자택은 새벽부터 현관에 신발이 빼곡히 늘어져 있다.

거실과 방 안이 사람들로 가득 찼고, 주방에는 커다란 솥에서 김이 무럭무럭 났다.

정치가에게, 부인은 정치적 동지라더니.

진짜 못할 노릇으로 보였다. 사모님과 여러 부인들이 새벽같이 음식을 준비하느라 분주했다. 거실에 교자상을 여러 개 붙여 놓고, 사람들이 국밥을 먹는다. 인터뷰하기 위해 기다리는 동안 사모님이 내게도 국밥을 권한다. 나는 웃으며 손을 저었다. 인터뷰 전에는 긴장감이 떨어질까 봐 아무것도 입에 댈 수가 없다. 중요한 대목의 인터뷰를 제대로 하려면 집중해야 한다.

신문사 기자들의 인터뷰가 끝나자마자 측근의 소개로 김 총재를 인터뷰했다. 주로 박정희 대통령 시절에 있었던 일화 중심인 데다가, 육성으로 방송이 나가기 때문에 취재원이나 인터뷰에 응하는 김 총재 모두 조심스럽게 대화를 이어 나갔다.

나는 초시계를 테이블에 꺼내 놓고 그 시간 안에 인터뷰를 하도록 사전에 김 총재 측근을 통해 양해를 받아 놨다. 김 총재님은 무조건 예스, 하신다. 감사하게도.

원래는 자유롭게 인터뷰한 녹음 내용을 정 PD가 편집해도 된다. 하지만 나는 PD에게 두 번 작업하는 번거로움을 덜어주고 싶어서, 현장에서 녹음을 할 때 방송 분량에서 요구하는 몇 분 몇 초까지 딱 잘라내서 얘기하도록 정치가들에게 요구했다. 실명으로 방송에 나가는 인터뷰 제안에 누구 한 사람, 내 제안을 거절하는 사람이 없었다. 감사하게도.

나는 인터뷰가 끝나기가 무섭게 여의도행 택시에 올랐다. 녹음테이프를 정 PD에게 전하고 녹음기를 반납하면 내 업무는 끝난다. 7층 성우실에서 대본 녹음이 진행되었다. 성우들을 통해 전해 듣던 유명 정치인들의 대화가, 실제 육성으로 나가면서 청취자들의 호응이 컸다. 방송 시간에 택시를 타면 어김없이 우리 드라마를 통해 실제 정치가들의 육성이 흘러나왔다. 택시 기사의 옆 얼굴에 미소가 번지는 것을 보면서 나도 씩 웃었다.

그 당시 아침 식사는 건너뛰었다. 보통 이른 점심시간에 브런치로 식사를 한다. 주로 3층 구내매점에 가서 우유 하나와 핫도그 하나를 먹는다. 그래도 즐겁고 보람찬 시간이었다. 다음 작업은 방송국에서 알고 지내는 다양한 사람들과 차를 마시며 수다 떨기 휴식시간을 갖는다. 내가 가는 곳은 절대로 소곤소곤 나직한 어조로 속삭이는 법이 없다. 처음에는 조곤조곤 방송가의 따끈따끈한 정보를 주고받다가 결국은 호탕하게 웃으면서 자리에서 일어났다.

일이 손에 잡힐만할 그 무렵, 슬슬 유명 정치가들의 평소 성품을 떠보고 싶은 장난기가 도졌다. 그해 겨울, 동교동의 김대중 총재를 찾아가 서재에서 인터뷰를 진행했다. 녹음 중에 비서가 커피를 내왔다. 김 총재가 권하는 커피에 설탕 한 숟가락을 뜨다가 그만 설탕통을 엎질러 버렸다.

김 총재 앞으로 하얀 설탕이 와르르 쏟아졌다. 당황하는 척하면서 김 총재의 얼굴을 보았다. 초연한 태도로 버튼을 눌러 비서를 불렀다. 차분한 어조로 비서가 정리하도록 기다리며 나를 위로해 주었다.

"괜찮아요?"

"네. 죄송합니다."

"하하하. 그럴 수도 있죠."

나는 새롭게 타 온 커피를 맛있게 마셨다. 가까이에서 찬찬히 바라본 김 총재의 얼굴 피부가 뽀얗다는 것을 처음 알았다.

피부색이 참 맑다.

내가 인터뷰를 마치고 거실로 나오자 이 여사님이 함박웃음을 지으며 가냘픈 손으로 나의 등을 가볍게 쓸어안는다. 별말씀은 하지 않았지만, 미소와 가벼운 허그로 전해지는 감정은 충분히 읽었다.

당황했지만, 이젠 괜찮죠?

그런 느낌.

나는 무거운 녹음 장비를 들고 다녀 제작팀에서 택시비가 나왔지만, 그날은 굳이 시내버스에 올랐다. 나 혼자만의 시간을 호젓하게 즐기고 싶었다. 연세대를 지나면서 창밖을 바라보았다. 문득 당시 D 일보 기자 친구 Y가 한 말이 생각났다.

'선거 유세를 따라다니다 보면 누가 당선될지 직관적으

로 알 수 있지. 방송과 신문 지상에 중고교부터 대학까지 명문 출신에 당 총재의 총애를 받아도, 곁에서 수고하는 기자들과 선거운동원들, 비서진들에게 야박하게 하는 사람들치고 당선된 경우를 보지 못했어. 국회의원들도 그래. 여성회장이니 선거 사무장이니 하는 사람들에게 이기적인 사람들치고 잘된 경우를 못 봤다.

반대로 본인은 선거 유세와 정치 헌금 후원자들을 만나느라 유권자들에게 나대는 선거 참모들의 오만한 행동을 눈치채지 못하면, 유권자들의 원성을 사기 쉽지만 아무도 그런 말은 귀띔하지 않아. 핵심 참모들의 과잉 난센스로 유권자들에게 미움받아 낙선하는 인간들도 많이 봤다. 낙선자들만 끝까지 모르고 선거철만 되면 애가 달지. 이미 공천 심사단의 귀에 다 들어가서 그런 인간은 절대 안 되더라고! 그래서 남자가 정치를 하려면 아내를 파트너 삼아서, 새는 틈새를 메워줘야 되는 것이더라고.'

국회를 드나들면서 언제나 마음은 비상 경계 태세였다. 현직 정치인들은 취재원을 대하는 태도와 언행이 매끈하기가 팔색조 도마뱀처럼 노련했다. 설사 꼬리가 잘려도 곧바로 재생하는 재능이 뛰어난 사람들이었다.

이상하게 나는 그들이 두렵기는커녕 상대하는데 전혀 주눅이 들지 않았다. 그들에게 얻고 싶은 것도 없고, 잃을 것도 없어서다. 나는 그냥 일로서 대하기 때문에 언제나 유쾌하고 자유로운 영혼으로 그들을 상대했다. 당연히 그들도 나를 굉장히 편하고 즐거운 모습으로 반겼다. 유명 일간지 출입 정치부 기자들의 인터뷰 순서에서 뒤로 밀리지 않았다. 비서 보좌관들은 언제나 내가 원하는 시간에 인터뷰할 기회를 마련해 주었다.

하지만 인터뷰 이외 어떤 사적인 모임도, 공식적인 초대도, 모두 다 정 PD에게 보고했다. 제작진에서 그들의 제안을 사양하도록 언제나 나는 한 발 뒤로 물러섰다. 취재원들이 내게 잘하는 이면에는, 정치 드라마에 실명으로 거론되어 그들의 정치생명에 어떤 식으로든 영향을 주기 때문이라는 것을 알아서다.

사사로운 만남에 제동이 걸리자, 다음 공략은 나에 대한 칭찬이 날아들었다.

"정 작가가 대본을 써도 잘할 거야."

시간이 갈수록 정치 현장에서 만나는 정치가들로부터 나에 대해 후한 평가가 제작국장의 귀에까지 들어갔다. 이 선생님이 정 PD가 없는 자리에서, 내게 농 반 진 반으로 "정치 작가 오셨어?"라고 예민하게 대할 정도였다. 장차 유능한 정치 작가로 대성하는 데 손색이 없다는 과분한 평을, PD와 국장님이 대신 전해주었다.

백전노장 정치가들로부터 받는 후한 평가와 이 선생님의 예민한 반응이 이상하게 내 마음을 불편하게 했다. 취재를 다녀와서 인터뷰 원고 정리를 마치고 도서실을 찾았다. 한적한 테이블에서 책을 읽으면서 머릿속으로는 정치가들의 칭찬에 대한 이면을 파악하는 데 골똘했다.

결론을 내렸다.

날 만만하게 생각하고, 흔들어 보는구나.

나는 정치적인 팩트는 자료를 통해서 잘 이해하고 있지만, 정치인들 간의 보이지 않는 갈등과 정치적 야망을 위해 물불 가리지 않는 욕망은 잘 몰랐다. 이 선생님은 인물 간의 내밀한 감정과 야망, 권모술수, 배신 같은 드라마의 요소를 농밀하게 아주 잘 그렸다. 실제 정치인들 간의 갈등도 잘 알았다. 그 모든 것을 대본으로 녹여내는 실력이 탁월했다.

감출 게 좀 있는 정치가들은, 정치판에 새롭게 나타난 젊은 여자 작가가 쓰는 글이 편할까? 그들의 욕망을 여실하게 꿰뚫어 보는, 노련한 백전노장 이 작가가 쓰는 글이 편할까?

이 상황에서 내가 주제 파악을 못 하고 취재 현장에서 날아 드는 칭찬에 고무되어 더 열정을 불사르며 일할 경우, 드라마 제작팀에 어떤 일이 예상될까?

내부 분열.

드라마는 주요 인물 간의 갈등과 대중에게 보이고 싶지 않은 민낯을 보여주기도 하는 만큼, 정치인들의 칭찬은 나와 우리 드라마 팀에게 치명적인 독이었다. 그 독이 우리 팀에게 번지기 전에 싹을 잘라내야 한다. 나는 제작진과 성우들의 일치단결된 화합이 좋았다. 그때 영부인 육영수 님 역할을 한 고두심 씨의 나긋나긋한 음성도 사랑스러웠다. 남자 성우들의 모습도, 녹음 현장을 지휘할 때는 무서운 정 PD도, 예리한 시각의 이 작가님도, 방송국 앞 음식점에서 만나면 나이 많은 청년들이었다. 나는 주로 경청하는 입장을 취했다. 모든 것이 경이로웠고, 업무는 고되었지만 마음은 편했다. 심지어 기술 팀까지도 인격적으로 아우르는 정 PD의 따뜻한 카리스마 때문이었다.

이렇게 좋은 사람들에게 나로 인한 분열은 원치 않았다.

통장을 꺼내 보았다. 2년 정도 생활비 걱정은 안 해도 되겠다는 계산이 섰다. 사실상 동생들이 많은 맏이로서 부모님에게 내가 할 수 있는 최고의 효도는, 경제적인 독립이었다. 굳이 하숙을 선택한 것도, 집세와 생활비 조달이 힘들면 언제든지 낙향한다는 비장한 각오때문이었다. 저축도 하는 한편 엄마에겐 약간의 생활비를 매달 보내드렸고, 큰 남동생 창우까지는 용돈을 쥐여 주었다. 나머지 다섯 명의 동생들에겐 먹는 선물로 입막음했다. 스무 살 후반의 그때 나는 일반 시중은행에 저축하지 않았다. 방송사에서 대각선으로 건너편에 자리 잡은 투자신탁 금융사에 MMF 같은 이율이 시중은행보다 높은 통장을 몇 개 갖고 있었다.

일할 때 경제적인 이유와 자기 성취도 중요하지만, 함께 만난 사람들을 보호하는 의리도 중요하다는 것을 깨달았다. 매일 조금씩 읽는 성경을 통해서 하나님의 선한 영향력을 그렇게 알고 행동에 옮겼다.

용기를 내어 정 PD에게 드라마에서 하차하겠다고 전했다. 말이 채 끝나기도 전에 혼쭐이 났다.

"이제 겨우 쓸만한 작가 하나 만들었는데? 너, 내가 정치 작가로 키우려고 얼마나 공을 들였는지 알아? 몰라?"

"알죠."

"왜 그러는데?"

달래는 눈빛이다. 그렇지 않아도 짜증 나는 일이 많은데 너까지 왜 그러는데? 그런 눈빛. 그래도 내 생각을 굽히지 않았다. 급기야는 라디오 국장님에게까지 이 사실이 전해져서 불려 갔다. 국장실에서 최 국장님의 위로와 격려가 계속되면서 나도 마음이 흔들렸다.

이것은 미혹이다.

이 프로그램에 라디오국 전체가 사활을 걸고 있는데, 둑 맨 밑바닥에 바늘구멍이 나려는 찰나다. 그 바늘구멍의 불씨가 하필 나라면? 아무리 나라도, 나는 나를 용서할 수 없다. 하차하겠다는 내 의지는 단호했지만, 끝내 속내는 밝히지 않았다.

그 와중에도 정 PD는 내 걱정이다.

"야, 한 가지 물어보자."

"물어보세요."

"너 연애하냐?"

"아뇨. 내가 연애할 시간이 어딨다고?"

"그럼 저번에 우리 집사람이 교제하고 있는 사람이 있냐고 물었더니, 있다고 한 말은 뭔데?"

"아, 그거요."

나는 피식 웃었다.

"우리 엄마가요. 혹시 사모님이 묻거든 무조건 사귀고 있는 사람이 있다고 말하라고 그랬어요."

"왜? 우리 집사람이 미혼 작가를 경계할까 봐?"

"뭐, 그렇게까지 제가 매력적일까요?"

"뭐? 아이고 이 바보야. 우리 집사람이 너 잘 봤나 보더라. 너도 알지? 지난번에 미국에서 들어온 내 조카. 그 아이를 너한테 소개해 주려고 물었는데 네가 교제 중인 사람이 있다고 해서 서운했다더라. 너는, 진짜!"

온갖 짜증을 다 낸다. 정 PD 조카의 집안이라면 부모가 교육자인데, 애통하구먼.

뭐야, 나? 일도 사랑의 기회도 다 망한 거야?

가방을 챙겼다. 내 모든 물품을 정리한 다음 자리에서 일어섰다. 내 생각이 굳건한 것을 알고 정 PD가 침묵한다.

정 PD는 교양제작국 L PD와 나의 치열했던 갈등 관계 전모를 다 아는 분이다. 그때 사내에서 L과 나의 갈등 관계가 소문으로 좌악 퍼졌으니까. 내 성격과 스타일을 나보다 더 잘 분석하는 정 PD는 내가 왜? 갑자기? 전도유망한 작가로 인정받고 있는 드라마에서, 이유도 밝히지 않고 하차를 하겠다고 우기는지 그 진의를 파악하는 데 골똘한 눈치였다.

이제 나는 절대로 쉽게, 내 패를 상대에게 보여주지 않는다.

결정적인 순간엔 내가 원하는 쪽으로 끝장을 봐야 직성이 풀리는 나와, 호랑이 답지만 인간적인 정 PD, 곰처럼 우직하고 성실한 이 작가님의 관계를 매우 빠르게 헤아려 본 정 PD가 나직한 목소리를 낸다.

"수고 많았어. 네 은혜는 잊지 않으마."

열 살 터울인 내게 정 PD는 여러 사람이 있을 땐 높임말을 썼다. 편한 사석에서는 까마득한 동생 대하듯이 말한다. 상관없다고 생각할 정도로 나도 그게 편했다.

라디오국에서 나온 나는 화장실에 들렀다. 수도꼭지의 물을 틀어 놓고, 푸푸 소리 내 세수를 했다. 쏟아지는 눈물을 세수로 흘려보내고 손수건으로 얼굴을 닦았다. 거울을 응시한다. 화장기 없는 얼굴에 눈빛만 형형하게 빛났다.

'잘했어! 팀을 위해 나를 내려놓는 것도 나쁘지 않아.'

쉬는 동안 영락교회에 나가 기도하는 시간을 가졌다. 기도하는 방법이 체계적이지 않았다. '내 마음 가는 대로' 기도했다. 가르쳐주는 사람이 없었으니까. 금요일 점심시간에는 직장인 예배에도 참석해서 기도를 드렸다. 교회에서 주는 식사로 요기를 했다. 을지로에서 남대문시장까지 걸어가 눈요기도 하고, 다시 명동으로 나와 친구들을 만났다. 종로서적에 가서 벽에 기대어 책을 읽다가 지치면 종로의 극장가에 들러 영화를 봤다. 틈내어 집에 내려갈 요량으로 동생들에게 필요한 문구를 샀다. 그때는 도스토옙스키의 소설에 꽂혀 있었다. 여전히 독서 노트 정리를 하면서 독서 삼매경으로 하루를 보냈다.

　1주일 후, 토요일 아침.

　정 PD의 전화를 받고 나가 보니, 집 앞에 방송사의 마크가 선명한 차가 보인다. 정 PD와 함께 차를 타고 간 곳은 홍릉 KIST였다. 거기엔 KAIST 박사과정 학생들과 기술과학 분야의 교수들이 상주하고 있었다. 정 PD가 직접 공문을 들고 가 작가가 원하는 취재원은 누구를 막론하고 인터뷰를 주선해 달라는 주문을 KIST 쪽에 전달한다. 홍보과 직원 한 명이 나를 전담해서 도왔다. 나는 IT 분야에 대한 라디오 드라마를 새롭게 쓸 기회를 얻게 되었다.

　돌아오는 차 안에서 정 PD는 내게 용기를 북돋워 준다.

　"앞으로는 IT가 우리 경제를 먹여 살린다니까, 그쪽으로 계속 파고들어서 좋은 작품을 만들어 봐. 아직 발을 들여놓은 작가들도 드물고. 당연히 취재 협조는 잘해 줄 거야."

나는 싱긋 웃었다.

정 PD는 추가로 내 부족한 기량을 메워 줄, 아주 까칠한 골초 드라마 작가까지 영입시켜 라디오 대본을 집필하는 일을 도와주도록 배려해 주었다. 지금껏 담배를 태우지 못하는 내게, 업무상 골초 파트너는 대략 난감했지만 말 없이 견뎌냈다.

방송에 나갈 때 작가 이름은 단독으로 나갔다. 물론 내 이름으로. 연출은 정 PD였다. 두 번째 단막극은 진현숙 PD가 제작을 맡았다. 행복한 시간이었다.

배려를 은혜로 알고 처신하면 또 다른 선물이 주어지는구나.

참 감사하다, 나 같은 촌년에게 이렇게 따뜻한 선물이 계속 이어지는 것을 보면.

지금도 눈에 선하게 떠오르는 것은, 정초의 하얀 눈이 쌓인 KIST를 들어가는 진입로였다. 어릴 적 초가집에 들어가던 진입로처럼 꽤 길고 운치가 있었다. 주변의 나무 사이로 다람쥐가 다니고 새 우는 소리도 들렸었다. 어찌나 마음이 푸근하고 좋던지 마치 고향에 들르는 기분이랄까.

IT 작가로서 첫발은 그렇듯 순조롭게 시작되었다.

7.

IT 전성시대와 십일조

　정치는 여의도에서만 필요한 게임이 아니었다. IT의 신산업을 주도하는 리더들과 관련 업체들이며 말단 연구원에 이르기까지 어느 하나 독립적인 업무로 진행되는 것이 없었다. 전체적으로 보면 정치적인 역학관계로 선을 잇고 있었다.

　IT 리더들을 인터뷰하기 전, 나는 따로 인터뷰 노트를 만들었다. 맨 먼저 개별 리더들의 이력서는 인사과에 가서 협조를 받았다. 중간 간부급에서 최고의 수장으로 가는 선에서는 예외 없이 학연, 지연, 업적이 유기적으로 연결되어 있다. 각자의 업적도 도표로 정리했다. 그 당시는 286 컴퓨터를 사용했다. 컴퓨터에 도표를 그려 넣는 것이 미숙한 나는 스크랩북에 상대의 모든 것을 세밀하게 정리했다.

사생활도 괄호 안에 깨알같이 적었다. 그 모든 것이 한눈에 파악될 때만 인터뷰를 했다.

이때는 추리 장편소설을 준비하고 있었다. 라디오 드라마 두 편을 성공리에 마치자 텔레비전의 드라마 작가로 성장하고 싶었다. 소설을 통해 드라마의 스토리를 만드는 역량을 키워야겠다고 생각했다.

내 얘기를 전해 들은 부모님이 강남 신사동에 9평짜리 원룸을 마련해 주었다. 서른에 셋째 여동생과 함께 원룸에서 새로운 인생을 시작했다. 신구초등학교 정문에서 오른쪽으로 100미터쯤 걸어가다가 왼쪽으로 직진하면 우리 자매가 살았던 빨간 벽돌로 된 이층집이 보인다. 우리 자매는 각자의 일에 바빴다.

집에서 여의도행 버스를 타려면 신구초등학교를 지나 현대고등학교를 바라보고 횡단보도를 건너서 신현대아파트 앞 정류장에서 여의도행 버스를 타야 한다. 지름길을 택했다. 신구초등학교에서 대각선으로 직진하면 교회가 나왔다. 우리 자매는 교회 앞마당을 가로질러 곧장 횡단보도를 건넜다. 항상 교회 앞마당을 가로질러 가면서도 내심 속으로 기도를 했다.

하나님, 보고 계시는가요?

오늘 가는 이 일이 하나님의 뜻인가요?

뜻밖에도 일이 잘되었다.

갑자기 교회에 나가 정식으로 예배를 드리고 싶었다. 자진해서 주일 예배를 드렸다. 그 당시 담임목사님의 설교 말씀을 들으면서 뭔지 모를 신령한 아우라를 느꼈다. 지금 생각해 보니 그 아우라가 바로 성령이었고, 나는 성령의 이끌림으로 말씀에 사로잡혔다. 지적인 욕망이 강한 내게 매주 설교 말씀은 삶의 의문에 대한 응답이었다. 나는 주일 설교시간이 기다려졌다.

일요일에만 교회를 가던 나는 1990년 6월, 교회에서 진행하던 40일 새벽 예배인 호렙산기도회에 참석하게 되었다. 무려 새벽 4시 45분에 진행되는 기도회에서 나는 두 가지 은혜를 체험했다.

새벽에 너를 도우신다는 하나님의 약속과, 십일조로 하나님의 축복을 시험해 보라는 말씀을.

40일 기도회가 끝나고 나서 나는 교회에서 주관하는 6시 새벽 예배에 참석했다. 체계적으로 성경 공부를 하게 되었다. 매달 꼬박꼬박 소득의 십일조를 드렸다. 그러자 내게 두 가지 기적이 일어났다.

하나는 IT 공공기관으로부터 기술 도큐먼트 집필 의뢰가 왔다. 데이콤의 백석기 본부장의 소개로 그 당시 용인 소재지에 있는 NCA(한국전산원 : 현재는 한국정보사회진흥원)와 계약을 체결했다. 이철수 박사가 원장이었다. 해당 연구원들을 인터뷰하고 실험실에서 진행 중인 기술 과정을 기록했다. 해커들의 행악과 보안연구원의 역할은 따로 인터뷰로 진행했다. 전전자 교환기, 반도체 개발, CDMA 개발과정을 기술적으로 집필하는 것은, ETRI(한국 전자통신연구원) 정기서 연구단장의 의뢰로 양승택 연구원장을 만나 작업이 진행되었다. 그밖에 KT와 KISA(한국인터넷진흥원) 등으로, 일이 일로 꼬리를 이었다.

원래는 IT 기자들에게 의뢰했지만, 1년 남짓한 기간의 시간을 내어 기자 생활과 도큐먼트 프로젝트를 병행하는 것을 신문사에서 허락할 리가 없었다. 상대적으로 시간이 자유로운 작가인 내게 그러한 기회가 주어졌다. 개런티는 교수급의 두 배였다. 나는 그 작업을 수행하면서 IT의 유능한 전문가들은 거반 다 만났다. 고급 정보도 쉽고 다양하게 접했다. 프로젝트 수행 비용은 적금을 붓고도 최소 2년은 버틸 수 있는 액수였다. 그 작업을 마치고 공백 기간에 IT 관련 장편 소설을 펴냈다.

소설은 베스트셀러로 대형서점의 리스트에 오르지는 못했지만, 장르소설로써 인정을 받았다. 남들은 소설로 먹고 살기가 힘들겠다고, 걱정 아닌 걱정으로 내 마음을 떠본다. 그러거나 말거나 나는 원하면 언제든지 개인적인 자격으로 한 달 정도는 해외 취재 여행이 가능할 정도로 경제적으로 윤택했다.

두 번째는, 한 작업이 끝날 무렵에 이미 다른 연구기관에서 프로젝트 제안이 오는 것이었다. 나는 연구소에서 내

통장에 개런티를 입금하면 반드시, 십일조를 한꺼번에 떼어서 주일 예배 때 하나님께 헌금했다. 그 기적 같은 시간이 무려 10년간 이어졌다. 지금의 잠원동 아파트도 그때 내 적금과 엄마가 공동 투자해서 샀다. 엄마와 나는 공동으로 뭔가를 도모하면 시간이 흐를수록 자산 가치가 높아졌다. 우리는 친구 같은 모녀인 동시에 훌륭한 경제공동체였다.

당시 IT 분야의 정책 결정가들은 나를 테크노연구원으로 양성할 계획을 갖고 IT 엔지니어들에게 합류시켜 도큐먼트 프로젝트를 떠맡겼다.

미국과 유럽의 IT 분야에는 IT 기술 개발 과정을 문서로 정리하는 테크노 연구원이 따로 있다. 그 기술 문서는 원천기술을 천문학적인 숫자로 팔아넘기는 조건과 맞바꾸는 중요한 작업이었다. 그런 이유로 나는 소설을 쓰는 IT 작가이면서 IT 컨설턴트라는 새로운 업(業)을 얻게 되었다.

지금은 KAIST에서 과학 저널리즘 대학원 과정 등을 통해 과학기술 저널리스트를 공식적으로 양성하지만, 1990년 초반에는 극히 소수의 기자가 그 역할을 감당한 것을 내가 독차지한 셈이다.

도큐먼트 기록은 꽤 까다로운 작업이었다. 가령, 반도체의 원천기술을 개발한 삼성전자가 이 기술을 아시아 어느 나라의 전자회사에 로열티를 받고 팔게 되는 경우, 그 기술을 전수한 회사가 직접 제품 생산을 하는 데 필요한 '테크놀로지 레시피'가 기술 도큐먼트였다. 기술정책과 원천 기술 도입 과정, 로열티 계약 과정, 기술 전반에 걸쳐 정책과 기술 개발, 상용 가능한 실험 과정의 실패와 오답 해결 과정, 제품과 부품 제조를 선진국에서 전수하여 국내 기술로 전환하는 과정, 완제품을 공기업에서 구매하는 과정 등 기술적인 내용을 가감 없이 자료와 해당 인물들을 취재해서 기록했다.

기술자들이 알기 쉽게 말하는 내용을 알아들었고, 그들도 지위 고하를 막론하고 쉽게 설명해 주고 부족한 건 자료로 전해 주어서 가능한 작업이었다. 나중엔 감수까지도. 물론 나는 상대가 뒤늦게 자화자찬으로 사실을 오도하는 여부를 객관적으로 가리기 위한, 사실(Fact)과 아전인수 (我田引水)식 자기 의견(Self Opinion)의 객관적인 검증을 반드시 거쳤다. 성가시고 번거롭지만, 방송하면서 배운 취재 방식의 기본을 지키지 않으면 편견이라는 오명을 벗어나기 어렵다.

우연의 일치로, 그 당시 내게 도큐먼트를 의뢰했던 연구소와 기업의 수장들은, 거반 관련 부처 장관으로 영전(榮典)하거나 조직의 최고 수장으로 승진하는 기회를 얻게 되었다.

한 생각이 뇌리를 스친다.

영리한 리더는 절대로 자신이 인사권을 쥐고 있는 홍보실을 통해 자신을 PR하지 않는다. 자신의 인사권 바깥에 있는 외부의 컨설팅사 혹은 교수, 작가 등을 기용해서, 그들이 객관적으로 분석한 도큐먼트 보고서를 작성해서 문서로 남긴다. 그분들이 훗날 받게 될 선물은 앞서 밝혔다.

관련 자료와 논문 인용, 경쟁자 간의 인터뷰 내용, 그들의 말을 객관적으로 증언해 줄 상대사의 자문, 결정적으로 대중적인 소구력이 있는 결과를 보고서로 제본한다. 그리고 관련 정부 기관에 배포했다. 객관적인 보고서는 당연히 우호적인 평가를 받게 마련이었다.

그렇게 한 프로젝트 작업을 마치고 나면, 벌써 사전 계약을 마친 프로젝트를 위한 사전 답사 겸 해외여행을 떠나 휴식을 취한다. 충분히 심신의 여유를 되찾으면 곧바로 스릴러 장편소설을 준비해서 발표하곤 했었다.

그러자 이상한 소문이 돌았다. 언젠가부터 IT 전문가들이 내게 묻는다.

"모 장관님 조카 따님이라면서요?"

"아닌데요."

"에이, 소문이 짜하던데."

그러니까 내가 끊임없이 일하는 것은, 아마도 뒤에서 봐주는 힘 있는 사람이 있겠거니 하고 추측성 가십이 나돈 게다.

남자가 끊임없이 일하면 어떤 평가가 나돌까. 실력이 출중한 남자로 평판이 나겠지. 아마도?

오해를 받아도 상관없었다. 하나님이 늘 나를 도우신다는 믿음이 있는 한, 내 마음은 흔들림이 없었다.

8.

쓸데없는 자존심은 좀도둑

소설로 전업한 지 3년 차에, 신문 연재소설을 의뢰받았다. 편집국장은 처녀작 『스물아홉 송이의 노란 장미』를 읽어 보고 전화를 걸었다고 말씀했다.

"화백은 작가와 호흡이 잘 맞는 사람을 선정하는 것이 좋겠습니다."

"알겠습니다."

대학 후배에게 이 사실을 말했더니 자기 여동생을 소개해 준다. 홍대 미대 대학원을 졸업한 나선주 씨와 서로 협의해서 준비한 원고와 그림을 갖고, 신문사 정문 앞에서 만났다. 백일 된 아이를 안은 화백과 함께 편집국을 찾아갔다. 편집국장이 원고를 검토해 보더니 계면쩍은 웃음을 짓는다.

"일테면 경제지 개념으로 원고가 나가야 독자들의 마음을 끌 수 있어요."

직관적으로 감(感)이 온다.

"원고를 다시 수정해서 갖고 오겠습니다."

"좋아요."

신문사를 나와 화백을 택시에 태워 집으로 보냈다. 나는 광화문의 교보문고를 찾았다. 해외 미술과 사진 판매대에 들러 옛 풍류 그림첩과 사진첩을 구했다. 영화 코너에도 들렀다. 독일 통일 이전에 영화 <베를린의 연인>에 관한 광고 사진이 인상적이다. 동서독을 상징하는 주인공들이 나오는 영화인데, 독일의 고고학자 남자와 서독의 싱글맘 닥터 여자의 러브스토리였다. 그들이 사랑하는 방식은 서독이 동독을 끌고 가듯, 여자가 남자를 끌고 가는 내용이었다.

힌트를 얻은 나는 교보문고 카페 한 귀퉁이에 앉았다. 커피를 홀짝거리며 노트에 떠오르는 생각을 체계적으로 정리해서 전체 줄거리를 재수정했다. 실향민 출신의 위성통신 전문가 남자와 서울내기 IT 여성이 한국과 유럽을 오가며 벌이는 일과 사랑의 갈등 관계를 그려낸 연재소설 <우리 사랑 지름길은>은, 남북 간의 통일에 접근하는 방식을 남녀 관계로 풀어 쓴 글이다.

다시 국내 그림 판매대에 가서 신윤복의 풍류화를 엽서로 사서 상상력을 발휘한 그림을 먼저 여섯 꼭지로 구성한

다음, 그림에 맞춰 글을 썼다. 화백은 내가 주문한 그림을 섬세하게 그려서 팩스로 보내왔다. 첫 회부터 독자들의 시선을 확 끄는 그림에 만족한 나는 곧바로 신문사 편집국에 원고와 그림을 보냈다.

신문사에서 전화가 걸려 왔다. 나는 흔쾌히 약속 날짜와 시간을 잡았다. 두 번째 신문사를 방문했을 때 나와 화백은 1년 기한의 연재소설을 기고하는 조건으로 계약 체결을 하고 도장을 찍었다.

이 소식을 전해 들은 대학 후배 나성근은 다양한 우려를 가감 없이 쏟아낸다.

"선배, 작가이기 전에 아직 미혼 여성으로서 자존심이 상하는 숱한 일들이 벌어질 텐데, 선배 성격으로 감당하기 어려울 거예요. 신문사의 실리와 적절하게 거리를 두고 소설을 썼으면 해요."

"가장 좋은 건 여자로서 자존심을 챙기면서도 작가로서 작품성과 흥행성을 동시에 거머쥐는 건데, 난 아직 두 가지를 잘 해낼 노련한 프로는 아니라고 봐."

인정할 건 인정한다.

연재소설 첫 회가 나가자, 우리 집의 전화기에 불이 난다. 이미 라디오 드라마와 스릴러 소설의 팬들이었던, IT 분야의 전문가들이었다. 연재소설의 특성상 첫 회부터 파격적인 화보와 글로 인해 야단이 난 것이다. 처녀 작가가 쓴 소설을, 거반 기혼남들이 더 호들갑을 떨면서 어떻게 이런 소설을 쓸 수 있느냐고 전화를 끊을 생각을 안 하는 것이다. 휴대전화가 없던 1993년에 유선전화로, 매일 회사에 출근하자마자 전자신문을 들고 화장실에 들어가 양변기에 앉아서 연재소설을 읽고 나서 일과를 시작한다는 얘기를 들려주면서!

1993년 9월 1일부터 기고하는 연재소설 광고

연재소설에 대한 평가를 매일 아침, 굳이 작가에게 리콜 전화로 해주는 친절한 남자들의 심리는 뭘까. 덕분에 연재소설의 인기는 갈수록 높아져 갔다.

빛이 있으면 그림자도 따르는 법.

머리가 좋아서 매력을 느끼고 만났던 연구원 남자친구
(이하 남친)는, 연재소설에 대한 주변 참새들의 재잘거림
에 무척 신경을 쓰는 눈치였다. 지금 같으면 차분히 내 상
황을 남친에게 설명을 해주고, 상대의 양해를 얻었을 것이
다. 그때는 자존심이 앞서서 감정 통제가 되지 않았다.

남친과 나의 신경전은, 두 가지였다.

너마저 통속적인 연재소설을 써야 하겠느냐고, 내 이름
이 사람들의 입방아에 오르내릴 때마다 속상하다는 투정
이었다.

"마음대로 생각하라고 해."

말해 놓고 나니까 갑자기 화가 났다.

"내가 어떤 여자인지 자기가 더 알잖아?"

"그러게."

우리는 더 이상 연재소설의 내용에 대해 거론하지 않았
다.

두 번째는, 우리 형제들의 통행금지 시간인 10시 30분
때문이었다.

혜숙이는 결혼해서 고향 집에서 가까운 시골에서 살고
있고, 여동생 둘리와 창우, 승호에게 요구한 것이 그만 내
발목을 잡는 부메랑이 되고 말았다. 그땐 유선전화 시대
라, 형제 넷이 유선전화 하나로 외부와 소통하는 시절이었

다. 남친이 퇴근하는 시간은 10시, 연구원들과 회식하는 날이면 11시가 넘는 시간에 퇴근한다고 알리는 전화가 걸려 오는 것이다. 그 시간에 전화벨이 울리면, 네 형제가 모두 귀를 쫑긋하고 전화기로 시선을 집중한다.

철없기는 동생들이나 남친 할 것 없이 똑같다. 툭하면 노트를 꺼내어 가르치기 좋아하는, 친절하면서도 도도하기가 이루 말할 수 없는 위인이, 유독 나한테만 온갖 재롱에 엄살까지 떨면서 전화를 걸면 끊을 줄 모르고 날을 새는지 모르겠다. 즐겨 부르는 팝송은 아예 라이브로 들려주면서 잘난 체하는 것이 당연히 귀여웠다. 전화 송수화기로 흘러나오는, 철없는 인간의 노랫소리에 기어코 이부자리 속에서 우리 형제들의 수군거리는 소리가 들려왔다.

동생들에게 눈치가 보여서 그만 전화를 끊자고 해도 기어코 팝송 2절까지 끝내고 장엄하게 통화를 마치면 12시 20분 전! 투덜거리는 동생들은 그새 잠이 들었다. 현관문을 밀고 나와 밤하늘에 떠 있는 달을 보면서 답답한 마음을 달랬다. 동생들과 남친 사이에서 이러지도 못하고 저러지도 못하는 내가 한심했다.

둘이 만나면 수다 삼매경에 빠져 잘 가던 필하모니 카페에서 문 닫을 시간에 쫓겨난 적도 많았던 기억이 난다. 밖에서 만나서 좀 늦게 귀가하는 건 어찌어찌 통했지만, 집에서 전화를 받고 10시 30분 이후 잠깐 문밖 외출에 대한 감시권은 이제 동생들의 권한이었다.

큰 남동생 창우의 감시가 삼엄했다. 아마도 자기들이 공부를 마치기 전에, 자기들이 사회에 나가 제 앞가림을 하기 전에, 큰누나가 엄한 녀석한테 가 버릴까 봐 불안했던가 보다. 동생들을 잘 어르고 나면 남친의 입술이 댓발 나왔다. 남친이 나끈나끈하게 나오면 어느새 동생들의 눈빛이 불안하게 흔들리는 것이 보였다.

주문 원고는 늘 밀려 있지… 만날 신경이 까칠하게 곤두서 있을 수밖에.

결국, 내가 먼저 남친에게 시간을 갖고 우리 관계를 생각해 보자고 말해 버렸다. 곧바로 연재소설과 다음 스릴러소설의 무대인 파리와 툴루즈, 제네바, 벨기에, 베를린 일정을 잡고 취재 여행을 떠났다. 시골에 있는 엄마를 잠시 서울 집에 오시게 한 다음, 일정별로 행선지 연락처를 남겼다. 만일 급한 일로 내게 연락을 하려면 그 당시 정보문화센터의 백석기 본부장에게 전화를 부탁하도록 사전에 조처해 놓았다. 백 본부장께도 조심스럽게 사정을 얘기하고 내 유럽 일정의 연락처를 전해 드렸다.

유럽 현지에서 쓴 글은 팩스로 신문사에 전송했다. 남은 시간은 현지의 IT연구원들과 함께 유럽의 통신연구소를 방문했다. 거기서 보고 들은 이야기로 연재소설을 생생하게 그렸다. 시간이 나면 주변의 풍물을 둘러보면서 즐겁게 지냈다.

한 가지 께름칙한 것은 쓸데없는 자존심 때문에 파열음

을 내버린 사랑이었다. 그 당시 나는 갑작스럽게 돌아가신 아버지의 부재로 입은 마음의 상처가 컸을 때였다. 아빠와 금실이 좋았던 엄마와 동생들이 넷, 외가의 사촌 형제까지 일곱 명이 모두 불안한 눈빛으로 나만 바라볼 때였다. 야심만만한 큰 남동생 창우는 내가 결혼을 조금만 늦췄으면 하는 바람을 솔직하게 요구했다. 혜숙이에 이어서 셋째 둘리가 지난주에 결혼했었다. 남친에게 신경 쓸 여력이 없었다.

제네바의 레만 호반을 건너면서

서울을 떠난 지 2주째가 되어 제네바에 도착했다. 제네바의 KT 지사 송 모 연구원과 만나 저녁을 먹으면서, 본래의 명랑한 모습을 회복했다. 허심탄회한 이야기 끝에 송 연구원의 채근으로 용기를 냈다. 레만 호수 한가운데에서 물줄기를 뿜어내는 분수가 보이는 전화 부스 안으로 들어 갔다.

망설이던 끝에 국제전화를 걸었다. 그는 외출 중이었고 부하 직원이라고 소개하는 남자가 내 이름을 묻는다. 나는 굳이 국제전화라는 사실을 밝히지 않고, 다음에 다시 걸겠 다는 말을 남기고 통화를 마쳤다.

귀국한 다음 날이었다. 저녁 7시경 그가 집 근처 카페로 날 불러냈다. 테이블에 앉자마자 대뜸 화부터 낸다.

"집에 전화했더니 동생들이 유럽에 취재 출장을 갔다고 그러더라? 어, 나한테 말도 없이"

나는 속으로만 '그랬지' 하고 상대를 무심히 쳐다보았다. 그런 내 모습에 더 화가 났을까? 언성이 높아진다.

"내가! 네 전화를 얼마나 기다렸는지 알아? 잠깐만 외부 에 볼일이 있어도, 아니 화장실만 갈 일이 생겨도 내 부하 직원에게 신신당부했지. 내게 걸려오는 전화는 무조건 메 모해 두라고. 그런데 너는 단 한 번도 날 찾지 않았어. 넌 뭐가 그렇게 잘 났니?"

"먼저 전화할 수도 있었잖아?"

"내가 어떻게 너한테 전화를 먼저 할 수 있겠어? 만날 실 망만 준 난데. 속죄하는 마음으로 네 전화를 기다렸는데, 끝내 넌 날 찾지 않더라. 그게 네 진심이니?"

'난 전화했거든?'

속으로 부아가 치밀었지만, 꾹 참고 말하지 않았다.

"내 눈 똑바로 보고 말해 봐!"

'나한테 속죄를 할 만큼 크게 잘못한 것도 없는 당신은 왜 일은 똑 부러지게 잘하면서, 나에겐 언제나 일방적으로 어린애처럼 구는데?'

"말해. 변명이라도 해야 할 거 아냐? 침묵으로 날 미치게 하지 말고!"

나는 상대의 말이 마음에 들지 않으면 침묵하는 나쁜 습관이 있다. 상대는 잔뜩 화가 나 있었지만 내 마음은 이상하리만큼 차분해졌다.

아마도 상대는 내 전화 여부에 따라 우리의 인생에 중대한 결정을 내릴 계획이라는 추측을 했다. 그 사실을 알면서도 나는 내가 처한 환경은 아랑곳없이, 내 시간을 전부 자신에게 맞춰 주기를 원하는 그에게 지쳐 가는 것을 느낄 수가 있었다. 그의 입장은 충분히 이해한다. 그렇다고 내 입장을 고려하지 않을 순 없었다.

말도 많고, 독자들의 사랑도 많이 받은 연재소설은 1년 더 연장 계약되었다. 2년 만에 연재를 끝낼 그 무렵, 나는 늦게 찾아온 첫사랑을 깔끔하게 정리했다. 정리하는 순간까지가 힘들 뿐, 한 번 결정한 일을 실행에 옮기고 나면 나는 뒤도 돌아보지 않는다.

두 사람이 만나면서부터 서로 기도했지만, 헤어질 때는

내 의지로 했다. 하나님께 죄송한 마음으로 진심 회개한다.

돌이켜 보니 젊은 날 늘 예민하게 날이 서 있었던 이유가, 시간을 다퉈 써야 하는 원고에 대한 부담때문만은 아니었다. 남친의 짓궂음도, 큰누나(언니)가 결혼으로 훌쩍 성장기의 동생들을 떠날까 봐 불안해 하는 동생들에 대한 버거움도 아니었다.

고백하건대, 나의 예민함은 겁 많은 불안한 마음을 감추기 위한 가면이었다. 삼십대에도 나는 절대 의젓하지 않았다. 뼛속까지 마마걸도 모자라 파파걸인 겁쟁이였다. 외모는 성숙한 여자였지만 마음은 아이였다.

친구들은 내가 옳고 그른 결정을 잘한다고 말했다. 사전에 '마마에게 물어보고 파파가 결제'한 분별력을 친구들과 공유했을 뿐이다. 마마는 예스와 노우가 분명했지만, 파파는 무조건 예스맨이었다, 내겐.

내 불안한 감정은 이제 모든 것을 혼자 고민하고 결정해야 한다는 두려움 때문이었을 것이다. 겉으로는 괜찮은 척 씩씩하게 웃고 다녔지만, 파파가 어느 날 갑자기 세상에서 부재중이 되었다는 그 자체가 내겐 공포였다. 파파는 내가 그분에게서 정신적인 독립을 하기도 전에 내 곁을 떠났기에, 빈 공백기를 메우는 데 오랜 시간이 필요했다. 여린 성격의 내가 받았을 마음의 상처가 걸려서 시도 때도 없이 연락했을 남친의 배려를, 그때는 헤아려 볼 겨를이 없었음을 인정한다. 사랑에 지쳤다는 명분으로 쉽게 마음을 정리해 버린 성급함과 부족한 인내심도 인정한다.

상대의 부족한 면을 이해하고 감싸주면서 더 많이 기다려 주는 배려가, 곧 자신의 부족함을 채우는 배려의 시간이기도 하다는 것을 그때는 몰랐다. 상대의 인간적인 흠결까지도 감싸주고 덮어주는 인내심이 곧 두 사람의 사랑을 지키는 예의라는 것을 훨씬 훗날 이해하게 되었다.

연재소설을 읽은 독후감을 굳이 시외전화를 이용해서 전해주던 IT 전문가들의 진짜 속맘도 이젠 이해한다. 소설속 배경인 IT 기업을 이끄는 전문가들의 일과 사랑, 그리고 인간관계의 갈등을 디테일하게 보여주는 작가에게, 그들의 애로사항을 소통하고 싶다는 간접 표현일 수 있었겠다는 생각이 든다.

가벼운 마음으로 소설을 핑계 대 나를 흔들어 보았는데, 내가 너무 꼿꼿하게 나오니까 되레 재미도 있었겠다는 생각이 든다. 좀 더 노련한 인간관계를 유지할 줄 몰랐던 미숙함이 어쩌면 그들을 더 짓궂게 만드는 원인 제공을 했을 것이라는 생각을 해 본다. 그들 또한 자신들의 깊은 속마음을 헤아리지 못한 작가에 대한 실망도 컸을 것이다.

좀 미안한 생각이 든다. 연재소설을 연장 계약시킨 일등공신이 그들 독자의 관심이 아니었던가. 비로소 그 당시 독자들에게 진심으로 감사하는 마음을 전한다.

　10년 후.
　대학원에 다닐 때다. 지인을 통해 「코리아헤럴드」신문사
의 연재소설 집필을 의뢰받았다. 편집국장이 직접 글로벌
무대를 배경으로 IT 사업가들의 사랑과 야망을 주제로 한
소설을 주문한다. 전자신문 연재 당시의 악몽이 떠올라 난
색을 보였다. 편집국장이 억대의 인세를 제안한다.
　하! 실속을 차리면 명예를 내놔야 하고, 명예를 지키려면
실속을 버려야 한다.
　참 어쩌면 이런 시험을 다 하시는지. 끝내 마음의 결정을
하기 어려웠다.
　결국, 지인의 강한 설득에 못 이긴 척하고 최종적으로 신
문사를 방문했다. 아는 기자들과 눈인사를 하고 편집국장
을 다시 만났다. 그는 작가의 필력에 모든 것을 맡기겠다
고 한다. 그 말은 경제지의 특성상 독자들의 말초신경쯤은
작가가 알아서 써 주겠지 하는 기대감이었다. 커피가 입에
써서 예의상 한 모금만 마시고 일어섰다.
　엘리베이터 앞에 섰다. 많은 사람이 엘리베이터에서 나
오는데 그중에 이목구비가 준수한 신문사의 사주가 걸어
나오고 있었다. 피차 서로 안면이 없지만, 상대는 전 국민
이 다 아는 홍정욱 회장이다. 그와 눈이 마주치는 순간 상

대는 모르는 내게 살짝 미소를 머금고 눈인사를 한다. 물론 주변의 다른 손님들에게도 가볍게 목례를 한다. 그 짧은 순간, 나는 마음의 결정을 내렸다.

신문사를 빠져나와 근처 찻집에 들러 지인에게 내 의지를 밝혔다. 곧바로 노트북을 꺼내어 편집국장에게도 이메일을 보냈다. 정중하게 사양하는 방법으로는, 전화보다는 이메일이 낫겠다는 생각이 들었다.

미혼의 작가로서,
호기심 많은 독자의 편견을 견뎌낼 자신이 없습니다.
귀사의 호의를 이렇게밖에 감당할 수 없는 저를 이해해 주시고,
아무쪼록 더 유능한 작가에게 기회를 주셨으면 합니다.
죄송합니다.

지인은 프로답지 못하다고 퉁을 준다. 편집국장은 곧바로 내 의견을 받아주겠다는 답신을 보내왔다. 홀가분했다.

왜 신문사의 사주를 보는 순간 마음의 결정을 할 수가 있었을까?

상대가 마음이 맑은 사람이었다는 생각이 든다.

혼탁한 마음속의 분란을 정리하는 방법은 두 가지라고 본다. 영혼이 맑은 사람과 독대해서 자신의 고민을 솔직하게 털어놓으면서 스스로 정리하거나, 영혼이 맑아지는 수도원 같은 곳에서 묵상 기도로 마음을 정리하는 것.

9.

실리콘밸리에서 재충전

1997년 여름, 미 샌디에이고에서 열리는 IT 심포지엄에 참가하기 위해 출국했다. 때마침 휴대전화 개발 과정의 프로젝트를 기술적으로 정리하는 일을 맡아서, 당시 개발에 관여한 주요 인물들의 현지 인터뷰 계획도 잡혀 있었다.

사실 실리콘밸리로 향하는 내 마음은 좀 설렜다. 서울을 떠나 실리콘밸리에서 새로운 둥지를 틀고 그곳에서 IT 작가로 살고 싶었다. 그 꿈이 현실로 연착륙되면, 서울과 실리콘밸리를 오가는 생활을 할 계획이었다. 아름다운 천혜 자원과 다양한 기술정보와 경영 환경이 어우러진 인재들과의 브레인스토밍이 좋았다. 물가와 주거비가 비쌌지만, 눈을 아래로 낮추고 발품을 팔아 보았다. 써니베일 정도의 작은 도시에서 살게 되면, 소박한 거주 환경에서 싸고 질

좋은 생필품을 살 출구는 많았다.

거기서 연구 활동과 작품 활동을 병행하는 꿈을 구체적으로 실현하기 위해, 틈만 나면 현지 답사하는 일을 게을리하지 않았다. 현지에 머물러 있을 곳과 현지의 IT 업계와 국내의 연결고리를 도와줄 수 있는 인력 등을 세심하게 준비했다. 국제무대에서 IT 작가로 일할 수 있는 틈새를 메워줄 에이전트도 확보해 두었다.

끝내 마음에 걸리는 건 엄마였다. 정 마음에 걸리면 내가 먼저 자리를 잡는 대로 엄마를 미국으로 모시고 가야겠다고 마음을 다졌다.

아이러니하게도 미국의 지도를 살펴보면 실리콘밸리라는 지명은 없다. 사람들의 입과 가슴속에 각인된 상징적인 단어다. 꿈을 가진 사람들이 모여 서로를 격려하며 함께 꿈을 이루는 집합체일 따름이다. 그들은 어떤 실수와 시행착오도 성공의 한 과정으로 생각한다. 당연히 쓸데없는 자존심을 내세우거나 감정의 공황에 빠지지 않는다. 실패한 기술도 약간의 가능성만 보이면, 서로 격려하면서 재기를 도와주는 사람들과 자본의 든든한 지원이 뒤따른다. 실리콘밸리만의 저력이다.

이곳에서 만나는 사람들은 한결같이 이곳의 정체성을 꿈으로 표현했다.

"기술? 자본? 아닙니다. 그들에겐 꿈이 그 모든 것을 압도합니다…. 그 꿈이 개인적인 욕망으로 가득 채워지면 사리사욕으로 끝나지만, 소비자를 위한 꿈으로 확대되면 연구소와 기업에 부의 유전자를 공급하는 원천기술로 인정받게 되어 있다고 봐야죠."

일식집에서 저녁을 먹으면서 삼성의 현지 임원들이 들려주는 이야기에, 나는 고개를 갸우뚱했다.

제조업에서도 꿈은 요긴한 것인가?

실리콘밸리를 우리 식으로 말하자면 공단이 아닌가. 구로공단, 창원공단, 울산공단, 포항공단 등. 실리콘밸리와 한국 공단의 차이점은 아름다운 자연환경의 유무다. 그 차이가 엔지니어들에게 엄청난 영향을 준다는 사실이 놀라웠다. 엔지니어들과 연구원들이 마음껏 꿈을 꿀 수 있는 자연환경은 아무리 강조해도 나쁘지 않다는 새로운 사실을 알았다.

실리콘밸리에서는 그들 엔지니어가 고안한 아이디어에 정책 당국과 민간기업의 막대한 자본을 투입한다. 스탠퍼드대학 같은 일류 대학에서 뛰어난 두뇌 인재를 투입한다. 그러한 조합이 만들어내는 건 하늘 아래 새로운 기술을 창조하는 것이 아니었다. 거친 원석을 갈고 닦으면 보석이 될만한 원천기술을 찾아내어, 대중에게 편리한 응용기술로 창출해 내는 것이다. 이 기술이 상용화에 성공하도록 다양한 벤처들과 자본, 인력이 더해지면서 세계적인 기술

자본으로 성장하는 거다.

휴대전화 칩을 개발한 퀄컴의 CDMA 원천기술이 그랬다. 최근에는 모두가 잘 아는 페이스북, 구글 등이 실리콘밸리의 수혜자들이다.

우리는 어떤가? 실수와 실패를 너그럽게 받아들이는 사회는 아니다. 그에 따른 손익계산이 따르는 연유인지 몰라도 한 번의 실수로 인해 아웃사이더로 몰리기 쉽상이다. 그렇더라도 바로 일어나려고 조급하게 굴지 말아야 한다. 엎어진 김에 쉬어가는 심정으로 자신이 어디서 어떻게 실수했는지 원인을 살펴보고 천천히 일어나기를 권하고 싶다. 나에게도 타인에게도.

내 경우, 전체 상황에서 실수나 실패한 대목을 구체적으로 짚어 본다. 처음과 달리 재수정해서, 어떤 효력을 나타낼 수 있는지 새롭게 시나리오를 구상해서 기록한다. 그 시나리오에 타이밍을 여유 있게 기록해서 일정표를 짜고, 차근히 재기하는 습관을 가져 본다.

특히 재기할 경우, 일당백의 자세로 모든 것을 본인이 챙겨 가야 한다. 남들이 나만큼 일해 주리라는 기대는 안 하는 것이 좋다. 내 일은 내가 책임진다는 각오로 출발해도 재기해서 성공을 기대하기가 어려운데, 하물며 전문가에게 맡긴다고 될 일이 아니다. 조직에서도, 소수의 인간관계에서도, 일의 출발과 궂은 일은 모두 내가 먼저 자원해야 한다.

하늘은 스스로 돕는 자를 돕지 않는다.

하늘은 스스로 개선하려는 의지를 보여주는 자를 돕는다.

　다음 날은 미 서부 실리콘밸리에서 자연경관이 빼어난 작은 도시 써니베일에 도착했다. 한국인 장 사장이 운영하는 숙소에 여장을 풀었다. 실리콘밸리를 찾는 한국의 IT 관련 업체 사람들이 출장을 오면 머무는 곳으로 유명한 숙소다. 예전에 IT 관련 프로젝트를 수행할 때 연구원들과 함께 왔던 추억이 있는 곳이다.

　나는 업무상 사람들을 만나 어울리는 것도 좋아하지만, 혼자서도 비교적 잘 노는 편이다. 머리 좋은 사람을 만나면, 내 역할의 패를 미리 보여줘 버리는 스타일이다. 불필요한 질투나 갈등 관계를 사전에 가지쳐 버리기 위한 '비포 서비스(Before service)'다.

　힘 있는 전문가들과 어울릴 때는 나름대로 원칙을 갖고 그들을 상대한다. 사실을 조사하고 구성원들의 정치적인 인맥을 파악한 다음, 전체적인 맥락을 이해할 때만 그들과 어울린다. 처음부터 힘 있는 사람의 조언을 들으면 편리하긴 하다. 그러나 결과적으로 보면 그들의 야망에 의한 부속품이었다는 자괴감을 떨구기 어렵다.

　똑같은 기술 개발의 성공 역할을 두고, 자신의 공을 더 내세우기 위해 별의별 수단을 가리지 않는 사람들도 많이 봐 왔다. 나는 이미 내가 할 일에 해당하는 사람들의 면면에 대한 이력과 경력, 조직 내외에서의 정치적인 역량, 이해관계와 학연, 지연을 연구하고 작업에 들어가기 때문에 쉽게 이용당하진 않는다.

아주 가끔 비열하게 뒷다리를 걸거나, 미혼이라는 이유로 해당 기관장과 사적인 거래가 있을 거라고 악의적 억측을 내는 사람들도 있다. 지금껏 프로젝트 의뢰를 해 온 어떤 기관장도, 자신의 입신양명을 염두에 두고 의뢰한 외부의 컨설턴트를 사적인 감정으로 대하지 않았다.

시간이 지나서 하는 얘기다.

나를 고용할 때는 기관장의 부인과 기관의 유능한 임원들이 계약 직전까지 내 사생활에 대한 업계의 평판도 고려한다는 사실을 밝힌다. 건강한 청춘인 내가 건강한 청년과 연애하는 일까지야 흠결이 되겠는가. 여기에서 사적인 평판은, 기혼남과 좋지 않은 일로 연루되었는지의 여부다. 예나 오늘이나, 최고위 공직자로 발탁되는 과정에서 성 스캔들만큼 치명적인 악수가 어디 있을까.

만에 하나 나를 폄훼하는 사람들이 있다면, 사필귀정을 믿고 침묵할 것인가? 아니다. 나는 고의적으로 발생한 문제가 생기면, 망설이지 않고 조기 진압한다. 심령이 밝은 독자들은 이미 눈치를 챘겠지만, 이 정도의 고의성을 갖고 발목을 잡는 사람은 내게 프로젝트를 의뢰한 기관장과 차기 수장, 혹은 공직자의 최고위 자리를 놓고 알력을 다투는 경쟁자다. 이쯤 되면 내 주변에서도 귀띔이 날아든다.

엄마에게 자문을 구했다.

"처녀가 논산 연무대를 걸어가도, 가던 길만 똑바로 가면 사내 놈들이 못 건드리는 법이다."

엄마의 유머 감각은 아무도 못 말린다.

그렇게 이해관계가 첨예한 일의 한가운데에 서 본 적이 몇 번 있었다. 그때마다, 프리랜서의 특성상 내 문제는 내가 직접 나서야 한다. 소문이 사실로 와전되는 잘못된 상황은 다음 프로젝트 계약에 치명적인 영향을 준다. 프로젝트 수행의 계약 과정에서는 신상파악과 주변의 평판도 고려되기 때문이다.

만일 상대가 나에 대한 서운한 마음으로 나를 폄훼했다고 생각되면 상대를 찾아가 진심을 얘기한다. 진정성을 갖고 다음 기회에 상대를 도와줄 기회를 달라고 전한다. 대개는 출세에 대한 자신의 속맘을 털어놓으면서 미안해 한다. 싱긋 웃으며 나누는 굳건한 악수가 모든 오해를 집어삼킨다.

끝까지 그 업무에서 날 손 떼게 할 목적으로, 고의적인 억측을 만든 전문가를 만나면 나도 절대 물러서지 않는다. 지위 고하를 떠나 상대에게 최후 선포를 한다.

'당신과 나의 갈등을, 당신과 나를 포함한 업계 모든 사람에게 이 사실을 육하원칙에 의해 널리 알려 버리겠다.'라고 단호하게 말한 다음, 상대의 비서실에서, 비서들이 듣고 그들의 상관에게 보고하라는 듯이, 그 즉시 비서실 전화로 상대의 인사권에 영향을 줄 수 있는 사람들에게 이 사실을 공표해 버린다. 상대의 때늦은 변명은 어디에서도 통하지 않는다.

진짜 무서운 경우는 웃으면서 나를 추어올려 은근히 집 요하게 회유하는 보스다. 그 옛날 정치 드라마를 통해 만 났던 백전노장 정치가들의 얼굴이 언뜻 떠오른다. 그땐 물 러나는 것으로 피했지만, 지금은 어림없다.

비서실은 어떻게 알고 내 생일날 즈음에 오페라 로열석 티켓을 두 장 보내준다. 작고 예쁜 선물과 함께. 그래도 반 응을 보이지 않자 비서실의 간청으로 식사 자리를 만들었 다. 정부의 엘리트 관료들을 좌우로 거느리고 앉은 보스와 함께, 비싼 밥집에서 밥을 함께 먹었다. 오로지 이 나라의 국고를 부유케 하는 것이 당신 인생 최고의 낙이라고 고뇌 하는 얼굴을 한다.

"언제 한 번 정 작가하고 멋지게 일해 봅시다."

그 진지함에 가려진 비열한 속내가 보였다. 그러니까 지 금 하는 프로젝트를 슬슬 하라는 겁박이다. 이 보스와 내 가 컨설팅하는 기관장의 대외적인 업적이 같다. 역할만 달 랐다. 어쨌든 예의를 갖추었다.

"감사합니다만, 제가 워낙 스케줄이 밀려 있어서요. 예, 호호호!"

안 속아, 안 속아.

보고서를 쓸 때는 누구에게도 휘둘리지 않는다. 언제나처럼 관련 기관을 통해 사실을 근거로 초안을 작성하면서 중심을 잡는다. 중간중간 정부 관료들과 연구소의 박사들, 기업의 임원들을 중심으로 삼 배수의 검증을 거친다. 연구소의 하청업체도 찾아가서 실험실과 연구실의 실적을 눈으로 보고 그들이 작성한 보고서도 입수한다. 누구에게도 치우침 없이 쓰려고, 관련 테마의 박사 논문을 통해서 최종 검증을 마쳤다. 일간지 IT 전문기자들과 식사를 나누면서 자연스럽게 맥을 짚어 보고 전체적으로 스크린해 본다. 내가 놓친 점이 있나 없나, 그들의 얘기를 들으면서 예민하게 파악해 본다.

그래도 찜찜하면 원고를 싸 들고 K수도원에 간다. 2박 3일 동안 기도를 하면서 탈고를 마친다. 트윈 침대중 하나는 책과 자료, 노트북으로 가득 채우고, 머리에 과부하를 느낄 때마다 옆자리 침대에 누워 자면서 피로를 쫓았다. 작업하기에 최적의 공간이다. 기도공원을 산책하면서 끝까지 문제점을 짚어 본 다음 머릿속이 비워지면 어디에서건 주저앉아서 하나님께 감사 기도를 드린다. 관련된 모든 사람들에게 주님의 은총이 임하시기를 간절히! 훗날 그 보스는 다른 행성에서 별을 달았다.

각설하고!

다음 날 이른 아침에 숙소의 구내 카페로 내려갔다. 퓨전 한식 뷔페가 마련되어 있다. 밥과 김치, 맑은 콩나물국, 혹은 미역국도 나오고 동시에 빵과 버터, 딸기잼, 달걀부침과 채소, 과일 샐러드를 보면 마치 서울의 어느 하숙집 식당처럼 푸근한 환경이다. 그곳에서 일행과 만나 아침 식사를 했다. 빵과 달걀부침, 직접 짠 오렌지 주스로 간단히 요기를 채운다.

모닝커피를 마시며 일행들과 농담을 주고받았다. 재미있는 것은 한국의 드라마와 뉴스를 텔레비전에서 볼 수 있다는 것이다. 미국 뉴스를 보려면 1층 로비 라운지로 가야한다.

식사를 마치고 나면 혼자 숙소를 나선다. 깨끗한 동네 어귀마다 잘 가꾼 공원이 있다. 백 년은 족히 넘을 나무들이 그늘을 마련해 주는 벤치가 있다. 볕이 따갑게 느껴질 무렵 벤치에 앉아서, 가벼운 에세이를 읽는 동안 저절로 졸음이 쏟아졌다. 눈꺼풀이 만 냥쯤 되는 것처럼 무거워서 그만 벤치에 기대어 잠을 잔다. 스치는 바람결 소리, 이름 모를 새의 지저귐이 싱그럽게 들려온다. 지친 몸과 마음을 어루만져 주는 편안함을 이불 삼아 푸근하게 잘도 잔다.

정오에 눈을 뜨면 숙소로 들어가 식사를 하고 나와서, 다시 푸른 초원에 앉아 빛을 쬐면서 고단한 몸의 피로를 푼다. 살갗이 따가울 정도가 되면 나무 그늘에 앉아 계속해서 몸의 피로가 풀리도록 내버려 둔다. 오랫동안 누적된 몸의 피로를 섣불리 운동으로 풀었다간 근육 통증으로 고생하기 쉽다. 내 경우 딴딴하던 근육이 말랑말랑해질 때까지는 좀 뒹굴뒹굴 쉬는 것도 운동이 되었다.

팽팽하게 긴장되어 있던 몸이 이틀째부터 풀리면서 피부가 간지럽다. 겨울에 추운 데 있다가 따뜻한 곳에 들어가면 먹먹해진 살갗이 간지럽듯이…. 견딜 수 있을 만큼의 간지럼증을 느끼고 나서 드디어 조깅을 한다. 땀을 흘릴 정도로 먼 거리를 돌아와 샤워한다. 보송보송한 면 티로 갈아입고, 차 한 잔을 마시는 동안 나 자신에게 화두를 던져 본다.

나는 언제까지 IT의 선구자들이 피땀 흘려 농사지은 과일 맛이나 품평하는 치어리더로 만족하려고 하는가?

사흘째 되는 날 아침, 써니베일 역에서 샌프란시스코행 이층 칸 완행열차를 탔다. 샌프란시스코역에 도착해서 밖으로 나왔다. 버스로 갈아타고 달리면서 꽃으로 언덕을 이룬 동네를 지나치는 동안 마음이 한없이 밝아진다. 멀리 금문교가 보이는 바닷가에서, 쉴 새 없이 밀물을 일으키는 모래밭을 걸었다. 신발을 가방 끝에 매달고 맨발로 모래밭을 걸어 보고, 얼굴이 비치는 맑은 바닷물 속을 걸었다.

바다를 걷는 동안 거의 빈사 상태였던 감수성과 동맥경화증에 걸린 영감이 살아났다. 그간 서울에서 겪었던 영혼의 황폐함은 지적 에너지의 고갈과 빈곤한 문화적 결핍에서 유체이탈한 정신적인 허기였음을 알았다. 나는 일 중독자였다.

간이 노점상에서 즉석요리해 주는 새우 버거를 한입에 베어 물었다. 탱글탱글한 새우 맛에 입안이 행복해진다. 다시 시내버스에 올랐다. 팔로알토의 낯익은 거리를 지나 스탠퍼드대학 앞에서 내렸다.

스페인풍의 주황색 건물들과 키가 크고 늘씬한 가로수가 즐비한 길을 지나 구내 쇼핑몰에 들어갔다. 서점에 들어가 국내에도 번역본으로 나온 몇 권의 원서를 샀다. 예쁜 선물도 사고, 테이크아웃 커피를 사 들고 나와 이국적인 나무 아래 벤치에서 마시며 주변을 둘러본다. 어디를 둘러봐도 그림이 예뻤다. 카메라에 담기 바빴다.

캠퍼스를 걷다가 메모리얼교회(성당) 앞에서 걸음을 멈추었다. 저녁에 함께 식사 약속이 있는 일행들과 만나 눈인사를 나눴다. 그들은 교회 밖에 서서 대화를 나누느라 여념이 없다.

나는 일행에서 떨어져 나와 혼자 교회 안으로 들어섰다. 여행지에서 교회를 만나게 되면 기도를 드리는 습관이 몸에 배었다. 텅 빈 교회 안의 고즈넉한 분위기가 나를 압도한다. 경건한 마음으로 눈을 감고 두 손을 모았다. 충분히 휴식을 취한 끝이라, 맑게 헹궈진 영혼으로 성령이 충만해진다.

조용히 묵상해 본다. 30대의 내 인생을 화사하게 꽃피게 해준 IT에서 받은 축복은, 결코 내 실력만은 아니었다는 것을 깨달았다. 부족한 나를 끊임없이 성장시키는데 사랑을 쏟아 준 하나님의 은총이었다. 미래의 내가 무엇을 해야 할지 한 번쯤은 그분에게 여쭤봐야 예의일 것 같았다. 마음을 정돈한 다음 기도를 드렸다.

주님! 누군가 피땀 흘려 성공시킨 IT 정책을 글로 정리하는 일을 통해 많은 혜택을 누리게 해주신 은혜 감사합니다. 한 발 나아가, 제가 선험적으로 연구한 보고서로도 주요 정책결정가들에 굿 아이디어를 주기 원합니다.

주님께서 원하신다면 나의 기도가 이뤄지게 하시고, 원치 않으시거든 제 마음을 돌이켜 주님이 예비하신 나의 길을 걸어가도록 도와주세요. 아멘.

스탠퍼드대의 메모리얼교회 전경

내가 기도를 드렸던 교회 내부

3장.

광야에서
주님만
바라보다

하나님의 선물에는 책무가 따른다.

10.

재활 병동의 겸임교수

마흔에, 늦깎이로 대학원에 들어갔다. IT 연구기관에서 정책연구원으로 일하고 싶은 목표를 세우고 논문도 퍼스널 미디어 분야로 아이템을 정했다.

논문 통과 후 뜻밖의 선물을 받았다. 수도권의 대학 재단 이사장으로부터 교수 영입이 들어왔다. 처음엔 별 생각 없이 들었다. 재단 이사장님은, 흔쾌히 내 인생의 은사님을 자청해 주신 아산병원 전 병원장이신 민병철 원장님과 사모님을 통해서 재차 내게 교수 제안을 했다. 때마침 민 병원장님의 프로젝트를 성공적으로 마무리한 직후였다. 흡족해 하신 민 원장님의 적극적인 추천으로 이뤄진 것이다.

비록 내가 원하는 목표에서 비켜났지만, 방송 활동으로 다져진 실무 경험을 방송영상 제작 관련 학과를 통해 제자들에게 도움을 줄 수 있겠다는 생각이 들었다.

하나님, 이렇게 좋은 선물을 주셔서 감사합니다.

그 즈음 성경 공부를 하면서, 하나님과 소통을 할 수 있는 성령 체험을 간절히 원하는 기도를 했다. 하루 시간을 내어 자주 가는 K수도원에 갔다. 산 정상에서 내려오는 길에 성령을 받았다. 하나님의 음성이 내게 들려왔다.

혜숙이를 돌봐줘라.

내 마음속으로 전해지는 성령에 이끌려 곧바로 휴대전화로 둘째 여동생 혜숙과 통화를 나눴다. 고창의 성내면에 사는 혜숙의 목소리가 밝았다. 안부를 묻는 내게 혜숙은 도리어 내 만혼을 걱정했다.

"언니, 결혼해. 언제까지 혼자 살 거야?"

"결혼하니까 좋니?"

"그럼, 얼마나 좋은데. 남편도 잘 해주고, 아들도 잘 크고. 난 요즘 노인정에 가서 봉사도 하고 교회도 열심히 나가잖아."

"별일은 없고?"

"당연히 없지. 언니, 보고 싶다."

혜숙의 목소리에 안도한 나는 통화를 마쳤다. 한 번 내려가서 어떻게 사는지 보고 와야 하나 어쩌나. 바쁘다는 핑계로 혜숙이 집에 자주 가 보지 못했다. 그 대신 엄마가 혜숙에게 갈 때마다 30만 원씩 봉투에 넣어서 드렸다. 혜숙에게 대소사가 있을 때는 두 배 이상을 봉투에 넣었다.

엄마는 내 돈과 당신이 마련한 돈 봉투를 챙기고도, 옷과 생필품을 넣은 보따리를 바리바리 싸 들고 집을 나섰다. 항상 강남 고속버스터미널까지 엄마를 모셔다 드리곤 했다. 그럼에도 불구하고, 성령께서 굳이 내게 혜숙이를 챙기라는 이유는 뭘까. 전화상으로는 건강도 이상 없다는데 말이다.

대학 재단의 최영철 이사장님과 민병철 원장님을 일식집에서 뵈었다. 방송 경력과 석사 논문, 학부와 석사과정 성적에 관해 구두로 면접을 받았다. 학부 때 학내를 떠들썩하게 놀러 다녔지만 나름 학점 관리는 했다. 최 이사장님은 전문대학이니만큼 내 방송 경력과 실무 강의에 중점을 두고 명료하게 말씀했다.

"일단 겸임교수로 먼저 강의를 하면서 박사과정을 밟으세요. 박사과정에 들어가는 조건부로 전임교수의 임용을 총장과 협의해서 관철하도록 하겠습니다."

"감사합니다."

나는 하나님의 은혜로 알고 마음이 벅찼다.

그때는 몰랐다. 하나님의 선물엔 반드시 책무가 따른다는 사실을.

하나님은 처음엔 성령으로 조용히 은밀하게 내게 혜숙을

돌보라고 권했지만, 두 번째는 확실한 경고장을 날렸다. 그로부터 한 달만인 2007년 6월 12일, 혜숙이가 교통사고를 당해 전주 예수병원 중환자실에서 나와 가족 모두를 소환한 것이다. 중환자실 독방에 의식을 잃고 누워있는 혜숙은 뇌를 다쳤고, 오늘 밤을 넘기기 어렵다는 의사의 선언을 들었다. 나는 하나님의 뜻을 헤아려 보았다.

다음날 아침, 중환자실 대기실에 앉아 있는 형제들에게 엄마와 함께 서울에 올라가라고 일렀다. 친척들도 모두 되돌려 보내고 제부와 그 당시 중 3이던 조카만 내 곁에 남았다. 나는 원내 교회로 가서 기도를 드렸다. 이틀까지 응답이 없었다. 사흘째 되는 날 새벽에 중환자실 대기실에서 자는 조카를 깨워 함께 교회에 들렀다.

하나님께 간곡히 내 의지를 피력한 서원 기도(誓願祈禱)를 드렸다.

하나님, 제 모든 사회적인 목(業)을 주님께 바칩니다.
제발, 혜숙이를 살려주세요.
혜숙이 아들이 평생 외롭지 않도록, 혜숙이를 살려주세요.

기도 응답은 그날 오후에 이뤄졌다. 중환자실 신경외과 레지던트가 날 호출했다.

마음에 준비를 하라고 엄포를 놓던 날 밤의 긴장감이 사라진, 약간의 피로한 얼굴로 내가 말했다.

"정혜숙 님, 뇌에 차 있는 피를 빼내는 수술을 해야겠어요."

"수술하면 어떻게 되는데요?"

"천신만고로 생명에 위험은 없지만. 전신 마비 상태에 지능이 현저하게 떨어집니다. 수술 후 우리 과에서 치료하면서 경과를 보다가, 재활의학과로 전과해서 본격적인 재활 치료를 받아야죠."

사고 당일, 마음의 준비를 하라던 경고장은 사라졌다.

그 대신 장애는 평생 간다고….

그때는 장애의 상황이 어느 정도가 될지 실감 나지 않았다. 단순하게 살려달라는 기도의 응답은 받았으니 다행이라고 생각했다.

그로부터 6개월 후인 11월 31일, 혜숙은 전주 예수병원에서 집에서 가까운 서울 순천향대학병원 재활의학과로 입원하게 되었다. 물론 내가 전주로 내려가 119에 태워서 이송했다. 사전에 엄마는 혜숙이 남편에게 물었다.

"지방에서 재활치료하는 병원은 전주 다음으로 광주에 있다고 들었는데, 자네 생각은 어떤가? 우리가 간병인을 붙여 줄 테니 자네가 가끔 들여다볼 텐가?"

"염치없지만 솔직히 제가 아이 엄마 치료를 잘할 자신이 없어요. 어머님과 처형 곁에 있으면 제가 자주 서울로 다니러 가는 편이 낫지 않겠어요? 아무래도 서울에서 치료

받는 것이 아이 엄마에게도 좋을 듯싶고요."

엄마와 제부의 합의로 혜숙은 다시 내 소관이 되었다. 뭔가 이상하다 싶었지만 눈 감고 귀 막았다.

불어라, 운명아. 나한테 오는 십자가의 허리케인, 사양한들 뭐하리.

내가 거절할 경우 혜숙은 우리 곁에서 떠날지도 모른다는 두려움을 느꼈다.

그해 12월부터 이듬해 2월까지 꼬박, 서울 순천향대학병원 재활의학과에 입원한 혜숙의 간병을 내가 떠안았다. 박지웅 교수가 간병인 대신 가족이 간병을 하면 80% 완쾌를 확신한다는 말에, 내가 자원했다.

빨리 재활치료에 성공해서, 빨리 혜숙이를 자기 집으로 보내주고 나서, 빨리 내 삶을 살아야지.

그런 마음으로 겁도 없이 혜숙의 간병을 떠맡았다. 애도 키워 본 적이 없는 손으로 혜숙이의 기저귀를 갈아 주고, 목욕도 시켜 주고, 다인실에서 여러 간병인과 함께 잠을 잤다. 완전히 병동 노숙자 같은 굴욕감이 들었지만, 눈을 질끈 감았다. 그때만 해도 빨리 재활치료를 해서, 혜숙이를 제부와 조카에게 인계하고 나는 손을 털 요량이었다. 전신 마비 환자가 80% 완쾌를 한다는 것은, 지지대를 짚고 이동할 수 있다는 얘기다. 화장실을 가거나 집안일을 할 수 있다는 희망을 품었다.

　3개월만 눈 딱 감고, 귀 막고 하자. 건강을 되찾게 될 혜숙이를 제부의 손에 맡기는 그 날, 카리브행 비행기에 오르는 거다. 한 달만 휴가를 보내고 와서 멋지게 일하는 거다! 아우!

　생각만 해도 짜릿했다.

　문제없어!

　난생처음 겪는 저열한 환경의 다인실 병실도 상관없었다. 중국인 간병인들이 번갈아 가면서 간병 교수법 강의와 실습을 해준다.

　"아이고, 참. 교수님이 기저귀 하나 제대로 못 갈아 주면 어째요?"

　여기서 교수가 왜 나와. 나는 실눈을 뜨고 웃으면서 두 손을 하늘로 높이 치켜들고 항복하는 시늉을 했다.

　"됐다. 한 번만 실습할 테니까 잘 보소."

　의료진들한테는 그토록 겸손한 전문 간병인들이 비위가 약한 내겐 엄청나게 잘난 체를 한다. 계속 속이 울렁거리는 내가 헛구역질하는 것을 보다 못한 한국계 간병인이 와서 내 등을 두드려 준다.

　"아이고, 아주 혜숙이 언니를 잡는다, 잡아. 집에서 아무것도 안 해 본 언니한테 그렇게 가르치면 안 된다. 비켜라, 5분만 있다가 내가 알려 줄게."

　보호자 침대에 헬렐레하고 넋 놓고 앉아 있던 나는 곧바로 정신을 차렸다. 새로운 한국계 간병인 교수로부터 강의를 들었다.

"혜숙아. 어, 그래. 침대 시트 위에 레자를 깔고 환자를 뉘어야, 기저귀에서 새 나오는 분비물이 시트에 묻지 않아."

병동에서는 내 이름도, 존재감도 중요하지 않았다. 의사들과 간호사들이 와서 '정혜숙 님', 이라고 부르면 내가 대답했다. 뭐 그게 대수라고, 어때. 로마에 가면 로마법을 따라야지, 그런 심정으로 나는 병실 환경에 적응해가기 시작했다.

문득 궁금증이 도졌다. 하나님에게 혜숙은 어떤 딸인가?

눈에 넣어도 아프지 않을 딸.

혜숙은 정읍에서 다니던 제일교회 담임목사님의 심방 집사였다. 300명 남짓 교인들이 다니는 교회라서, 따로 전도사가 없었던 것으로 기억한다. 목사님과 사모님이 따로따로 교인댁을 방문하고 주일 예배, 초중고교, 청년부를 운영하면서 대외 심방과 교회 안 행사를 감당할 일꾼과 재정 지원이 절실하던 그 시절이었다. 목사님의 심방은 주일 교인들의 신앙심을 돈독하게 할뿐더러, 이방인 가족 전도와 길거리 전도도 포함되었을 것이다. 사모님은 교회 안 학생들을 담당했고, 주일 예배 후 음식 대접할 준비로 바빴다.

목사님이 심방 나갈 때마다 함께 간 사람이 혜숙이었다. 결혼할 때까지 오랜 시간에 걸쳐 혜숙은 교회와 목회자의 일에 정성을 쏟았었다.

하나님은 당신의 일에 순종한 일꾼이 어려움을 겪을 때, 절대 외롭게 놔두지 않으신다.

나는 이 모든 현상의 흐름을 이해하고 기꺼이 고생을 할 각오를 했다. 혜숙을 돌보는 일은 하나님께 순종하는 것인 만큼.

병원에서 합법적으로 탈출할 수 있는 휴가는 대학에 출근하는 날이다. 3월, 오전 7시경, 경부고속도로 하행선을 달린다. 간병인에게 맡긴 혜숙은 어제부터 원인을 알 수 없는 고열을 앓았다. 코에 호스를 매달아 산소호흡기로 숨을 쉰다. 나는 클래식을 들으며 운전하는 데만 집중한다. 병원에서는 혜숙에게만, 밖에 나오면 내게 집중하는 것이 나의 원칙이다.

새벽부터 때 아닌 비바람과 눈보라가 치더니 주변이 어둠에 파묻혀 한 치 앞이 보이지 않았다. 비바람과 눈보라 속의 고속도로를 비상등을 켜고 삼차선을 따라 달린다. 코 앞과 먼 거리의 시야를 조정하고 100킬로 속도를 유지하면서 내비게이션의 안내에 따라 운전했다. 한 치 앞이 보이지 않는 지독한 안개와 칠흑같이 캄캄한 어둠 속을 뚫고 어찌어찌해서 영동선을 타면서 겨우 마음을 놓았다.

강의실에서 만난 스무 살 풋풋한 청춘들의 해맑은 얼굴에서 다소 설레는 마음으로 위안을 받는다. 그들 청춘과 어울려 지내느라 혜숙의 어수선한 병치레로부터 잠깐이나마 자유로워질 수 있었다. 쉬는 시간에 교수 휴게실에서 마시는 아메리카노 커피 맛의 담백함이, 터질 듯한 머릿속을 맑게 헹궈준다.

강의를 마치고 나서 용인에서 출발하기 전, 3월 추위에도 불구하고 카페에서 아이스 아메리카노를 포장 구매한다. 커피를 마시면서 액셀러레이터를 '나쁜 속력'으로 밟는다. 나쁜 속력도 부드럽고 섬세하게 오감으로 긴장하며 달리면, 착한 속력의 거친 운전보다 훨씬 안전했다. 하여간 엄청나게 나쁜 속력을 내며 영동선을 달리면서 MP3로 팝송을 감상하다 보면 스트레스가 좀 진정된다.

한밤중에 서울행 영동선에서 경부선으로 꺾어 지르는 한산한 고속도로는 속도를 즐기는 자가운전자의 축제 코스다. 나는 이 시간만큼은 나를 명령하는 왕이 되어 마음껏 '음악적 방종'을 즐긴다.

불현듯 베를린에 취재를 나갔을 때 MBC 특파원 신창섭 선배 부부와 함께 아우토반을 달렸던 추억이 떠올랐다. BMW로 250킬로를 밟던 그 당시 선배의 조용한 옆얼굴이 마음속 풍랑을 다스리던 것이었음을 뒤늦게 공감할 수 있었다.

침묵 속의 걷잡을 수 없는 불꽃…
지금 내 심정이 그래, 선배!

자유로웠던 방랑자 시절이 그립다. 국내에서는 도무지 속도를 낼 만한 곳이 없다는 것이 아쉬웠다. 삶이 고단할수록 이상하게도 늑대 같은 야성이 내면에서 꿈틀거린다. 머릿속이 복잡할 때는 팝송을 듣는 것이 이열치열이다.

과거 무도장을 접수하던 여대생 시절이 떠올라 속으로 웃었다. 공부도 해야 하고 데모에도 참여하는 틈틈이 젊음도 즐겨야 했던 그 시절이 갑자기 왜 생각날까. 지금과는 아주 다른 그 시절의 자유가 그리운 것이겠지.

복잡한 머릿속이 개운해지자, 팝송을 끄고 생각해 본다.

요즘 혜숙이 원인 모를 고열로 산소통을 달고 사는 원인이 뭘까, 치료에 관한 대안을 머릿속으로 차근히 그려 본다.

서울 톨게이트가 나타날 무렵이면 대개 답이 나오게 되어 있다.

하하하 ――

이중적인 감정을 숨기느라 호탕하게 한 번 웃고 나서 산뜻한 마음으로 병실에 들어섰다. 여전히 혜숙은 원인불명의 고열과 몸살을 앓고 있다. 담당 교수의 얼굴에 수심이 가득 차 있다. 형제들이 불안해 하는 얼굴로 속속 찾아오고 친척들까지 대거 병원에 출동했다. 겨우 몸을 추스른 엄마는 눈물까지 글썽이면서 아주 비장한 표정으로 혜숙의 손을 붙잡고 기도를 드리고 계신다. 나는 불안해 하는 가족들과 친척들, 그리고 혜숙을 번갈아 보다가 여동생 둘리를 데리고 병실 밖으로 나왔다.

"얘, 캔 맥주 하나 사 와."

"언니, 어쩌려고?"

여긴 병원이잖아, 그런 놀란 표정으로 내 얼굴을 쳐다본다.

"알아. 병원 편의점에선 주류를 팔지 않아. 바깥 슈퍼에 가서 사 들고, 저쪽 배선실로 갖고 와."

"알았어."

그날 밤 나는 배선실에서 캔 맥주 한 병과 비스킷 몇 개로 저녁 식사를 대신했다. 입가심으로 뜨거운 커피 한 모금을 마시자 온몸에 열이 훅 올라온다. 종일 강의하느라 목이 아팠는데 몸이 따뜻하게 데워지면서 탁했던 목이 부드럽게 풀리는 것을 느끼고 배선실을 나섰다.

병원 앞 음식점에서 친척들에게 음식 대접을 한 후에 승호에게 배웅을 부탁했다. 둘리에겐 집에 가는 길에 엄마를 우리 집 앞에 내려드리라고 말했다.

"언니 혼자 어쩌려고?"

"괜찮아."

혼자 남은 나는 혜숙의 손을 만져주었다. 양쪽 팔을 부드럽게 마사지한 다음에 혜숙의 상체를 침대에서 일으켜서 내 가슴에 꼭 껴안아 주었다. 머리를 쓰다듬어주며 다시 등을 다독여 주었다.

오랫동안, 아주 오랫동안!

아이는 내 품 안에서 칭얼거리다가 그만 스르르 잠이 든다. 잠자리 날개보다 가볍게 아이를 침대에 뉘었다. 불빛을 약한 미등으로 바꿔 켜고, 아이의 이불을 목까지 여며 준 다음, 벽의 버튼을 눌렀다. 득달같이 달려온 간호사가 혜숙의 열을 잰다. 36.5도! 맥박도 재고 혈압도 쟀다. 혹시 몰라서 당뇨 체크도 부탁해 보았다. 모든 것이 정상이었다. 잠시 후에 온 의료진에 의해, 산소통과 혜숙의 몸에 달라붙은 의료기구가 제거되었다.

이제 진실을 이야기해야겠다.

오랫동안 병원생활을 하는 환자들에겐 이상한 내성이 생기는 것을 어렴풋이 짐작했다. 환자니까, 누구에게나 사랑을 받고 도움을 받아야 하고, 자기는 늘 주변 사람들로부터 관심을 받아야 한다는 사실을 누가 알려주지 않았는데도 본인 스스로 당연하게 생각하는 것이다. 어느 면에서는 맞는 말이긴 하지만 혜숙에겐 그것이 지나치게 과했다.

보이는 현상은 혜숙이가 고열과 몸살을 앓고 있다. 보이지 않는 무의식에는 지금까지 혜숙이 자신을 중심으로 큰언니의 전폭적인 조력을 받다가 개강과 함께 언니의 관심이 분산되는 것에 대한 심리적인 불안을 느낀 게다. 나는 강의를 준비하고 대학에 나가 크고 작은 행사에 참석하느라 바빴다. 혜숙은 자신에게 소홀히 하는 나를 향해 그 자신도 통제할 수 없는 어떤 보이지 않는 힘으로 내 마음을 자신에게 끌어당기기 위해 안간힘을 다했다.

일테면, 혜숙의 보이지 않는 마음속 불안 요인이, 내 마음을 사로잡기 위해 시위를 하고 있던 것이 겉으로 뿜어져 나오면서 고열과 몸살이 난 것이다. 사람은 누군가에게 집중하기 시작하면 말보다도 더 강렬하게 서로의 마음과 생각, 영혼의 소통이 가능해진다.

자아와의 소통에서 '조 해리의 창(Johari's window)'이라는 이론이 있다. 사람의 내면에는 열린 자아와 숨겨진 자아, 눈먼 자아, 모르는 자아로 나누어지는데, 여기서 재미있는 자아가 바로 '모르는 자아(Unknown-self)'다. 자신은 물론 남들도 알 수 없는 미지의 부분, 내면의 세계에 존재하되 대인관계에서도 잘 드러나지 않는 이른바 무의식의 세계가 이에 해당한다(오미영, 정인숙 공저,『커뮤니케이션 핵심이론』, 2005).

나는 바로 무의식의 소통에 주목했다. 의사이면서 심리학자인 칼 구스타브 융(Carl Gustav Jung)도 인간의 무의식에 대해 많은 이론과 해석을 펼쳤는데, 여기서 그 방대한 이론과 해석을 말할 필요성은 느끼지 않는다.

다만 융이 말하는 무의식의 세계는, 어떤 징조를 통해서 다음에 다가올 사건을 미리 예방하는 예지력을 선물해 주는 데 의의가 있다는 것을 말하고 싶다. 따라서 나는 자신을 비롯한 주변의 사소한 징조가 향후 다가올 뭔가를 예시하는 것으로 알고 긴장한다. 좋은 것은 기쁨으로 받아들일 마음의 준비를 한다. 반면 나쁜 징조는 재빨리 문제가 될 만한 단서를 찾아내어 미리 예방하는 습관이 몸에 배었다.

그 후부터 혜숙의 무의식적인 행동에 대해 관찰한 내용을 매일 노트북을 꺼내어 다이어리 파일에 기록했다. 반복되는 단어와 몸짓, 행동이 간헐적으로 통증을 호소하는 것과 어떤 연관이 있는지를 세밀하게 점검해 보았다. 결론적으로, 사람과 사람 사이에도 뉴턴의 '만유인력의 법칙'이 존재한다는 사실을 알았다. 의료진과 가족들의 혼쭐을 쏙 빼놓았던 혜숙은, 이튿날부터 언제 아팠냐는 듯이 건강을 회복하고 물리치료에 전념했다.

출강과 외부 청탁 원고 집필과 혜숙의 재활치료를 돕는 1인 3역을 하느라 이루 말할 수 없이 심신이 고단했다. 물론 우선순위는 혜숙의 재활치료를 돕는 것이었다. 신경이 예민한 혜숙을 간병인에게만 맡길 수가 없기 때문이었다. 가족에 대한 그리움이려니 싶었다. 혜숙의 가족들을 서울로 불러들여 1주일 동안 함께 생활하도록 배려했지만, 조울증을 달래기엔 역부족이었다.

나는 혜숙의 변덕이 하루 이틀에 해결될 성질의 것이 아니라는 사실을 직시한다. 어떤 저항에 부딪히는 한이 있더라도 내 일을 포기할 수 없어 잠시 간병인에게 도움을 요청했다. 그동안 청탁 원고를 쓰는 데 주력했다. 신문사 계열 잡지사에서 꽤 두둑한 고료를 받고 책 한 권을 준비하고 있었다. 혜숙의 변덕이 또 내 뒷다리를 붙든다. 툭하면 화를 내고 재활운동을 시킬 때도 욕을 퍼붓고 밥상을 뒤집어 엎는단다. 베테랑이라는 간병인은 세 시간 간격으로 혜숙의 상황을 전화로 생중계한다. 피차 못 할 노릇이다.

나는 학과장을 찾아갔다. 이틀에 걸쳐 시수 10시간 강의를 하루로 몰아 달라고 부탁했다. 야간 강의를 포함해서 내 뜻이 관철되었다. 주변에서 내 얘기를 듣고 다들 혀를 내두르며 건강을 유지하는 비결을 묻는다.

"응. 전날 인삼 깍두기를 먹으면 다음 날 강의를 할수록 힘이 샘솟아."

실은 날 선 긴장감을 느끼고 끝까지 견뎌내는 지구력으로 버티었다. 일단 내가 맡은 원고는 무슨 수를 써서라도 마감 시간 이전에 끝냈다. 이제 혜숙의 간병은 강의가 있는 날 하루만 엄마가 떠맡았다. 나머지 요일은 오롯이 내 차지가 되었다.

11.

바들바들 떨면서 주님만 외치다

나라 전체가 신종플루의 위협에 몸을 사리던, 무시무시한 2009년 11월 그 무렵이다. 무쇠처럼 씩씩하게 병실과 강의실을 다람쥐 쳇바퀴 돌듯 단순 반복하며 열정을 불태우던 나를, 간 절인 고등어처럼 기력을 잃게 하는 사건이 기어코 터지고 말았다.

봄에 협심증 시술을 받은 엄마가 11월 마지막 주말에 덜컥 신종플루 확진을 받은 것이다. 8월 초부터 신신당부하면서 면역력을 돕는 약이며 주사까지 맞았던 엄마에게 감기에 조심할 것을 주의했건만 소용없었다.

아뿔싸! 그게 뭐 좋은 일이라고 입원 중인 혜숙이까지 39. 2도 고열에 밭은기침으로 드러누웠다. 그 당시 삼성동에 소재하고 있던 서울의료원에서는 환자를 격리병동으로 옮길 준비를 하라고 호들갑을 떤다. 칠순이던 엄마는 한남동 순천향대학병원에 입원하고 있었다. 나는 두 군데 병원을 정신없이 오가며 엄마와 여동생을 돌보았다. 신종플루 환자는 간병인들조차 꺼려서 혼자 동분서주했다.

엑스레이 결과 엄마는 폐에 이상이 없어 일단 퇴원시켜 집에 모셨다. 남동생에게 일찍 귀가하라는 전화를 걸었지만, 중국에서 온 바이어를 접대하느라 늦게 귀가한단다. 혜숙이가 입원한 병원을 향해 아파트 현관을 나서는 순간 엄마가 온몸을 뒤흔들며 기침하는 소리가 안쓰러워서 눈물이 났다.

내일은 강의가 있는 날인데 엄마와 혜숙은 누구에게 맡기고 출근할까?

그동안 거의 매일 의자매처럼 먹고 마시는 것을 나눠 먹던 간병인들도, 신종플루 환자를 돌봐주겠다고 나서는 사람은 없다. 뼛속까지 외로우니까 눈물도 설움도 말라 버렸다. 커튼 안쪽으로 들어서서 누워있는 혜숙의 상체를 일으켰다. 혜숙은 와락 울음을 터뜨리며 내 가슴으로 파고든다.

"언니, 머리 열! 머리 아파!"

"그래, 그래."

나는 혜숙이를 꼭 껴안아 주었다.

"어머머, 안돼요!"

우리 자매의 모습을 본 간호사들이 혼비백산이 되어 수간호사를 불러오고 주치의에게 호출 신호를 보낸다. 커튼 밖에서 간호사들이 커튼 안의 우리 자매를 감염실로 격리할 것을 요구한다. 재활의학과 과장이 나타나 혜숙을 신종플루 격리병동으로 옮겨 가도록 조심스럽게 제안한다.

내 머릿속도 분주해졌다. 혜숙을 병실에서 내보내야 한다고 마음의 결정을 내렸지만, 그곳이 격리병동이냐 집이냐에 대한 결정을 내리기가 쉽지 않았다. 신종플루 초기 환자를 중증 감염 환자들과 공동 입원시켰을 경우, 면역력이 떨어진 상태에서 더 나아지리라는 보장이 없다는 생각에서 망설여진 것이다. 차라리 공기가 맑고 조용한 집이 낫겠다는 생각과 그래도 병원에서 치료를 받아야 한다는 생각으로 마음이 오락가락한다. 대체 어떤 결정을 내려야만, 두 모녀를 건강하게 살릴 수 있을까? 쉽게 결정을 내리지 못하는 나를 보다 못한 간호과장이 대안을 제시한다.

"일단 해열제와 진정제를 놔 주고 나서, 상황을 봐 가면서 결정합시다."

"감사합니다."

나는 혜숙의 침대에 커튼을 둘러친 다음 의료진을 밖으로 불러냈다. 간호사실 데스크 앞에서 내가 말문을 열기도 전에 수간호사가 먼저 선수를 친다.

"보호자도 환자와 거리를 두셔야 합니다. 신종플루는,"

"알고 있어요. 제게 조금만 생각할 시간을 주세요. 1시간

안에 결정하겠습니다."

"안됩니다. 언니까지 신종플루에 걸리면 여동생 간병은 누가 합니까? 이 상황은 간호사들도 솔직히 겁나는데 어느 간병인이 봐 줄 것이며, 더구나 언니는 내일 강의하러 가는 날이잖아요?"

간호사의 채근에 바닥까지 떨어졌던 용기를 내어 말했다. 심신이 연약한 가족에 대한 책임감이랄까.

"아니, 모든 결정은 제가 합니다. 30분 이내로 통보하겠습니다."

속으로는 바들바들 떨렸지만, 겉으로는 태연하게 병실에 들어갔다. 아직 취침하기엔 이른 초저녁인데도 병실 안은 숨 쉬는 소리까지 들릴 정도로 쥐 죽은 듯이 조용했다. 병원생활에서 절실하게 깨달은 사실이 있다.

어려울 때는 언제나 혼자 치러내야 한다는 엄연한 현실을.

환자를 돌보는 보호자에게 연약함은, 악(惡)보다 더 나쁘다.

어느새 내 삶의 화두가 되어 버린 구절을 속으로 부르짖으며 불안한 감정을 지우려고 안간힘을 다했다. 혜숙의 손을 꼭 잡고, 내 영혼을 하나님을 향해 방향 설정을 분명히 하고서 마음속으로 간절히 기도했다.

살려주세요, 제발!

바들바들 떨릴수록 나는 속으로 주님만 간절히 부르짖었다. 불안한 감정은 쉽게 가시지 않았다. 좀 더 생각할 시간을 갖기 위해 커피 믹스 한 개와 종이 잔을 들고 병실을 나왔다. 병원에서 병실을 나서면 보호자가 갈 곳은 배선실밖에 없다. 배선실의 간이의자에 앉아 비바람이 몰아치는 창밖을 내다보며 커피를 마셨다. 병원 정원의 오래된 나무가 나뭇잎을 떨어뜨리며 미친 듯이 울부짖는다. 소름 끼치게 무서운 밤이다.

나는 뜨거운 커피 한 모금을 마실 때마다 눈가의 눈물을 조금씩 마음속으로 삼켰다. 가족을 살려야 된다는 가상한 마음과 두렵고 무서워서 바들바들 떨리는 마음이 내 안에서 강렬하게 충돌한다.

그때 여호수아를 향한 주님의 말씀이 떠올랐다.

강하고 담대하라 두려워하지 말며 놀라지 말라.
네가 어디로 가든지 네 하나님 여호와가 너와 함께하느니라.

커피잔을 비우는 동안 이 말씀으로 위로를 받고 나자, 불난 호떡집처럼 발작을 일으키던 불안한 마음이 좀 가셨다. 한결 가벼워진 마음으로 배선실을 나섰다.

간호사실로 가서 담담한 어조로 말했다.

"정혜숙 환자, 외박 신청합니다."

"어쩌시려고요?"

간호사들이 놀란 얼굴로 일제히 날 쳐다본다.

"집에 가면 낫겠죠."

혜숙을 휠체어에 태우고, 두툼한 오리털 파카를 덧입혔다. 목에 털목도리를 두르고도 하늘색 담요로 온몸을 휘감았다. 6인실 병실 안에서, 누구도 커튼 밖으로 나와 우리 자매에게 아는 척하는 사람이 없었다.

바깥에는 비바람이 몰아쳤다. 나는 주차장에 내려가 차를 갖고 와 현관에 주차했다. 현관 안쪽의 휠체어에 앉은 혜숙을 데리고 나왔다. 휠체어를 고정시키고, 아이를 안아서 뒷좌석에 태우고 안전띠를 매준 다음, 휠체어는 트렁크 안에 넣었다.

운전석에 앉아, 백미러에 비친 혜숙을 보았다. 얼굴이 평온해 보인다. 안심한 나는 운전대를 꽉 잡은 두 손에 힘을 주고 잠시 하나님께 기도를 드렸다.

이 밤, 주님께서 우리의 연약함을 사랑으로 돌봐주실 것을 믿고 저 지금부터 달립니다.

오늘은 외롭지만, 내일은 웃게 해주실 줄 믿습니다. 예수 그리스도 이름으로 감사 기도 드립니다. 아멘.

올림픽대교를 달리는 차 안에서 혜숙이가 묻는다.

"언니, 우리 어디 가?"

"집에."

"집? 아, 신난다."

"그렇게 좋아?"

"응. 병원은 이제 지겨워."

"그래, 가자. 가자, 집으로."

아파트에 도착한 나는 집 안의 난방 온도를 올렸다. 거실 바닥에 담요를 서너 개 두툼하게 깔았다. 담요 위에 엄마와 혜숙을 나란히 뉘었다. 고열과 가슴을 쥐어짜는 기침으로 고통스러워하는 모녀에게 제각기 차가운 수건으로 머리의 열을 식히는 간호에 정성을 쏟았다.

머릿속으로는 강의 리허설을 한다. 강의 노트는 학기가 시작되기 전에 파워포인트로 완성해 놓았다. 현장성을 고려한 강의 준비는 전날 리허설을 해야 마음이 놓인다. 새벽에 엄마와 혜숙이가 새근새근 잠자는 소리를 들린다. 나도 내 방으로 건너와 알람 벨을 켜 두고 잠을 잤다.

다음날, 새벽 6시. 정확히 3시간을 자고 일어나 야채죽을 쑤었다. 물김치와 미지근한 온수, 랩을 두른 야채죽 그릇을 쟁반에 담아서 거실 테이블에 얹어 놓았다. 약봉지와 물, 컵까지 엄마의 손이 닿는 곳에 준비한 다음, 서둘러 샤워를 하고 출근 준비를 마친다. 거실로 나오자 엄마가 기지개를 켜며 눈을 반짝인다.

나는 체온계를 엄마의 겨드랑이에 넣었다.

36.6도다.

혜숙의 이마를 만져 보니 그새 열이 떨어졌다. 체온계로 열을 재 본다.

36.4도.

야호!

나는 홀가분한 마음으로 엄마에게 혜숙을 맡기고 집을 나섰다. 다리가 휘청거렸지만, 마음은 가벼웠다. 1교시 강의에 맞춰 이른 아침 경부고속도로를 달리는 차 안에서 서행하는 틈틈이, 아메리카노 커피와 샌드위치로 아침을 해결한다. 꿀맛이다. 서울 톨게이트를 벗어난 순간부터 바짝 긴장하고 액셀레이터를 세게 밟았다.

떠오르는 해가 눈부시게 아름다운 아침이다.

12.

전임 교수와 맞바꾼 생명

2011년 봄, 대학의 재단 측에서 전임 교수 제안이 거론되었다. 교원 임용 TO가 내 전공인 방송영상학과가 아닌 공대 멀티미디어학과로 발령이 날 전망이었다. 내가 IT 컨설턴트라는 경력이 작용한 것이다. 아무래도 상관없었다.

그런데 교수 임용이 진행되는 동안, 약간의 영적인 텐션을 받았다. 이유를 알 수 없는 편두통이 나를 괴롭히면서 영적으로도 예민해졌다. 뭔가 생각할 필요성을 느끼고, 중간고사 시험을 오전에 몰아서 끝냈다. 일찌감치 대학을 나서서 K수도원을 찾았다.

이상했다. 별로 피곤한 일도 없는데 뇌에 피로가 쌓여서 옴쭉달싹을 못하겠다. 어찌나 온몸이 피곤한지 주차장에

도착하자마자 선루프를 열어 놓고, 거기 근무 중인 권사님
께 전화를 걸었다.

"저, 여기 주차장 차 안에서 좀 잘 건데요. 2시간이 넘어
도 일어나지 않으면 권사님이 날 좀 깨워 주세요. 문은 열
렸어요."

"숙소에 들어가시지. 제가 바로 방 마련해 줄게요."

"아뇨. 뭔가 중압감에 눌려서, 일어날 수가 없어요."

"그래요? 알았어요."

통화를 마친 나는 시트를 뒤로 젖히고 잠을 잤다. 정확히
2시간 만에 잠에서 깼다. 차 문을 열고 밖으로 나오자 권
사님이 함박웃음을 보이며 날 반겨 준다. 사무실로 날 데
려간 권사님이 커피를 타 준다. 가벼운 안부를 나누며 시
간을 보내는 동안 권사님이 먼저 바쁘다는 핑계를 대어 날
자유롭게 해준다. 나는 절반 남은 커피잔을 들고, 기도공
원을 산책 삼아 올라간다. 산 중턱에 오르는 동안 내 마음
속을 흔드는 생각이 있었다.

아하, 전임 교원의 임용에 하나님이 개입하고 계시는구
나.

영적인 텐션은, 하나님이 이 문제를 돌이켜 생각해 보라
는 신호였다.

네가 정녕 전임교수가 되어야 하겠니?

그런 물음에 아연 긴장된다.

네, 그럼요.

잘 생각해 보아라.

그런 의구심이 자꾸만 나의 뇌리를 스치다 보니, 영적으로 긴장감이 생기면서 온몸이 기진맥진해지는 것이었다.

기도가 좋고도 무서운 것은, 간절히 서원(誓願)하면 반드시 응답받는다. 중요한 것은 그때 하나님께 뭔가 약속을 했다면 반드시 그 약속은 지켜야 한다.

한 가지 짚이는 게 있었다. 2007년 여동생이 사고가 난 지 사흘 만인 15일 새벽, 나는 예수병원 원내 교회에서 분명히 결단했다.

"혜숙이를 살려주세요. 제 사회적인 목(業)을 다 내려놓겠습니다."

그러니까 6월 15일 이전에 주어진 내 사회적인 모든 활동은 스스로 접는 게 맞다. 나는 그것이 방송 일과 IT에서의 프로젝트라고만 믿었다. 그해 1월에 임용 확정된 교수직까지 포함되어 있다는 것은 전혀 고려하지 않았다. 인간과의 약속에도 신용적인 평판이 뒤따르는데, 더구나 하나님과의 약속은 불변의 진리였다.

만일 전임교수로 임용이 확정되었을 때의 시나리오를 전개해 보았다.

하나님이 혜숙이를 데려가 버릴 거라는 무서운 현실을 직시한다.

혜숙이가 내 기도와 상관없이 가도 서운할 판국에, 내가 하나님과 약속을 어긴 죄로 세상을 떠난다면 나는 평생 죄책감에 사로잡혀서 살 것이다. 사는 게 사는 것이 아닐 것이다.

비로소 모든 것이 확실해졌다. 혜숙이 사고가 난 날 밤, 의료진들이 하는 말은 괜한 엄포가 아니었다. 혜숙은 내가 교수직까지 내려놓은 희생으로 얻은 생명이었다.

다행이다. 여동생을 살릴 수 있을 정도로 내게 주신 하나님의 선물이 묵직해서.

나는 화끈하게 마음을 비웠다.

이제 내 나름의 자기 변론이 필요해졌다.

박사과정 시험을 치러 갈 때마다 혜숙이 치열하게 아팠던 이유를 이제 알겠다. 면접시험을 보다가 병원으로 달려간 적도 있다. 그때마다 어찌나 혜숙이가 성가시던지! 그게 다 하나님이 혜숙을 통해 내가 당신과의 약속을 지키게 하려 했던 것이었구나. 내가 박사과정을 밟으면 자연스럽게 대학에 전임 교원으로 남을 텐데. 개인적으로는 좋은 일이지만, 하나님과 서원했던 약속을 위반하게 된다. 그 결과는 앞서 다 얘기했다.

나는 계속해서 나를 위한 변론을 논리적으로 진행해 본다.

다수의 대학생은 내가 아니어도 가르칠 사람이 많다.

한 인간으로서 어느 곳에서도 환영받을 수 없는 장애인

혜숙은, 내가 아니면 평생 소외당하는 약자로 굴욕적인 삶을 살아야 한다. 어쩌면 허락되었던 삶보다 먼저 하나님 품으로 떠나보내는 송별식을 준비해야 할지도 모른다는 생각이 들었다.

나는 평생 가슴앓이를 하게 될 죄책감에 시달리겠지.

결론이 났다.

나는 하나님과의 사랑 깊은 약속을 지키는 지혜로운 선택을 했다. 혜숙의 물리치료와 간병이 고달프긴 했다. 그럴더라도 우리와 좀 더 오래 함께 살았으면 좋겠다는 생각이 더 컸다. 엄마와 내 형제들, 그리고 그의 남은 가족을 위해.

K수도원을 나서는 차 안에서 쇼팽의 피아노곡을 감상한다. 머릿속을 쿡쿡 쑤시고 도려낼 듯이 아팠던 두통은 간데없다. 노을이 길게 진 산길을 내려가 국도로 들어서기 전에 차를 갓길에 세웠다.

총장실에 전화를 걸어서 내 뜻을 전했다.

그 길로 집에 온 나는 성경을 읽으면서 내 마음을 달랬다. 구약은 언제 읽어도 삼국지 못지않게 버라이어티하고 드라마틱해서 재미있었다. 그냥 아무 생각 없이 쭉쭉 읽어 나갔다. 머릿속으로 하나님이 천지를 창조하고 에덴동산에 아담과 하와를 풀어놓고, 뱀의 이간질과 그들이 낳은 자손들이 어떻게 번성하고 쇠락하는지 알 수 있었다. 노아의 방주를 거쳐 믿음의 조상 아브라함과 이삭과 야곱의 축복을 거쳐 요셉을 거쳐 신명기에서 한 번 더 하나님의 언약에 대해 깊이 있게 묵상했다.

며칠 후 헬스장에 나갔다. 트레이너로부터 PT를 받았다. 온몸에서 경련이 일어날 정도로 운동하고 헬스장을 나섰다. 한결 마음이 가벼웠다.

장충동 서울 구락부의 카페에서 재단 이사장님과 마주 앉았다. 내가 뭐라고, 나를 교수로 임용하는데 애쓰신 최 이사장님은 시사적인 이슈에 관해 대화를 주도하던 끝에 본론을 꺼내신다.

"정 교수. 내게 할 말이 더 없나?"

"없습니다."

　무슨 말을 할 것인가? 간절히 원했던 전임교수를 스스로 물리친 이유가 궁금하셨으련만. 점잖으신 이사장님도, 나도, 서로 말을 아꼈다.

　서로 종교가 다르고, 서원 기도의 크고 비밀스러운 영적인 영향력에 대하여 알지 못하면 자칫 세 치 혀로 하나님께 잘못을 범할 수 있는 일. 나는 내 하나님이 이방인으로부터 어떤 오해의 흠결을 받는 것도 싫었다. 그 하나님의 일에 부정적인 생각을 품었을 때, 사람이 받게 될 불이익을 익히 알고 있기에. 나는 이사장님을 보호하는 차원에서 그분의 어떤 제안도, 어떤 질문에도 할 말이 없었다.

　잠깐 침묵이 흘렀을 때, 조심스럽게 말문을 열었다.

"죄송합니다만, 제가 먼저 일어나도 되겠습니까?"

　이사장님은 미소를 지으며 손으로 권한다.

"좋을 대로!"

　나는 자리에서 일어나 한 발 뒤로 물러섰다. 허리를 펴고 반듯한 자세로 지상에서 갖춰야 할 최고의 예를 갖추고, 이사장님을 향해 구십 도 각도로 목례를 했다.

카페를 나왔다. 주차장에서, 4년을 익히 알고 지낸 이사장님의 운전기사가 날 보고 멋쩍은 미소를 보낸다. 나는 웃을 수가 없었다.

차를 몰고 한남대교행 국립극장을 지나치면서 연로한 최영철 이사장님과 내 사회적 은사님이신 민병철 박사님께 마음속 깊이 감사 인사를 전했다.

'두 분, 부디 건강하게 오래오래 사십시오.

새로운 분야에서 제가 다시 기운을 얻었을 때, 반드시 두 분 은사님들을 모시고 긴 이야기를 나누겠습니다.

그동안 감사했습니다.'

13.

무궁화 꽃은 피었습니다만

대학에서 4년차 봄 학기, 강의를 마치고 캠퍼스를 나서기 직전 주차장의 차 안에서 꺼진 휴대전화 버튼을 켰다. 온갖 메시지가 한꺼번에 쏟아져 들어온다. 다양한 메시지에 대응하는 문자를 보내고 나서 습관적으로 모바일 인터넷을 클릭했다. 방송란에 이어 경제란을 훑어본다.

낯익은 무궁화 색깔 넥타이를 맨 사진 한 장이 눈길을 끈다.

'오호, 무궁화 꽃이 피었네.'

나는 흐뭇하게 웃었다. 무궁화 색깔의 넥타이를 맨 인물에 관한 인터뷰 기사는, 국영기관의 최고위 임원으로 발탁된 인물에 관해서였다. 상대의 기사를 다룬 어느 기자는 친절하게도 그가 아직 미혼이라는 사실까지 알려준다.

　나는 상대에게 예쁜 나무 화분을 선물로 보냈다. 그의 회신 전화에도 쿨하게 대처했다. 비슷한 연배의 남자에겐 나보다 훨씬 젊고 매력적인 여자들이 다가오리라는 현실을 예측하고, 그를 내 마음에서 내려놓았다.

　그는 마흔에 만난 사람이다. 나의 마흔은 인생의 공동경비구역 DMZ였다. 겉으로는 만사 휴전협정으로 평화를 유지하고 있지만, 언제 지뢰를 밟을지 몰라 누구든지 피차가 돌다리도 두드려 보는 신중함이 필요했다. 그 신중함도 지나치면, 썸만 타다가 끝나기 마련이다.

　다시 사랑의 감정이 찾아왔을 때, 가랑비에 옷 젖듯이 자연스럽게 스며들었다. 하지만 상대가 간절히 원하는 일이, 객관적으로 승산이 없어 보인다는 여론이 날 괴롭게 한다. 여론의 부정적인 시각을 뛰어넘기 위해, 절박한 심정으로 올인하는 그에게 차마 손을 떼라고 말할 용기가 나지 않았다.

　여론이, 내 생각이, 틀릴 수도 있지 않은가.

　역류하는 연어의 심정으로 상대를 응원했지만 마음이 헛헛했다. 나는 그와 거리를 두고, 새로운 진로를 개척하기 위해 대학원에 진학했다. 첫 등록금은 엄마가 쾌척해 주었다. 나머지는 내가 다 해결했다. 공부에 전념하면서 다른 일은 소홀해졌다. 그를 만나는 횟수도 줄어들었다.

내 마음이 자신에게서 살짝 물러나고 있다는 것을 그가 몰랐을까?

마음이 통하는 사람들에겐 서로의 마음을 들여다보는 길이 있는 법.

막상 그가 일손이 달리는 시점에서는 자발적으로 한 학기를 휴학하고 뒤에서 도왔다. 결과는 실패했다. 그는 최악의 폭발음을 가진 지뢰를 밟은 것이다. 주변 정리를 마쳤다는 사실을 알리는 그가 출국을 앞두고 데이트를 신청한다. 휴학까지 하면서 자신을 도왔다는 사실에 대한 감사 인사 차원이었을 것이다. 직관적으로 이것이 '라스트 데이트'라고 생각하고 그를 만났다.

우리는 자연스럽게 청담동에서 파스타를 먹고 드라이브를 하는 동안 가벼운 대화를 나누었다. 진짜 서운하고 속상한 말은 피차 생략하는 지혜를 발휘했다. 약간만 민감한 사안에 대한 얘기가 나올 기미만 보여도, 그는 운전이 거칠어져서 금세라도 사고를 칠 듯한 분위기였다. 그 언젠가의 나처럼, 그는 자존심 때문에 옴짝달싹을 못 하고 애써 감정을 자제하고 있었다. 자기감정 이외는 어떤 얘기도 귀담아들을 수도 없고, 들을 마음의 여유가 없어 보였다.

우리는 좋을 땐 다 좋았다. 힘들고 어려울 땐 어떻게 해야 하는지 피차 인생의 매뉴얼을 잘 몰랐다. 단순한 위로는 서로에게 도움이 되지 않겠다는 판단이 섰다. 실제적인 도움을 줄 수 없는 안타까움에 섣불리 위로의 말을 하지 않았다.

그와 함께 영화 < 범죄의 재구성 >을 보면서 속으로 이별의 세레모니를 준비했다.

'이 남자의 엉망진창이 되어 버린 삶에 새로운 성장의 재구성이 이뤄지길, 하나님! 제가 원합니다. 도와주세요.'

마음속으로 간절히 기도를 드린 다음, 나의 아파트 앞에서 서로의 행복을 기원하며 쿨하게 헤어졌다.

한 번은 인내심 부족, 이번에는 용기 부족.

이대로 인정하고 가볍게 넘어가면 나는 또다시 찾아오게 될 사랑에서 어떤 핑계를 대어 또 이별의 고배를 마실지 모른다는 위기를 느꼈다. 사랑하는 사람이 뭔가에 집착한 나머지 바른 판단의 분별력에 혼돈을 겪을 때, 현실을 직시하도록 용기를 내어 말하지 못했던 비겁한 자신을 통렬히 자아비판했다.

그런 연후, 내 비겁한 침묵을 깨고 어떤 식으로든 사랑의 용기를 회복하고 싶었다. 그 사람을 내 편으로 돌려놓자는 얘기가 아니었다. 상대가 홀로 새롭게 재기하는 데 용기를 불어넣어 주고 싶었다. 고심 끝에 나만의 방법론을 행동으로 옮기는 용기를 냈다.

나는 그를 만나기 전부터 혼인 기도를 했다.

'하나님이 보시기에 좋은 배우자라면 제가 다니는 교회 원로 목사님 내외분과 함께 점심을 먹게 해주세요. 그러면 그가 제 배우자인 줄 알겠습니다.'

그를 만난 지 한 해가 지났다. 이듬 해의 어느 날 그가 내게 원로 목사님 내외분과의 식사를 제안했다. 그는 순전히 자신의 진로를 펴고자 하는 의도때문이라는 생각이 들었지만, 모든 것은 하나님께 맡기고 그의 부탁을 원로 목사님 내외분께 전했다. 두 분은 흔쾌히 나의 청을 들어주셨다. 원로 목사님은 인자하게 그를 위해 기도해 주고, 자상하게 덕담을 해주었다. 사모님의 귀띔은 엄마의 생각과 같았다.

정작 나는 주변에 너무 많은 이방신을 두고 있었다. 나와 그 사람 사이에 하나님만 임재하도록 믿음이 강하지 못했다. 그의 주변 사람들(이방신)이 들려주는 가십과 내 주변에서 들려주는 이방신들의 입방아에 마음이 혼란스러웠다. 하나님께 기도해서 만난 사람과의 문제를, 하나님의 은혜로 해결하지 못했다.

내게 마흔의 나이는 현자들이 말하는 불혹(不惑)이 아니었다. 미혹(迷惑)이었다. 나는 하나님과 그 사람과 이방신 사이에서 갈피를 잡지 못했다. 하나님을 온전히 경외하지 못하고 오만불손했다.

이 사람을 만나기 2년 전, 미 샌디에이고 출장지에서 남동생 창우의 사고 소식을 전해 들었다. 내가 귀국했을 때는 아무것도 손쓸 수가 없었다. 방송 제작 현장에서 벌어진 사고에서 구명조끼마저 배우들에게 집어던져 주고 창우는 장렬하게 숨을 거뒀다. 방송사 장으로 장례를 치르면서 나는 하나님께 간절히 절규했다.

**우리 가족 모두 앞으로는 제 허락 없이
절대로 데려가지 마세요, 하나님.
그건 반드시 지켜주세요!
내 모든 것 내려놓고, 주님께 항복합니다. 아멘.**

피눈물을 흘리며 하나님께 애원했다. 마음이 평온해졌다. 그 후 나는 동생들과 조카들을 만날 때마다 신신당부했다.

비겁해도 좋다. 함부로 타인에게 목숨 걸지 마라.

동생들과 조카들은 그러마 하고 나와 굳건하게 약속했다.
혜숙을 데리고 온양 온천에 가족 여행을 갔다. 젊은 엄마들이 동생들과 조카들에게 얼레리 꼴레리 하고 놀린다. 바다에서나 입을 법한 거창한 구명조끼를 입고 정강이에 닿는 온천 수영장에 나타났으니 말이다. 둘리 남편 최 서방과 막내 승호, 둘리 아들 승민까지! 둘리는 아직도 한남대교를 건널 때 한강을 바로 보지 못하고 고개를 돌린다. 젊은 날 우리 곁을 떠난 창우로 인해 입은 마음의 상처 때문이다.

나 또한 창우를 보내고 나서 누구에게도 쉽게 마음의 문을 열지 못했다. 거리낌 없이 누구를 사랑할 마음의 에너지에 길고 무거운 추가 달린 것이다.

마음속 깊은 상처가 곪으면 뭐든 용기를 내기 어렵다. 우물쭈물하는 사이 아무것도 하지 못한다. 남 보기에 이기적으로 보이기 쉽다. 주기 싫어서가 아니다. 뭔지 모르게 자꾸만 망설이는 것이다. 그 망설임으로 최적의 타이밍을 놓치고 나면 상대에겐 이기적으로 보이기 마련이다.

이기적인 사람의 이면을 찬찬히 들여다보면, 모두 마음속에 품은 상처를 치유하지 못하고 자기 마음속에 갇혀 버린 게다. 주변에 이기적인 사람을 보면, 그를 향해 뒷말하기 전에 그 사람이 상처받은 이야기에 귀를 기울여 보라. 그가 충분히 상처를 치유하고 나면 반드시 따뜻한 사람으로 변하게 되는 것을 보게 될 것이다. 나 역시 창우를 잃어버린 슬픔에서 치유되지 못한 상태로 만난 이 사람에게, 항상 마음의 거리감을 두고 대했음을 인정한다.

내 마음의 오래 묵은 상처를 치유하고, 자신과 힘겨운 사투를 벌일 그 사람을 동시에 구원하기 위해, 내가 다니는 교회의 원로 목사님을 찾아뵈었다. 간단히 전후 사정 얘기를 하고 나서 상대가 하나님의 은혜 안에서 새롭게 재기할 수 있도록 기도를 부탁드렸다. 교회 헌금함에 넣은 감사헌금 봉투에 그의 이름과 내가 알고 있는 그의 꿈을 간단명료하게 정리해서 적었다.

1주일 후, 비서실을 통해 날 호출하신 목사님께서 말씀하신다.

"내가 1주일 내내 그 사람을 위해 기도를 했습니다. 참으로 혼자 감당하기 어려운 시간을 보내고 있는데, 하나님께서 그 사람을 구원해서 다시 재기에 성공하도록 함께 기도합시다."

"감사합니다."

목사님의 간절한 기도에 눈물이 핑 돈다. 상대는 내가 생각했던 것보다 훨씬 아프고 힘든 시간을 보내고 있다는 사실을 목사님의 기도를 통해 알았다.

그날 목사님은 날 위한 기도도 잊지 않고 해주셨다. 서랍 속에서 애장품으로 간직했다는 볼펜을 선물로 주셨다. 책갈피에 꽂는 포스트 잇이 부착된 볼펜이었다. 좋은 글을 쓰라는 격려의 의미로 받아들였다.

그날 밤, 나는 다시 하나님께 기도를 드렸다.

"하나님이 그의 재기를 돌보는 데 관여하셨다는 징표로,

그가 무궁화 꽃 색깔 넥타이를 매고 나온 사진을 매체를 통해 보여주시면 고맙겠습니다."

그로부터 7년 만의 응답이었다.

비록 썸 타는 사이로 끝난 사람이지만, 그의 인생을 새롭게 일으켜 세워주신 하나님께 진심으로 감사 인사를 전해드렸다.

생큐, 파파!

그리고 나 자신에게 껌딱지처럼 오래 달라붙어 있던 것들을 함께 털어냈다.

내 이기심과 오만, 마음의 상처, 영원히 굿바이!

14.

이기심, 오만, 상처를
이겨내면 오는 사람들

교통사고 환자는 대개 치료 2년 이내에, 가해자가 가입한 손해보험사와 합의를 봐야 소위 목돈을 쥔다. 병원에 입원해 있는 교통사고 환자는 1주일에 두세 번에 걸쳐 합의금을 두둑이 받게 해주겠다는 변호사 사무실의 사무장과 손해사정사의 영업 활동에 노출된다. 온갖 정보가 난무했다. 나도 당연히 그들의 다양한 정보 혜택을 받아보았다. 하지만 어떤 제안도 받아들이지 않고 '지금은 치료에 전념할 때'라는 말만 되풀이했다.

엄마와 마주 앉았을 때 진심을 애기했다.

"엄마, 엄마는 누가 혜숙의 일생을 책임져야 한다고 봐?"

"우선 이번 겨울방학을 이용해서 혜숙이 남편과 아들에게 혜숙의 간병을 시켜 보자. 그들에게 먼저 기회를 줘야지."

"좋아요."

우리 모녀는 물러나고 두 부자에게 혜숙의 간병을 맡겼다. 비밀리에 건너편 간병인 여사에게 혜숙의 남편이 하는 간병을 곁에서 도와 달라고 부탁했다.

엄마가 매일 제부와 조카가 먹을 도시락과 간식을 갖고 병원에 들렀다. 나는 덕분에 좀 쉬었다. 엄마가 병실에 들르면 혜숙을 뺀 다섯 명의 환자와 다섯 명의 간병인이 죄다 어설픈 간병인 부자의 행실을 보고한다. 집에서 가져온 도시락은 손도 대지 않고 매일 군것질에, 혜숙을 제대로 돌볼 여지가 안 보여 아예 간병인들이 혜숙의 기저귀를 갈아주었단다. 그때만 해도 혜숙이 직접 식사를 할 줄 알아서 그건 걱정하지 않아도 되었다. 1주일의 실험은 끝났고, 두 부자는 남동생과 나의 융숭한 대우를 받고 시골집으로 내려갔다.

다시 우리 모녀는 머리를 맞대었다.

합의를 끝내고 보험금과 함께 혜숙을 고향 집에서 가까운 요양병원에 입원시키고, 제부에게 관리를 맡겨야겠다는 생각은 철회했다. 조카가 시골집 주변 사람들의 관심도 합의금이 언제, 얼마나, 어떻게 나오는지에 쏠려있다는 소식을 전한다.

현실적으로 보험사와의 합의 주체는 1순위가 혜숙, 2순위가 제부, 3순위가 친정엄마(시부모는 혜숙이 사고 나기 1년 전에 돌아가심), 4순위가 나였다.

　나는 고 변호사를 통해 합의금의 액수를 대략 전해 들었다. 사람들이 익히 탐낼 만한 액수였지만 내게는 그림의 떡으로만 보였다. 내가 4순위라서 그런 것은 아니다. 그 많은 돈이 결코 혜숙의 일생을 책임져 줄성싶지 않아서였다.

　결론적으로, 합의금을 높은 액수로 받기에 최적의 시간인 2년의 병원생활을, 무려 4년으로 늘렸다. 4년간 혜숙에게 들어간 병원비는 약 6억 5천만 원. 영수증은 모두 보관해 두었다. 훗날 혜숙의 아들이 장성해서 보험금에 대해 경위를 물어볼 때를 대비해서 증거물로 증빙해 두었다. 보험사에서 혜숙과 같은 환자가 50명만 넘으면 회사가 망한다고 엄살을 떤다.

　아울러 혜숙은 사고 직후 중환자실에서부터 4년 내리 매달 선급금으로 간병비를 받았다. 간병인을 고용할 때는 간병인에게 지급했다. 내가 간병할 때는 내가 비용을 처리했다. 그 돈도 만만치 않았다. 결국 우리는 보험사와 한 푼의 합의금 없이, 사고에 따른 어떤 요구도 하지 않는다는 서약에 서명했다.

　현재 혜숙은 뇌병변 장애 1급에 기초생활 보장 수급자가 되었다. 그 사이 제부가 돌아가셨기에 가능한 일이었다.

복잡한 이해관계가 얽혀 있을 때, 실타래를 푸는 방법은 단순하다.

본질에 충실하면 된다.

우리 모녀의 관심은 한 가지였다. 혜숙의 사고에 따른 보상은 오로지 혜숙이를 행복하게 해주는 것에 쓰여야 한다는 본질에 초점을 맞추었다.

현재 혜숙이에게 지급되는 복지 혜택은, 요양병원의 병원비 걱정은 안 해도 될 적정 수준이다. 그러니 사려 깊지 못한 타인들의 오해는 기우에 불과하다.

혜숙이를 요양병원에 보낼 돈은 충분하다. 다만 혜숙이가 요양공동체 생활에 적응하지 못해서 재택 요양을 하는 게다. 낮에는 자고 밤에는 무섭다고 불을 켜 두라고 소리를 지르거나, 한밤중에도 잠이 오지 않으면 침대 난간을 손으로 잡고 흔들면서 보채기도 한다. 곁의 침대에서 주무시는 엄마도 아주 가끔, 혜숙이의 행패를 피해 내 방의 침대로 피난 오기도 한다. 요양병원에서는 이런 환자를 기피한다. 이웃 병상의 환자로부터 민원이 들어오기 때문이다.

무엇보다도 요양원이나 요양병원의 입원환자들은 현실적으로 머리가 하얗게 센 치매 노인들이 죽은 듯이 누워 지내고 있다. 그곳에, 객관적으로 봐도 귀엽고 예쁜 우리 혜숙이를, 고령의 노인들과 나란히 누워 지내게 할 용기가 내겐 아직 없다.

다 떠나서 혜숙인 내 가족이 아닌가?

모든 것이 연약한 가족을, 내가 좀 많이 불편하다고 해서 쉽게 내칠 순 없지 않은가? 우리가 부족할수록 서로 껴안고 사랑할 최후의 보루가 가족이 아닌가 싶다.

그러니 우리 자매를 불쌍하게 보지 말라. 세상의 얄팍한 시선과 쓸데없는 말, 말, 말은 내겐 하등의 필요 없는 무용지물이다.
병원에서 만나는 소수의 수상한 이방신들의 수군거림에 대한 나의 답변이다.
내가 혜숙이의 보험 합의금에 눈이 멀어서 혜숙이의 간병을 한다는 모함, 숱하게 들었다.

종교 유무를 떠나서 우리가 어디서 온 줄은 모르고 태어났지만, 가는 길은 누가 어디로 데려가는지 분명히 알게 된 이상! 혜숙이도 언젠가는 내 품을 떠나 독립적으로 살 날이 오겠지. 더 나이가 들어 요양기관에 가게 될지, 지금처럼 가족과 더불어 살되 독립적인 공간에서 전문 간병인의 조력을 받고 우리와 함께 굳건하게 살게 될지, 아무도 모른다.
모든 것은 오직 하나님의 선한 뜻에 달려 있지 않은가?
나는 다만 그분의 뜻에 순종할 뿐이다.

나와 다섯 살 터울인 우리 집 이쁜이 혜숙

　그렇다고 해서 내가 고전적인 의미로 혜숙이를 물고 빨
고 지극정성으로 돌봐준 것만은 아니다. 가끔은 감정의 일
탈도 서슴지 않았다. 간병 노동이 결코 쉬운 일은 아니다.
글을 쓰는 것조차 버거워서 엄두도 내지 못할 정도로 정서
적으로 피폐해진다. 물리적으로 환경이 다른 공간에서 정
서적인 고민을 잊을 정도로 색다른 육체노동이 필요할 때
였다.(오랜 시간 단련되어 온 지금은 혜숙을 돌보는 건 식
은 죽 먹기다.) 생활비 문제도 슬슬 걱정이 되었다.

　가락동 시장에서 일해 볼 요량으로 자주 시장조사를 나
가 보았다. 도매로 구매한 물건을 소매로 넘기면 이윤이
얼마나 남는지 구체적으로 알아보았다. 문제는 그날 판매
하지 못한 재고 채소를 어디서 소화하느냐였다.

이 사실을 동생들에게 얘기했더니 이구동성으로 반대한다. 외사촌 동생 용욱이도 극구 고개를 가로젓는다.

"어, 누나는 못합니다."

"언니는 못해! 더구나 엄마도 이젠 연세가 많아서 혼자 집에 있기 적적할 텐데 언니마저 없으면 어떻게 해?"

둘리의 말에 눈을 부라렸다.

"너는? 계모 딸이니? 어?"

"또 소리 지른다. 뒤끝도 없는 소릴 질러서 뭐 어쩌려고 그래. 언니! 품위를 지키세요."

품위 같은 소리 하고 있네.

그럼 또 무슨 일을 하지?

간혹 식당에 가서 밥을 먹으면 식사를 배달하는 연변족 부인들을 유심히 본다. 주변 친구들을 통해 좀 알아보니 점심시간에 3시간 정도 일하면 하루 일당이 5만 원이란다. 매일 하면 한 달에 150만 원은 족히 벌 수 있겠다 싶어서 또 가족들에게 공개했다. 가족의 동의를 얻어야 합법적으로 집을 비울 수 있으니까 그렇다.

이번엔 엄마가 극구 반대한다.

"어딜 나가겠다고? 아서라."

"내가 언제까지 집에서 혜숙이만 돌보고 살아야 하는데?"

"지금까지 잘 해오면서 갑자기 왜 그러는데?"

"이젠 싫어. 혜숙이는 엄마 딸이니까 지금부터는 엄마가 책임지세요. 왜 엄마 딸을 나한테 맡기는 건데? 나도 혜숙이랑 똑같이 엄마 딸인데, 왜 차별하고 그래요?"

한참을 옥신각신하다가 내 공격에 말문이 막히자 엄마가 배수진을 친다.

"엄마라고 부르지 마!"

"아줌마!"

유치한 싸움이 끝이지 않았다. 엄마와 투닥투닥 싸우고 나면 나는 집안을 반으로 편 갈랐다. 두 사람이 투자해서 산 아파트이니까, 반 갈라서 내 편으로는 건너오지 못하도록 베개를 여러 개 꺼내어 둑을 쳤다.

퇴근하고 들어온 승호가 자긴 어느 쪽으로 걸어서 방에 들어가야 하냐고 묻는다.

"너는 어느 쪽이든 비무장지대니까, 다 통과!"

우리 모녀가 싸우면 단 한 번도 어느 편에 서지 않는다.

승호는 우리 집의 DMZ, 비무장지대다.

어느 날 아침, 승호가 회사까지 내 차로 픽업해 달라고 부탁한다. 전날 거래처 사람들과 술을 마시느라 차를 회사 주차장에 두고 왔다는 얘기였다. 나는 술 한 방울만 마셔도 대리운전을 부르거나, 차를 회사에 두고 오는 게 대견스러워서 얼른 자리에서 일어났다. 조수석에 엄마를 모시고 차를 몰았다. 승호는 뒤에 앉아서 아침부터 걸려오는 전화에 응대하는 중이다. 통화를 마친 승호가 제안한다.

"우리 회사, 구멍가게인데. 총무부 일을 할 거야?"

"응?"

잘못 들었나 싶어서 룸미러로 승호를 건너다 본다.

"하는 일이 아주 버라이어티하게 많아요."

"뭔데?"

"공장에서 올라오는 원단을 택배 회사에서 가져오는 일이며, 그 원단에 마크를 붙이고요. 가끔 술 마시고 차 안가지고 온 날 아침에 내 기사 노릇도 하시고요. 내가 부탁하는 심부름이며 회사 집기 등 잡다한 것을 구매하는 거죠. 본인 수준에 맞춘다고 백화점에 가서 구매하지 마시고요. 시장에 나가서 최소한 세 군데 이상 견적을 내서 제 허락을 받고 구매하시고, 반드시 영수증 처리를 하셔야 합니다. 그 일은 회사에서도 하고, 가끔은 집에서 재택근무 형식으로 제가 부탁한 서류 작성도 해야 합니다. 뭐, 커리어와 거리가 멀긴 하겠지마는."

그러니까 집에서 엄마와 격일로 티격태격하는 큰누이를 위해서 굳이 자리를 하나 마련해 준 셈이네. 승호의 깊은 뜻을 헤아린 나는 속없이 폭소를 터뜨렸다.

"좋아! 아주 좋아!"

"엄마와 그만 싸우고, 잘해."

어찌 그 말이 안 나오나 했다.

"그래야지 뭐."

일단 그러마 하고 대답은 했다. 속으로는 콧방귀를 뀐다. '아니야. 싸울 일이 있으면 싸워야지. 힘닿는 데까지 씩 씩하고 정의롭게!'

엄마의 생각도 나와 똑같을 것이다. 우린 싸우면서 정들 어 가는 이상한 모녀 관계의 썸을 탄다. 중요한 건 아무리 피 터지게 싸워도, 하루 해가 지나기 전에 화해하고 잠든 다. 때론 정말 가증스럽게 회개 기도까지 하고 잠을 잔다.

섬유 유통 벤처를 운영하는 승호는 주로 이탈리아와 일 본의 아웃도어 패션 동향에 주목한다. 일본 정도는 현지에 직접 나가서 머물러 있으면서 시장조사를 한다. 한 계절 앞선 트렌드를 파악해서 자신이 직접 디자인한 옷에 걸맞 은 원단을 골라 표본 아웃도어를 주문·제작한다. 완성본 의상을 자신이 입고 직접 업계에 나가 마케팅 프로모션을 한다. 관련 브랜드 대기업에 그 옷이 채택되면, 디자인 로 열티 대신 대량 원단을 주문 생산해서 납품한다.

가끔 샘플 옷을 집에 가져와 날씬한 엄마를 모델로 입혀 본다. 대중적인 시각으로 내 평가도 들어 본다. 때론 나도 모델이 되어 옷을 입어 보고 주변의 지인들로부터 평가를 들어 보고 승호에게 귀띔해 준다. 다양한 모니터링을 통해 평가를 들어 본 다음 수정 작업을 거쳐 원단 생산에 발주 를 낸다.

내 급여는 4대 보험과 기본급에 명절 보너스는 100%다. 여전히 생활비를 메우기는 턱없이 부족했지만, 남동생의 배려가 고마워서 시키는 일이면 뭐든지 다 했다. 회사 화장실 청소는 건물주가 따로 고용해서 하지만, 나는 회사에 갈 때마다 화장실을 챙겼다. 냄새와 청결, 모두 만족스러웠다. 화장실이 더러운 회사치고 발전하는 경우를 보지 못한 까닭에서다.

어느 날 보니 승호의 사무실에 꽤 고급 브랜드의 골프채 가방이 나뒹군다. 내가 그것을 빤히 쳐다보자 승호가 말한다.

"갖다가 집에 놓고, 쳐."

"너는 왜 그만두었는데?"

별말이 없다.

스키와 골프, 해외 원정 놀이문화를 뒷전으로 물리친 이유가 짐작이 갔다.

누나들이 고군분투하는데, 혼자만 꽃놀이할 수 없다는 형제애 때문이겠지.

나도 똑같은 이유로 피식 웃었다.

"난 골프장보단 서점이 더 좋아."

"굳이 외면하지 말고, 필요하면 언제든지 갖다가 하셔."

나는 어깨를 으쓱 추어올리며 고개를 가로젓는다.

"귀찮아."

그렇게 말하고 보니 정말 필드에 나가는 일이 귀찮다는 생각이 들었다.

회사 급여와 따로 집에서 가외로 하는 아르바이트를 포

함 알뜰하게 생활비를 모아서 가계부에 쪼개 썼다. 숭숭
뚫린 재정의 거미줄을 말끔히 제거하고 흑자 인생을 살기
위해, 아무리 힘들어도 반드시 십일조 헌금부터 챙기고 생
활비를 분배했다. 햇수가 더해지면서 급여도 인상되었다.
모두 훗날 내가 여력이 생겼을 때 반드시 되돌려 줘야 할,
사랑의 빚으로 생각한다.

남동생 승호

어느 날, 시장에서 자석이 달린 액세서리 종을 사 왔다.
아파트 현관 안쪽에 종을 붙였더니, 문을 여닫을 때마다
청아한 종소리가 들려온다.

딸랑딸랑!

집안 전체에 울려 퍼지는 맑은 종소리는, 치는 사람의 마음도 즐겁지만, 집 안에서 듣는 마음도 설렌다. 사실상 이 종소리는 안방의 침대에서 누워 지내는 혜숙이에게 가족들이 외출에서 돌아왔다고 알려주는 신호였다.

혜숙에게도 말했다.

"혜숙아. 저 종소리는 언니가 집에 왔다는 소리야."

"알아."

"잠깐 나갈 때도 멀리는 가지 않아. 잠깐 나갔다가 금방 들어오는 거야. 알았지?"

"응."

활동 보조 선생님이 퇴근한 후, 집에 들어오면 맨 먼저 안방에 누워있는 혜숙의 얼굴과 배를 눈으로 훑어보는 습관이 있다. 숨을 쉬는 모습을 확인하고 나서 내 방으로 건너가 옷을 갈아입는다. 다시 혜숙의 방에 들어가 욕실에 있는 세면실에서 손을 꼼꼼히 씻는다. 면 수건으로 닦을 때도 있지만 보통은 일반 휴지보다 빨아 쓰는 키친타월로 손을 닦은 후 버리고 위생장갑을 낀다. 이쯤 되면 혜숙이가 기저귀에 오줌을 쌌는지 아닌지는 냄새로 확인된다.

기저귀를 갈아주고 나면 반드시 공기청정기의 스위치를 누른다. 창문을 활짝 열고 환기를 시키지만, 공기청정기를 켜 둬야 지린내와 같은 환자 특유의 냄새를 잡을 수 있다. 젖은 기저귀는 꼭꼭 여며서 뒤 베란다의 항균 분리수거함에 넣는다. 분리수거함 안쪽에 비닐봉지가 있어 뚜껑을 닫으면 밖에까지 냄새가 나는 것을 차단해 주는 효과가 있다.

보송보송한 느낌에 기분이 좋아진 혜숙은 흥분한 목소리로 "언니, 고마워. 고마워."라 하기도 하고 짜증 나면 아프다고 신경질을 내기도 한다. 팔다리를 스트레칭하고 나서 머리와 목덜미에 손가락을 넣어 마사지해 준다. 페퍼민트 오일과 호호바 오일을 섞어서 어깨와 허리 등을 가볍게 어루만져 주기도 한다.

옆으로 몸을 뉘거나 가볍게 엎드려 놓기도 하는데, 기분이 좋을 때는 별말 없이 잘 따라주지만 심통이 날 때는 거칠게 저항한다.

매 순간 혜숙의 심리를 예민하게 관찰하면서 감정의 기복에 의해 거친 욕설을 퍼부을 때는 적당히 통제하기도 한다. 때론 맛있는 간식을 나눠 먹으면서 스트레스를 해소해 주기도 한다. 왼쪽 팔과 다리가 마비된 혜숙이를 자주 침대에서 일으켜 안고 나가, 휠체어에 태워 자동차 뒤쪽에 앉혀서 시내 드라이브에 나서기도 한다. 바람을 쐬면서 좋아하는 음악을 듣는 혜숙의 얼굴이 편안해 보이면 외식으로 입맛을 돋워 주거나 집에 와서 편히 뉘어 잠을 재웠다.

아주 가끔은 운전 중에도 혜숙이 원인을 알 수 없는 짜증을 낼 때는, 내가 먼저 싸움을 걸어서 룸미러를 통해 우리 자매는 서로 언성을 높이며 투닥투닥 싸운다. 싸우는 동안 혜숙의 스트레스가 해소되도록 말도 안 되는 이야기로 팽팽하게 맞선다. 말소리가 낮아질 무렵이면 혜숙은 시트에 머리를 기대고 스르르 잠이 든다.

외롭고 지쳐 보이지만, 세상에서 가장 아름다운 천사의 얼굴을 하고 잠을 잔다.

가슴이 저릿해진다.

자랄 때는 형제 중에 미모가 그중 출중하고 심성도 착해서 휴가철에 가족 여행을 가면 외국인들이 입양을 원할 정도였다. 사고로 아이 수준의 인지와 사고후 합병증이 도져서 편마비 와상환자가 되어 침대에서 생활하지만, 요구하는 것은 구체적이고 종교적인 감수성은 매우 섬세했다.

여고시절, 나이 터울이 많은 동생들과 함께 이순신 장군을 모신 정읍 충렬사 놀이터에서 찰칵~ 오른쪽 롱다리 아가씨가 혜숙이다.

그러니 가족이 아닌 간병인과 같은 사람들은 혜숙을 상대하기가 꽤 까다롭다. 아예 혜숙이가 상대도 해주지 않고 심한 욕설을 퍼붓는다. 상상 이상의 과잉 분노를 폭발시키며 혼절하는 경우가 허다했다. 사실 그동안 실험 삼아서 여러 번 혜숙을 재활치료를 해주는 요양병원에 입원시켰다. 입원한 지 사흘이 채 지나지 않아서 병원 측으로부터 전화로 보호자 출두를 요청한다. 내키지 않은 발걸음으로 원무과와 원장실을 방문하면, 보호자가 혜숙을 돌봐주지 않을 경우 퇴원해 달라는 강요를 받는다. 그때마다 쫓기듯이 집에 데려오면 혜숙은 세상에 없는 순한 양이 된다.

가족의 사랑이 그리운 것이려니, 하고 아이를 품 안에서 요양하고 있다.

혜숙의 요양 간병에 능숙해질 무렵, 나 자신의 정체성 상실에 대한 갈등으로 목이 탔다. 격려로 시작한 엄마의 조언도 잔소리로만 들렸다. 가슴 깊은 곳에서 폭력적인 감수성이 나를 괴롭힌다. 자리에서 벌떡 일어났다.

"어딜 가냐?"

"이민 가려고."

"어디로?"

"캘리포니아."

속내로는, '엄마와 혜숙이 없는 자유로운 곳'으로.

"우리는?"

"뺑덕 엄마와 팥쥐는 여기서 잘 먹고 잘 사셔."

"애 좀 봐라. 너는?"

"나? 우리 집에 팔려 온 심청이래."

"누가?"

"상가 상인들이."

"사람들이 참 못됐다. 왜 그럴대?"

"뭘 살 때마다 이건 엄마 취향이고, 저건 혜숙이 취향인
데. 내가 원하는 취향을 들어본 적이 없다네. 내가 생각해
봐도 그래. 나는 우리 집 인당수에 팔려 온 청이에 간병인
에 밥해 주는 식모에 청소부에…. 아이고! 됐고, 조만간 이
민 가 버릴 테니까. 잘 먹고 잘 사셔."

"언니, 미안해!"

"시끄러워. 나 찾지 마. 전화도 하지 말고!"

소리를 고래고래 지르고 현관에서 신을 찾아 신는다.

"그래. 잘 가라. 혜숙아, 우리는 여기서 잘 먹고 잘 살자."

"응. 엄마."

모녀를 등 뒤로하고 집에서 나왔지만, 막상 갈 곳이 없
다. 아파트 뒤로 잘 조성된 오래된 공원을 지나 한강 둔치
를 향해 걸어간다. 호주머니에서 휴대전화벨 소리가 울린
다. 함께 구역 예배를 드리는 지구장인 명선 집사님(그때
는. 지금은 권사님이시다.)이다. 같은 아파트에서 동만 다
른 이웃사촌이다.

"권사님, 뭐해?"

"한강에 산책하러 나가고 있어요."

"같이 가!"

명선 집사님은 나보다 세 살 연배다. 나는 교회에서 집사 직분은 또래 중에 맨 꼴찌로 받았다. 권사 직분은 또래들보다 훨씬 빨리 받았다. 대형교회에는 교인 수가 워낙 많아서 직분을 받는 기준이 있다. 알기 쉽게 스펙을 채워야 한다. 별 의미는 없고, 직분이 높아질수록 봉사 활동량이 늘어날 뿐이다.

원래는 엄마가 명선 집사님과 예배 모임 멤버였다. 지금은 사회생활을 접은 내가 명선 집사님과 같은 구역 예배 구성원으로 새롭게 개편되었다. 덕분에 엄마는 교회의 원로 권사들로 구성된 다비다선교회 회원이 되어 교회에 출석하고 있다.

시력이 약한 나는 선글라스에 가벼운 운동복 차림인 데 반해, 명선 집사님은 모자와 장갑을 끼고 아웃도어로 꽃단장했다. 집사님이 어깨에 멘 조그만 가방에서 물병을 꺼내어 내민다. 나는 얼굴에 감정을 다 담고 있어서 내 얼굴만 봐도 무슨 일인지 척 알아채는 집사님은 아무것도 묻지 않고 자기 얘기만 들려준다. 온 동네방네에서 만들어낸 따끈따끈한 정보가 속속들이 내게 전해진다.

같은 아파트 단지의 누구네 애완견만 돌봐주는 애완견 보모의 급여가 얼마고, 아파트 시세 하며, 결혼을 앞둔 집안의 대소사에 들어가는 예단과 자금까지 시시콜콜한 정보를 쉼 없이 얘기한다. 어찌나 생동감 있게 중계방송을 하는지 나는 좀 전에 집에서 받았던 스트레스를 말끔히 잊어버리고 어느새 간간이 웃는다.

잠원동 수영장에서 걷기 시작해서 반포대교까지 갈 때는, 대교의 귀퉁이에 있는 엘리베이터를 타고 카페에 올라가 차를 마셨다. 잠수교에서 반환점을 돌 때는 세빛둥둥섬의 카페에 들러 차를 마셨다. 나는 주변의 경관을 보면서 좀 천천히 걷는 편인데, 집사님은 한눈파는 법 없이 직진 스타일이다. 아주 빠른 속도로.

차 한 잔을 마시고 나면 엄마와 혜숙에게 가려져 있던 내 문제가 보인다. 평소 구역 예배를 함께 드리는 집사님들에게 부탁한 얘기가 있다.

"내가 스트레스로 머리꼭지까지 돌고 있어도 위로하지 마세요. 차 한 잔만 사 줘요. 혼자 마음을 정리할 시간을 갖도록."

심신이 연약한 여동생을 남들에게 흉보면 뭐 어쩔 것인가? 중요한 것은 내가 시시콜콜한 불편을 얘기하는 동안, 나를 위로한답시고 내 가족을 같이 흉보는 눈치 없는 사람들이 싫어서 함부로 말문을 열기조차 싫다.

'큰딸에겐 미안하고 작은딸은 불쌍하고. 내가 아주 마음이 아프다.'

평소에 엄마가 입버릇처럼 하는 말이다.

하지만 지금은 내 몸이 쑤시고 내 마음이 아프다.

차를 한 잔 다 마시고 나서 나직한 어조로 말을 꺼냈다.

"집사님, 별일도 아닌데 괜히 짜증 나고 화가 나요."

"왜 안 그러겠어? 그래도 잘 견딘다고 다들 얘기해."

맞장구를 치던 끝에 집사님이 조심스럽게 묻는다.

"오줌 기저귀는 그렇다고 쳐. 큰 거 볼 때는 어떻게 해요?"

"얘가 오래 침대에서만 누워 지내다 보니 뱃심이 없어요. 자가 응가를 보지 못해서 1주일에 두세 번씩 관장해 줘요."

"힘들겠다."

"아뇨. 혜숙에겐 미안하지만, 돌보는 처지에서 보면 관장해 주는 일이 생각한 것보다 깔끔해요."

"오, 그래요?"

집사님의 놀란 눈이 커진다.

"비닐 레자와 기저귀를 깐 상태에서 환자를 옆으로 비스듬히 뉜 다음, 항문에 30㎖ 소량의 약을 주입해 줘요. 5분 전후로 배설되는 것만 기저귀에 싸서 버리고 나서, 창문을 열어 놓고 공기청정기를 켜면 냄새가 금세 가셔서 방안도 쾌적해요."

"권사님, 절반 의사가 됐네."

"의사는 관장하지 않아요. 간호사들이 해주지."

"그런가?"

우린 둘 다 웃었다.

집으로 향하는 길에 집사님이 묻는다.

"혹시 혜숙이가 입을만한 면 티와 면 이불을 갖다줘도 돼요?"

"좋죠."

"우리 조카 집에 서영이가 있잖아. 얘가 여중생이 되면서 키가 부쩍 커서 44 치수를 더 입지 못하네. 혜숙이에게 줘도 괜찮을지 몰라서."

"공부 잘하는 서영이 옷이니까 대환영이에요. 혹시 알아요? 서영이 옷 입고 이불 덮으면 혜숙이 머리도 좋아질는지?"

"그러면 좋겠네."

집사님의 마음 씀씀이에 예민했던 내 감정도 좀 누그러진다.

"그러잖아도 내가 깨끗하게 세탁해서 보따리를 싸 놨어. 권사님이 어떻게 생각할지 몰라서 조심스럽게 물어봤는데. 잘됐다."

한결 가벼운 발걸음으로 집을 향해 걷는다.

현관문을 들어서는데 엄마가 명랑한 목소리로 인사를 건넨다.

"할로!"

안방으로 들어가니 혜숙이도 인사한다.

"생큐!"

영문을 모른 내가 물었다.

"왜들, 그러는데?"

"어, 우리도 너 따라서 이민 가려고 영어 공부한다. 오케이?"

"됐거든? 30분 후에 저녁 먹읍시다."

"내가 할게."

엄마가 주방으로 들어가는 것을 보고 내가 제지한다.

"됐어요. 제가 맛있는 전주비빔밥 해줄게요."

"고맙다."

엄마의 눈가에 눈물이 고이는 게 보인다.

"나도 미안해요."

"무슨. 내가 너한테는 미안하고 혜숙이는 불쌍해서, 에미가 참 면목이 없다."

"아휴, 신파는 그만!"

투덜거리지만 내 마음은 이미 평온해졌다.

주말과 휴일은 활동 보조 선생님이 오지 않는 날이라 가사노동과 간병노동이 더해서 힘에 부친다. 가끔 주말 오후에 명선 집사님이 우리 집을 방문한다. 그날 명선 집사님은 이불 보따리를 양손에 들고 왔다. 다른 손에는 혜숙이에게 줄 빵을 들고 와 먹이는 법을 묻는다. 전동침대의 등받이를 비스듬히 올려서, 조금씩 손으로 빵을 떼어 혜숙의 잇새로 넣는다. 혜숙을 쳐다보는 집사님은 말이 없다. 속으로 혜숙을 위해, 고단한 나를 위로해 주는 기도를 드리고 있는 게다.

혜숙을 돌보고 난 집사님은 거실 소파에서 엄마와 도란

도란 얘기를 나누며 웃음꽃을 피운다. 내가 거실로 나오자 집사님이 큰 소리로 말한다.

"권사님, 나가서 3시간만 놀다 와. 내가 엄마 말동무해드릴 테니."

"정말?"

"응."

나는 두 번도 확인하지 않고 쏜살같이 집을 나선다. 그 길로 고터(강남고속버스 터미널 지하상가)에 있는 대형서점으로 달려간다. 그곳에서 쏟아지는 신간을 즉석으로 폭풍 흡입한다. 정신없이 책을 읽고 나면 좀 마음의 허기가 달래진다. 시계를 보니 2시간이 훌쩍 지났다. 30분 동안 살 책을 골라서 결제한 다음, 집으로 향하는 버스에 오른다. 콧노래가 절로 나온다.

정서적인 허기, 짜증의 원인은 그것이었다.

그날부터 집사님은 오후만 되면 날 끌고 한강 산책에 나선다. 어릴 적 경북 상주에서 살았던 고향 집의 얘기며, 여덟 형제가 살았던 어린 시절과 서울에서 형제들끼리 함께 살면서 겪었던 이야기보따리를 주르륵 털어놓는다. 아버지는 동경대를 나왔고, 오빠 넷이 모두 스카이를 나온 엘리트 집안의 둘째 딸이다.

막내인 남편과 신혼 초부터 모시고 살았던 시어머니 얘

기를 듣는 동안, 누구든 한동안은 십자가를 지고 사는구나 하는 공감대를 나눴다.

"권사님, 때가 되면 십자가를 짊어진 만큼의 자유가 주어집디다."

"집사님 가족이 일본에 가 있는 동안, 시어머니는 누가 모셨어요?"

"우리 큰동서가."

"제자리를 찾았네."

남편이 일본 요코야마 시립대에 연구원으로 파견 나가는 순간, 집사님도 눌린 인생에 날개를 달았다는 얘기에 나는 유쾌하게 웃었다. 날씬한 집사님은 살짝 경상도 억양과 사투리로 말할 때, 귀엽기조차 하다.

"내 이 군살 없는 날씬한 다리에 착 달라붙는 빨강 바지를 입고, 하얀 블라우스를 입으면 뭘 신어야겠어?"

"킬 힐."

"그렇지! 킬 힐을 신고, 머리는 펑크 파마로 자존심을 팍팍 세워서 뒤로 넘기고, 허리를 발딱 세우고는 애들 학부형 모임에 가는 거야. 애들 공부는 뒷전이고 내 멋에 취해서, 일본인 학부형들과 온갖 모임에 다 참석해서 일본 말을 배워 나가는데 날마다 살맛이 났지!"

"헤어질 때마다, 아리가토 고자이마시타 리쌍 하면서."

"그러지이ー."

신났다. 집사님도 단순 반복되는 삶에 과거의 추억을 소환하는 동안 소녀가 되었다. 우린 벌써 나이도, 집도, 가족도, 다 잊었다. 갑자기 의기투합해서 소녀 시절의 추억에 관한 이야기를 주거니 받거니 하면서 걷고 또 걷고 또 걸었다. 다리야 붓든 말든 신났다. 머릿속에 에너지가 빵빵하게 채워져서 발걸음이 날아간다.

어디만큼 걷다 보니 저만치 여의도가 보인다. 출발선이 잠원동 수영장이었으니, 흑석동을 넘어갈 즈음이면 다리가 후들후들 떨리게 마련이다.

"가만, 우리 어디 좀 앉읍시다."

"그려. 이리로 와 봐 권사님."

집사님은 겨드랑이에 끼고 있는 작은 손가방에서 보온병을 꺼내더니 종이 잔에 커피를 따른다. 바람이 살랑거리는 둔치의 벤치에 앉아 마시는 아메리카노 커피는 담백해서 맛있다. 그 순간, 한강 너머 서울이 온통 내 것으로 화사하게 빛났다. 정신없이 이야기하고 끝없이 걸으면서 그렇게 내 시름을 잊었다.

4장

·

감사합니다
사랑합니다

각각 자기 일을 돌볼뿐더러
또한 각각 다른 사람들의 일을 돌보아
나의 기쁨을 충만하게 하라.

너희 안에 이 마음을 품으라.
곧 그리스도 예수의 마음이니.

〈빌립보서 2장 4절5절〉

15.

우리 집 아브라함을 세우는 기도

믿음의 조상 아브라함이 있다. 고대 근동 지방의 무더운 여름날, 그는 한낮에 장막 문의 그늘에서 휴식을 취하고 있었다. 그때 세 사람의 방문객을 만났다. 그 시절에는 지나가는 나그네를 잘 대접하는 좋은 관습이 있었다. 아브라함은 당시 그 지방의 관습대로 자기 장막을 찾아온 세 사람을 모른 척하지 않았다. 피곤해 보이는 그들이 자기 집에서 발을 씻고 그늘 아래 편히 쉬어 갈 수 있게 했다. 또한 아내를 불러내어 음식을 대접할 수 있게 했다.

미리 연락하고 와도 대접하기 힘든데, 아브라함 내외는 사전에 예고 없이 갑자기 들이닥친 손님을 정성껏 섬겼다. 아브라함의 마음속에는, 모든 만남은 하나님이 허락하신 것이고, 이 만남을 통해 우리의 삶을 하나님께서 뜻하신 것으로 인도하신다는 믿음이 있었기 때문이었다. 식사를 마친 손님들은, 하나님의 말씀을 대언해서 아브라함 내외에게 전했다.

아브라함의 아내 사라가 아들을 낳아, 믿음의 손을 이어 간다는 사실을.

그 예언은 이듬해에 아들 이삭을 잉태하는 것으로 이루어졌다.

손님 대접하기를 잊지 말라. 이로써 부지중에 천사들을 대접한 이들이 있었느니라 (히브리서 13:2).

나는 이 말씀이 뜻하는 믿음의 대를 잇는 축복이, 남동생 승호에게 오롯이 임하도록 하나님께 감사의 서원(誓願) 예물을 제단에 드렸다. 내킨 김에, 막내 승호를 우리 집의 아브라함으로 세우는 작정 기도에 들어갔다. 1천 일 동안 매일 감사 예물과 함께 헌신 기도를 드리고 있다. 베풀면서 단 한 번도 생색을 낸 적이 없는, 승호의 마음 씀씀이에 대한 나의 답례다.

승호는 나와 나이 터울이 많다. 우리 부모님, 특히 엄마가 아들을 낳을 때까지 줄기차게 낳아보겠다는 굳건한 신념을 갖고 낳은 아들이다. 2월에 태어닌 승호는, 그 당시 내가 다니던 정읍여중 전교생에게 웃음을 선사한 대가로 박수갈채를 받았었다.

잠깐 그 내막을 얘기해 본다. 내가 정읍여중 2학년에 다니던, 2월 봄 학기 때의 일이다. 정읍여중은 일제 강점기에 세워져서 학교 건물이 낡고 목조로 되어 있다. 3학년 진급을 앞둔 어느 날, 청소 시간이었다. 우린 청소할 때 교복을 벗고 체육복을 입었다. 그 위에 앞치마와 머릿수건을 두르고, 마룻바닥을 윤내기 위해 양초를 문지르는 팀이 지나가면 다음 팀이 박카스 병을 들고 꿇어앉아 마룻바닥을 밀었다. 앞자리에 앉은 아이들이 마루 바닥을 청소하는 동안, 약간 큰 키에 속하는 나를 비롯한 뒷자리 아이들은 유리 창문에 매달려 유리를 닦았다.

그때 스피커로 공지사항이 흘러나왔다.

"아, 아. 마이크를 시험 중입니다. 에, 교감입니다. 여러분 청소하느라 수고가 많습니다."

아이들은 빨아온 걸레를 꽉 짜서 돌돌 말아 공던지기를 하거나, 바닥에 앉은 아이들은 윤기 나게 닦은 마룻바닥에 실내화를 깔고서 손에 손을 잡고 썰매를 타고 놀았다. 소란스럽기가 장터를 방불케 한다.

우리에게 '곶감'으로 불리는 교감 선생님의 목소리가 다시 흘러나왔다.

"아, 2학년 7반 정금애 학생은 지금 곧 하교하기 바랍니다."

응? 친구들과 나는 눈을 휘둥그레 뜨고 서로를 쳐다본다. 영문을 모른 나는 고개를 흔들었다. 나도 모른다는 뜻이다. 그 답은 교감 선생님이 다시 알려 주었다.

"옹 산부인과에서 오늘 어머니가 남동생을 낳은 관계로, 정금애 학생이 빨리 가서 어머니를 돌봐줘야겠습니다."

나무 벽이라 7반과 덧댄 6반에서 발을 동동 구르고 와자하게 웃는 소리가 들려왔다. 우리 반은 거의 호떡집에 불난 수준으로 아이들이 마룻바닥에 데굴데굴 구르고 난리가 났다.

"아버지께서 전화를 걸어 오시기를, 지금 출장을 가야 하므로, 부득이 정금애 학생이 어머니한테 가야 한다고 합니다. 에, 정금애 학생은 어서 속히 집에, 아니, 시내 옹 산부인과로 가서 어머니를 돌봐주시기 바랍니다. 잘 알아들었으리라 믿고 이상 방송을 마칩니다."

내 주변으로 아이들이 우 몰려와 키득거리며 웃어댄다.

아기를 낳았대.

누가? 금애가?

미쳤냐? 금애 엄마가 낳았지.

우우, 물개박수를 친다.

아이고, 나 참!

그 때 드르륵 소리를 내고 교실 문이 열렸다. 담임 선생님인 '널벅지(엉덩이가 넓고 커서 반 애들이 붙인 별명. 선생님만 자기 별명을 모른다.)'가 문가에 비스듬히 기대서서 웃을 듯 말 듯 묘한 표정을 지으며 말했다.

"어디로 가야 하는지, 잘 알아들었지?"

그러자 우리 반 아이들이 다 함께 합창한다.

"옹 산부인과요!"

옆 반에서도 박수갈채가 차고 넘친다. 담임 선생님이 나가기가 무섭게 옆 반 아이들이 우리 반 교실 문 앞으로 우르르 몰려와 안을 기웃거리며 키득거린다.

"금애야!"

"어디라고?"

"옹 산부인과!"

그들끼리 묻고 답하느라 난리가 났다. 세상에 태어난 것을 그처럼 요란스럽게 축복받은 승호였다.

지금은 내게 아들 같은 남동생 승호가 묻는다.

"1천 일 기도가 다 끝나고 나면 어떻게 하는 건데?"

"계속해서 1천 번제 기도를 드리는 거지. 평생 할 거야."

"감사합니다."

우리 형제의 대화는 언제나 단답형이다. 그래도 사랑의 마음은 지구 한 바퀴다.

우리 모녀는 정기적으로 집에 손님들을 초대해서 음식 대접하는 것을 즐긴다. 엄마는 사업하는 집안은, 여자들이 손님 대접에 소홀히 하면 안 된다고 늘 주의를 시킨다. 역사에 나오는 최부잣집 안주인이 그랬듯이. 과거 방송할 때 인터뷰했던 기업가들의 부인들에게서 들었듯이. 남자들의 사업을 수월하게 잘 풀어 가는 지혜에는, 집안에서 여자들의 손 대접과 검소한 삶의 헌신이 포함되어 있다는 것을 결코 허투루 듣지 않았다.

  최고 25명 내외까지 초대해서 손 대접한 적이 있다. 엄마가 32인용 전기밥솥에 직접 팥죽을 쑤고 물김치를 담갔다. 전날 찹쌀을 물에 불렸다가 방앗간에 가서 찧어다가 새알을 직접 빚고, 팥을 삶아서 미세한 채에 걸러내어 앙금처럼 흘러내린 팥물을 32인용 일반 전기밥솥에 앉혔다. 그 모든 수고는 모두 엄마의 몫이었다. 나는 브런치 종류와 차를 준비했다.

  지금은 내가 해물찜, 혹은 해물전골 등 한식을 뷔페 형식으로 차림 상을 준비하고, 밑반찬만 엄마가 도와준다. 채소들을 바싹하게 튀겨서 내놓는 채소튀김도 인기 품목이다. 손이 많이 가서 요즘은 잘 하지 않는다.

  식탁 테이블은 집 안에 있는 테이블 세 개를 거실에 내놓고, 그 위에 하얀 시트를 깔고, 예쁜 초와 작은 꽃병을 테이블마다 장식하고는 뷔페 스타일로 손님맞이를 한다. 차와 과일, 다과 테이블은 스스로 하도록 한쪽 테이블에 잘

세팅했다. 물은 정수기에서 각자 셀프다.

혜숙이 누워있는 방도 공개해서 자연스럽게 손님들이 관심 두도록 한다. 한결같이 환자 특유의 지린내를 가시게 하는 비결을 묻는다. 식사가 끝나고 정담을 나누는 과정에서 공기청정기와 관장 뒤처리 이야기를 들려준다. 모두 혜숙을 우리 집의 이쁜이로 이해하고 맛난 간식을 직접 먹여 줘도 되냐고 진심으로 묻는다.

"당연하죠."

"생큐."

혜숙은 사람들의 애정을 받으면 천생 순한 양이 된다.

16.

신앙공동체

　시간이 흘러 혜숙을 돌보는 일과 내 소일거리를, 어느 것
하나 소홀히 하지 않고 다 챙기는 지혜를 발휘했다. 친구
들이 협조해 줘서 가능한 일이었다. 한 달에 두 번 정도 심
야극장에 가서 문화적인 갈증을 해소했다. 낮에 시간을 빼
낼 여유가 없는 날 위한, 명선 권사님과 경화 권사님의 배
려다.

　그런 날은 승호가 일찍 귀가해서 집 걱정은 안 해도 된
다. 처음엔 극장의 푹신한 소파에 등을 기대고 우아하게
영화를 관람한다. 아주 가끔은 영화 중간부터 극장이 호텔
인 줄 착각하고 정신없이 졸다가 영화가 끝날 무렵 잠이
깬다. 주로 무더위가 기승을 부리는 여름에, 냉기 서늘한
극장 에어컨 시설에 세상모르고 잠이 들었다. 영화가 끝나

면, 카페 '별장'에 가서 이야기꽃을 피운다.

우리 세 사람의 공통분모는, 행함으로 신앙생활을 한다는 점이다. 경화 권사님도 연로한 친정엄마와 시어머니가 계셔서 지금껏 꾸준히 물심양면으로 챙기고 있다. 남들에게 말하기 어려운 얘기를 허심탄회하게 털어놓고 서로 지혜를 나눈다. 금융사의 최고위 임원까지 하고 은퇴한 경화 권사님의 남편은 올해 안식년을 선언했다. 지금은 친구 네 명과 함께 제주도에서 한 달 살아보기를 실천 중이다. 카카오톡으로 전해 오는 사진마다 웃음꽃이 활짝 핀 남편이 소년 같다고 웃는다. 두 아들은 우리 세 사람의 중보 기도로 사회에 나가 우량 성장주로 쑥쑥 크고 있다. 큰아들은 S전자 엔지니어로, 둘째는 S회계법인의 회계사다. 경화 권사님은 나보다 두 살 손아래다.

"요즘 저는, 일본어 공부를 시작했는데 재밌어요."

"멋지다."

"미안해요. 만날 놀러 다니는데 권사님만 수고가 많아서."

외국으로 원정 골프를 치고 온 후 조그만 선물을 내민다.

"무슨 말씀을. 나에겐 내 삶이 있고, 경화 권사님은 권사님만의 사는 방식이라는 게 있는데. 더구나 안식년에 남편과 할 수 있는 놀이문화가 몇이나 되겠어?"

"그럼. 골프만한 놀이도 없어."

명선 권사님의 말에 나도 공감한다.

"나도 골프 치러 다닐 수는 있는데. 짝을 지어 노는 경기에 혹여 친구 남편들이 별생각 없이 나에 대해 사소한 배려를 하기라도 할까 봐. 사소한 감정의 바늘구멍으로 행여 친구들과 마음 상할 일이 생길까 봐 안 하는 것뿐이야."

"권사님이 그렇게 얘기하면 더 미안해져서."

"미안하긴. 친할수록 각자의 삶을 존중해 줘야지."

경화 권사님이 환하게 웃는다.

"우리 나이는 각자의 분수에 맞게 잘 먹고, 잘 놀고, 잘 사는 것이 최고야. 여유가 있으면 가까운 사람들에게 사랑의 수고와 기부를 나누고 살면 최상의 삶이지, 안 그래?"

"그렇죠. 여기 모델이 있잖아요. 명선 권사님."

갑자기 명선 권사님의 얼굴이 상기된다.

남편은 행정고시 출신으로 과천 시절의 정부청사에서 은퇴하고 나와, 지금은 동네 문화센터에서 배운 사교댄스와 어학 실력이 수준급이다. 요즘은 댄스 실력이 늘어나서 초보 회원들을 가르치는 댄스 반장이시다. 명선 권사님의 아이들도 우리 세 사람의 뜨거운 중보 기도로 하나님이 보석으로 갈고닦아주었다. 큰딸은 모두가 선망하는 대기업 S의 마케팅 팀장으로, 아들은 A회계법인의 회계사로 근무한다.

우리 집의 원석들도 두 권사님과 구역 식구들의 중보 기도로 보석이 되어 간다. 내가 집안의 어려움을 딛고 일어나 새롭게 재기하기까지에는 두 친구의 중보 기도와 위로

가 큰 힘이 되어 주었다. 그 많은 시간을 함께 보내는 동안 단 한 번도 내 자존심을 건드린 적이 없다. 대단히 자존감이 강한 친구들이 아닐 수 없다.

2015년 2월, 제주도 선교 여행지에서
왼쪽부터 명선 권사님, 경화 권사님, 나

세 사람의 우정이 꾸준히 이어져 오는 비결은 뭘까?
개별 성향이 누구도 만만치 않았다. 자기 관리가 철저한 편이다. 누구에게도 기대지 않고 자기 개성을 가꿔 가면서, 다른 사람들과도 잘 어울리는 스타일이었다. 하지만 하나님의 일에는 철저하게 '예스맨'이라는 공통점이 있다. 그 연장선에서 가족을 위한 기도 제목을 다 함께 공유해서 중보 기도로 응답받은 경험이 많았다. 그래서일까. 서로의 삶을 응원할지언정 절대 질투하거나 시기하지 않는 자존감이 강하다. 무엇보다도 서로를 대하는 감정의 온도가 너무 호들갑스럽지도 않고 너무 무게 잡지도 않는 데 있다. 늘 온유한 감정선으로 서로를 대하려고 노력한다.

사실 우리 같이 신앙생활을 오랫동안 해 온 사람들이라면 영적인 촉이 예리하다. 서로의 속마음과 말의 톤만으로도 충분히 상대의 감정을 적확하게 읽어내릴 수 있다. 그러니 누구도 질투 따위로 소중한 신앙 친구를 잃는 바보 같은 짓은 안 한다.

우리 셋은 매달 둘째 주 혹은 셋째 주 토요일이면 새벽 5시 40분에 아파트 주차장에서 만난다. 교회에 가서 6시 새벽 예배를 드린 다음, 한남동으로 건너가 유엔빌리지 인근 브런치 카페에 들른다. 낮에는 내가 시간을 내기 어렵다는 이유로 새벽에 선교회 예배를 드리고 있다.

에스더 선교회 소속인 우리는 공과 책에 적힌 순서대로 예배를 드린 다음, 각 가정의 기도 제목을 놓고 기도를 드린다. 10여 명 정도 회원이 소속되어 있었지만, 지난해 전도사님이 잘게 쪼개어 회원들을 소수로 분산시켰다. 지금은 우리 셋이 예배를 드린다. 주변에 전도할 사람들을 영입시켜 선교회원들을 늘려야 한다.

우리는 각자의 주변에 남몰래 도와줄 사람이 있는지 의견을 나눈다. 우리가 감당할 수 있는 만큼씩 중보 기도를 드리고, 시간을 나누고, 물건을 전한다. 개인적인 주변 환경에서 도와줄 사람은 개별적으로 기부한다. 예수님이 소외당하는 자들을 돕는 마음을 배우는 자세로, 조용히 남몰래!

예배를 마치고 나면, 뉴요커 스타일의 브런치를 즐겨 먹는다. 2인분의 식단과 차를 주문해서 셋이 알뜰하고 맛나게 나눠 먹는다.

요즘 세 가정의 공통 기도 제목은 자녀들의 혼인 성사다. 나는 승호의 배우자로 온유한 심령을 가진 지혜로운 믿음의 배우자를 꼽았고, 경화 권사님은 지혜로운 믿음의 배우자들을, 명선 권사님도 믿음과 인성, 지혜를 꼽았다.

나이가 찰수록 혼인이 호락호락하지가 않지만 크게 염려하지 않는다. 지금까지 우리 세 사람이 합심해서 드린 기도가 이뤄지지 않은 적이 한 번도 없다. 하나님이 보시기에 혼인할 자녀들에게 가장 좋은 날, 혼인하기 좋은 환경에서, 각자에게 어울리는 배우자들을 만나게 해서, 각 가정에 믿음의 대를 잇는 자손 내림의 축복이 있을 줄 믿는다.

지난해 기승을 부리던 여름 끝에 오는 초가을 무렵, 경화 권사님이 큰아들의 결혼 소식을 전해준다. 시종 명선 권사님과 나에게 미안해 하는 마음을 비친다. 우리는 동시에 손을 내젓는다.

"혼인할 준비가 된 사람부터 가는 거죠. 축하해요."

"나도 축하! 권사님, 혼인하는 과정을 수첩에 기록해서 우리한테도 전수해 줘요."

내 말에 경화 권사님은 흔쾌히 수락한다.

"상견례부터 혼인할 때까지 다 기록해서 전해줄게요. 우리 집에서 먼저 혼인 문을 열었으니까, 두 분 집에도 혼인 문이 활짝 열리도록 기도할게요."

"고마워요."

"고마워요. 정말!"

명선 권사님과 나는 동시에 맞장구를 쳤다. 우리 집 일처럼 기뻤다.

친구들과 헤어져서 집에 들어온 시간은 오전 9시 전후.

그때부터 나는 혜숙의 기저귀를 갈아주고 과일 두세 개를 입에 넣어준다. 엄마가 일찍 일어났을 때는 대추 인삼차를 드리고, 그 시간까지 주무시면 주방으로 들어가 전기밥솥에 밥을 안친다. 승호도 주말엔 좀 늦게 일어난다.

나는 1주일에 하루, 시간을 쪼개어 방송작가협회에서 주관하는 드라마 수업을 받는다. 대학에서 다큐멘터리와 드라마 제작을 가르쳤지만, 드라마 대본을 쓰는 일은 가르치는 것과 천지 차이이다. 비용을 투자해서 기초반에 이어 연수반에서, 다음 주 합평을 하게 될 드라마 대본을 꺼내어 꼼꼼히 읽는다. 동료들에게 꼭 필요한 평가를 하기 위해, 미리 작성한 드라마 작법에 대한 매뉴얼을 꺼내어 대입해 본다. 수업 시간에 합평을 받게 될 동료의 대본에 도움이 될만한 내용만 노트에 기록한다.

남의 대본을 보고 나면 내 대본의 부족함이 뭔지 구체적으로 보인다. 곧바로 서재에 들어가 관련 책들을 꺼내어 보충 독서를 한다. 독서의 깊이 있는 내공과 무한 상상력, 탄탄한 구성, 인물 캐릭터들의 밀도 있는 갈등 구도를 통해 매력적인 대사를 치기 위한 글쓰기를 하루도 빠짐없이 시도한다.

며칠 전 SNS에서 읽은 내용이 나를 자극한다.

●　●　●

뛰어난 재능은 신이 주신 선물이고, 어중간한 재능은 악마가 내린 저주란 말이 있다.
어렸을 적엔 큰 인물이 될 줄 알았던 우리는 시간이 지나면서
그저 천재들의 그늘 속에서 놀고 있는 작은 존재임을 깨닫게 된다.
하지만 믿을 건 이 미약한 재능 때문인지라 상처받을지라도 스스로 다그친다.
어쩌면 그 악마는 쉽게 포기하지 못하는 나 자신이 아닐까.

< 'A Poor Talent'의 글에서 발췌>

나는 소망한다. 내가 가진 쥐꼬리만한 재능은, 정녕 하나님이 내게 주신 선물이라고, 한 말씀만 들려주시기를!

　그 구별된 삶의 질서로, 나와 내 가족은 설령 꼴찌라도 좋으니 생애 전반에 걸쳐 굳건히 하나님의 편에 서 있기를 원한다. 진심으로 간절히.

17.

내 오랜 친구고 연인이었던
엄마, 사랑해

 1976년, 여고에 입학한 나는 머리를 어깨까지 길렀다.
헐렁한 교복에 긴 머리칼을 아침마다 감고 말리느라 아침
밥을 먹으면 등교 시간이 늦었다. 언제나 아침밥을 못 먹
고 도시락만 싸서 운동화를 찾아 신었다. 보다 못한 아빠
가 한마디했다.
 "밥 먹어. 내가 데려다줄게."
 "정말?"
 "밥심으로 공부할 나이에 왜 굶냐? 어서 먹어."
 그렇게 시작한 아침 식사는 늘 아빠와 겸상을 하게 되었
다. 동생들은 엄마와 한 상에서 먹었다. 집에서 20분은 족

히 걸어야 하는 거리에 정읍여고가 있었다. 우리 집은 시내에 있고, 학교는 내장산으로 가는 한적한 교외의 논밭을 가로질러 세워져 있었다. 일제 강점기 때부터 설립한 공립 여학교였다. 아빠는 나를 7시 50분까지 학교에 데려다주고 출근해도 충분했다. 아빠의 자전거 타는 스타일은 비가 와서 질컥해진 도로를 달려도 흔들림 없이 유연했다. 뒷자리에 앉아 불편한 적이 한 번도 없었다.

담임은 한국무용을 전공한 무용 선생님이었다. 이름은 생각나지 않는다. 여성스럽게 말하는 스타일에 키가 크고 가냘픈 체구로 걷는 걸음걸이조차 여성스러웠다. 반면에 반장 유청림은 아담하면서도 다부지고 야무진 스타일로, 담임과 반장이 걸어가면 기묘한 조화를 이루었다. 마치 한복을 입고 걷는 것처럼 양복 깃을 여미고 한들한들하게 걷는 담임과 뚜벅뚜벅 반듯하게 걷는 청림을 볼 때마다, 반 아이들은 키들거리고 웃기 일쑤였다.

"얘, 완전히 평양 기생과 일본 순사가 걷는 조합 같지 않니?"

애들은 얼굴을 책상에 박고 쿡쿡 웃었다. 1학년 때 내 짝꿍은 사회 만점이고, 옆 라인 짝은 수학 만점이었다. 그때는 한 줄씩 이동해 가면서 자리를 바꿔 갔다. 그래서 짝꿍이 둘이다. 나는 뒤에서 두 번째 줄에 앉았다. 앞문이 열리고 평양 기생과 일본 순사가 들어왔다.

청림이가 군기를 잡는다.

"다들, 열중쉬어, 차렷! 선생님께 경례!"

안녕하십니까?

우리가 합창하고 목례를 하면 담임의 종례가 시작된다.

"아우, 애들 봐라. 머리를 제법 많이 길렀구나."

반 애들이 우우, 추임새를 넣는다.

"그래서 말인데, 내일부터 머리를 땋아도 된단다."

와, 반 애들이 발을 동동 굴리며 좋아한다. 나는 걱정이
태산이었다. 이미 2, 3학년 선배들은 단정한 교복 차림에
양 갈래로 머리를 땋고 다녔다. 여성스럽고 예뻤다. 친구
들은 신났다.

그날 집에 온 나는 엄마에게 이 사실을 알렸다. 잠자코
듣고 있던 엄마가 내 손을 잡는다.

"걱정하지 마. 엄마가 널 구해 줄게."

"구하긴 뭘. 그거 봐. 내가 이래서 전주성심여고로 진학
한다고 했잖아. 거긴 똑 단발머리를 하고 다니잖아. 전교
생이 다 양 갈래로 땋는 머리를 하고 다니는데, 나만 어떡
해."

내가 순전히 머리 문제로 전주성심여고를 선택했을 때,
엄마가 한사코 말렸다. 엄마의 품 안에서 날 놓고 싶지 않
다는 이유였다.

"괜찮아. 엄마만 믿어. 너희 학교도 똑 단발머리로 교칙
을 바꾸게 돼 있어."

엄마는 의연한 목소리로 나를 위로한다. 나는 한숨을 내

쉬었다.

다음 날 아침은 일찌감치 밥을 먹었다. 나 혼자 걸어가겠다고 말하자 아빠도, 엄마도 별말씀이 없다.

"시간이 충분해서 그래. 아빠, 내일부터는 나 혼자 걸어갈게. 친구가 같이 가자고 하네."

밖에서 사회 만점이 날 부르는 소리가 들린다. 나는 씩 웃으며 가방과 도시락을 챙겼다. 여전히 어깨에 닿는 긴 머리를 휘날리며 집을 나섰다.

그날 아침, 우리 반에서 머리를 양 갈래로 땋지 않은 학생은 나 혼자였다. 여느 때처럼 평상심(平常心)으로 수업을 마쳤다. 다시 일본 순사와 평양 기생이 종례시간에 함께 들어왔다. 다른 점이 있다면 담임의 얼굴이 약간 상기되어 있었다.

"얘들아, 긴급 사항이 발생했어. 음, 우리 학교가 개교한 이래 33년 만에 머리 길이가 귀밑 2센티로 똑 단발령이 내려졌어, 얘."

애들이 책상을 손바닥으로 두드리고 발을 동동 굴리며 저항한다.

"안돼요. 양 갈래머리 땋는 것 때문에 여길 지망한 거란 말이에요."

"그럼요. 안돼!"

난리가 났다. 일본 순사가 중간 자리에서 일어나 애들의 원성을 자중시킨다.

"애들아, 조용히 하고 듣자. 선생님의 의견이 아니라, 교장 선생님의 뜻이란다."

"갑자기 왜요? 어제까지도 오늘부터 양 갈래로 땋고 오랬잖아요?"

담임 선생님이 애들의 성화를 중재한다.

"실은 오래전부터 생각한 결과 그렇게 결정하신 거란다, 얘. 너희들 아침마다 머리 감고, 말리고, 양 갈래로 땋고 오느라 밥도 제대로 못 먹고, 공부하면서도 머리에 신경 쓰느라 주의가 산만하다는 얘길 들었다지 뭐니. 그리고 너희들은 모르지만, 저 선배들 말이다. 2학년 가시나들이 주말에 극장에 몰래 갈 때는 머리를 확 풀고 여대생인 것처럼 호남고등학교 머스마들과 돌아다니는 것도 마음에 안 든다지 뭐니."

"말도 안 돼. 말도 안 돼."

우리가 4반인데, 3반과 5반에서 발을 동동 굴리는 소리가 우리 교실까지 들려온다.

나는 이 사단의 원인 제공을 누가 했는지 눈치챘다. 아니나 다를까, 종례 수업을 마치고 자리에서 일어나는데 담임 선생님이 내 곁으로 왔다. 아이들이 눈치 못 채게 내 귓가에 가볍게 속삭인다.

"엄마, 다녀가셨다."

눈으로 나를 응원하는 표정에 마음이 울컥해진다. 사회 만점과 수학 만점만 눈치채고 가만 지켜본다.

그날 집에 들어가 보니 엄마가 날 반긴다. 나는 어이가 없어서 마루에 주저앉았다. 친구들이 선망해 마지않았던 양 갈래 땋는 머리를 자기 딸을 위해 똑 단발로 바꿔 버린 모성애에 할 말이 없다.

"엄마, 우리 너무 이기적이지 않았을까?"

"이기적이긴."

"아무튼, 엄마. 고마워. 이젠 안심해. 나 머리 자르고 올게."

"그래."

엄마는 길게 심호흡을 내쉰다.

그날 나는 미장원에 가서 긴 머리를 귀밑 2센티로 잘랐다. 거울에 비친 얼굴을 보면서 왼쪽 머리를 쓸어 올렸다. 태어날 때부터 왼쪽 귀가 없는 나에게는 단발이 제격이었다. 오른쪽 귀는 있었다. 청력에는 아무 이상이 없다.

외관상 왼쪽 귀가 없는 나의 사정을 전해 들은 담임 선생님은, 곧바로 엄마와 함께 교장실을 방문했다고 한다. 이상하게 담임 이름은 생각나지 않는데, 교장 선생님의 이름은 또렷하게 기억난다. 은인기 교장 선생님이다.

엄마를 통해 나의 사정을 알게 된 교장 선생님은, 아흔아홉 마리 양과 잃어버린 한 마리 양에 대한 교훈을 되새겼던 것일까. 양 한 마리를 구하기 위해 아흔아홉 마리의 양을 희생시켰다.

"선천적으로 일 귀를 가진 우리 학교 학생의 마음에 상처를 주는 일은, 교육상 있을 수 없는 일이지요. 우리가 교칙을 바꾸겠습니다. 어머니는 걱정하지 마시고 가 계시면 됩니다."

엄마가 들려주는 얘기에 마음이 숙연해졌다.

반전이 딱 한 번, 우리 모녀에게 벌어졌다.

고 2 때, 서울의 고모부로부터 시외전화가 걸려 왔다. 대학에 입학해서 수술할 의사를 만나려면, 여름방학에 미리 날 데리고 올라오라는 얘기였다. 고모부 소개로 아빠와 함께 신촌세브란스병원에 들렀다. 직접 나를 진찰한 의사의 소견은 비관적이었다.

국내에서는 만족스러운 수술을 할 수 없다는 얘기였다. 때마침 고종사촌 오빠가 유학을 준비하면서 나를 편지로 위로해 주었다. 신문방송학과 출신인 오빠의 긴 편지는 대학에 진학해서, 더 좋은 기회를 만들라는 얘기였다. 노트 한 귀퉁이를 찢어서 쓴 편지를 책갈피에 끼워 놓았다. 마음의 갈피를 잡지 못해 좀 힘들었다.

2학기 여름방학이 끝나면서 본 시험은 당연하게도 성적이 좋지 않았다. 길 건너편에 사는 L이 전교 2등, 나는 등수 밖으로 밀려났다. 성적표를 달라는 엄마에게 보여주기 민망해서 둘러댔다. 화가 난 엄마가 내 가방을 열었다. 가방 안쪽에서 성적표를 꺼내더니 쓱 읽어 보곤 나를 쳐다보았다. 매서운 눈빛이었다.

곧바로 엄마는 나를 빤히 쳐다보면서 성적표를 절반 접어서 쫙 찢어버린다. 한 번 더 찢어서 내게 집어던졌다.

"이게 뭐냐?"

"그 점수로도 내가 갈 수 있는 대학은 많아. 그렇다고 성적표를 찢는 엄마는 뭐 그리 대단히 잘났는데?"

"뭐? 거짓말을 하고도 어디 엄마에게 대들어?"

"거짓말?"

갑자기 그동안 참았던 분노가 머리끝까지 솟구쳤다.

누가 날 이렇게 낳으래? 어째서 애 하나도 제대로 못 만들어서! 고 2 방학 때처럼 중요한 시기에 수술할 수 있는지 없는지를 알려고! 공부할 기회를 다 날려 버리게 했는데? 왜? 날 이렇게 낳고도, 뭘 잘했다고 나한테 이런 상처를 주는데?

아마 이 정도로 심각하게 엄마에게 대들었던 기억이 난다. 기어코 엄마의 가슴에 비수를 꽂았다.

"한 번만 더 날 화나게 하면, 오늘 이후로 나에게 엄마는 없어! 다 필요 없으니까, 나 건드리지 마세요!"

그때 엄마가 허물어지듯이 방바닥에 주저앉는 것을 보았다. 나는 그 길로 집을 나왔다. 주변이 어둑해질 무렵, 하염없이 길을 걸었던 것 같다.

그 이후 우리 모녀는 말을 섞지 않았다. 아빠도 어떤 중재를 하지 않았다. 내 터져 버릴 것 같은 표정과 한 번 화나면 문제의 실마리가 잡힐 때까지 말하지 않는 성격을 알아서일까.

그 대신 주말마다 친척들이 우리 집에 왔다. 큰어머니, 당숙모, 고모, 이모 등등 내게 우호적인 친척들이 나에게 곰살궂게 굴었다. 기어코 당숙모가 내게 조심스러운 표정으로 말을 건넨다.

"애야, 뭐 어떠냐? 너 예뻐."

침묵.

"이건 누구 잘못도 아냐. 우리가 족보를 꺼내 놓고 집안 내력을 더듬어 봤다. 당숙이 시제(時祭)에 참석해서 알아보았지만, 사돈네 팔촌까지 통틀어 네가 처음이란다. 마음을 너그럽게 가져라."

나는 잠자코 들었다.

"세월이 좋아지면, 그때 수술하면 되고. 또 머리로 가리면 아무도 몰라. 남들이 너한테 굳이 물어보면, 날 때부터 그런 거라고 덤덤하게 말하면서 지나가는 거야. 마음 풀고, 대학에 들어가서 의술이 좋아질 때까지 기다리자. 응?"

당숙모는 눈물을 글썽이면서 내 손을 붙잡는다.

'누가 뭐래? 왜 애먼 내 성적표를 찢어 버리는데? 엄마가 그래도 되는 거야?'

그때부터 내가 변했다. 교실의 책상 주변에 철학 책을 두세 권씩 놓고 읽었다. 학교 대표 학생중앙 학생 기자로서 글을 지면에 발표하면서, 나의 독서 폭은 방대해졌다. 비슷한 성적의 친구들과 수학 II의 격차를 메우기는커녕 엇나갔으니. 나중에 내 짝꿍 수학 만점은 치의예과에 보란 듯이 합격했다. 이화여대에 합격한 친구도 있었다. 지방의 국립대는 웬만큼 공부 잘하면 다 들어갔다. 사회 만점도 원하는 대학에 들어갔다. 나만 서울에서 1차에 떨어지고, 2차 원서를 넣으려는 대학을 지방으로 바꾸었다.

대학에 들어가서까지 고모 집에 얹혀살 수는 없고, 자취하려면 학비에 생활비까지 부모에게 민폐를 끼치고 싶지 않았다. 줄줄이 동생들이 많은 큰딸은 언제나 동생들의 몫까지 계산해야 한다.

엄마와 남들은 내가 선택한 대학을 가리켜 구시렁구시렁했다. 나는 남들이 뭐래든 내 선택에 만족한다. 내 생애 대학 시절처럼 행복하고 자유롭고 유쾌하게 살았던 기억이 없다.

그런 일이 있고부터는, 지금까지 단 한 번도 엄마와 아빠에게 내 선천적인 일 귀 문제로 화내 본 적이 없다.

엄마와 가까스로 화해가 이뤄지고 난 다음, 어느 주말이었다. 아빠와 나는 두 대의 자전거에 나눠 타고 정읍 인근의 고부 마을을 향해 페달을 밟았다. 전봉준 장군 동상이 내려다보이는 곳에서 주변을 둘러보니, 끝이 보이지 않는

지평선이 눈앞에 펼쳐져 있다.

아빠가 내게 말했다.

"귀가 하나 있는 사람은 그만큼의 달란트를 하나님이 주신단다. 내가 한 말이 아니고, 널 낳고 엄마가 시름에 겨워할 때 동네의 어느 한학자가 말씀했다. 그 양반이 네 이름도 지어주었지. 너는 저 끝이 보이지 않는 지평선처럼 넓고, 저 하늘처럼 높은 꿈을 꿔라. 그리고 그 꿈을 펼쳐라. 나는 네가 세계적으로 꿈을 펼치는 딸이 되었으면 좋겠다."

서른 중반, 나는 미국인 일행과 함께 LA의 교외를 지나치는 차 안에서, 끝이 보이지않는 지평선을 다시 보았다.

와, 노을이 저무는 들녘에서 끝 모를 지평선을 지나치던 그때 나는 실리콘밸리에서 제2의 꿈을 꾸었다. IT 관련 소설과 이론서를 집필해서 국내와 영어권에서 작가로 활약하는 꿈, 그 꿈은 창우에게 엄마를 맡기고 나서 이루고 싶었다. 그런데 창우가 세상을 떠나 버리는 바람에 나는 엄마의 아픔까지 함께 짊어져야 했다. 내 꿈은 그렇게 밀쳐지고 말았다.

나는 시간이 지나도 창우를 잃어버린 설움 때문에, 마흔에 하나님이 주신 사랑의 선물에도 온전히 마음을 줄 수가 없었다. 마음껏 사랑할 에너지를 슬픔에 빼앗겨서 누구와도 사랑의 진심을 나눌 수 없었다. 남들의 눈에 이기적으로 보였다면, 그것은 욕심의 이기심이 아니라 깊은 상실감에 의한 무기력이라고 하는 말이 정확하다. 그래서 함부로 이기심이라는 말을 남용해서는 안 된다. 심지어 신앙생활에서도 마음의 갈피를 잡을 수 없었다.

보다 못한 엄마가 내 등을 떠밀었다.

"안 되겠다. 너, 차라리 공부를 더 해라. 공부하면서 잊을 건 잊어라. 창우는 내 아들이지, 네 아들이냐? 에미인 나도 때 되면 밥을 먹고, 남들과 웃고 떠드는데. 네가 무슨 자격으로 이렇게 창우를 잊지 못하고 너를 갉아먹는 것이여? 내 아들은 나만 품을 자격이 있으니, 너는 오늘부터 네 인생을 살아라!"

그렇게 등 떠밀려 늦깎이 대학원생이 되었던 것이다.

대학을 졸업한 이듬해인 1980년 중반, 국내 성형수술의 대가인 백세민 교수가 있는 서울 구로병원에서 18시간에 걸쳐 귀 수술을 했다. 왼쪽 가슴선을 절개해서 내 갈비뼈 두 대를 잘라냈다. 귀 모양으로 정교하게 디자인한 갈비뼈에 내 피부를 덧입혀서 귀 부위에 붙였다. 왼쪽 뺨과 치아까지도 함께 대공사를 치렀다.

한 번 더 수술해야 하는 일이 남았다. 외과수술로 어그러진 턱뼈와 치아와 잇몸의 외과 교정을 하는 2차 수술은, 미국의 존스홉킨스병원이 잘한다는 소문을 들었다. 내게는 요원한 일이었다.

아빠가 병원비를 갖고 원무과에 다녀와서 혀를 찬다.

"아휴, 우리 비싼 딸! 어, 어. 당신, 우리 비싼 딸 함부로 손잡지 마라. 닳아진다, 응? 아이고 우리 비싼 딸!"

나는 미안해서 어찌할 바를 몰라 했다. 그 와중에도 엄마는 내 머리를 삐삐 머리로 묶고는 거울을 보여주었다. 나는 얼굴이 얼얼하게 아파서 인상을 찡그리면서도 웃었다. 나의 부모지만, 참 감사하고 고마운 분들이다.

방송하면서 '건강시대'를 통해 많은 의사를 만났다. 2차 수술을 해줄 명의를 수소문했지만, 적임자를 만나기 어려웠다. 다행히, 유전되지 않는다는 얘기에 마음이 놓였다.

시간이 흘러 5년 후, 드라마 작가이신 한운사 선생님으로부터 전화가 걸려 왔다.

"아산병원장께서 내게 글을 부탁하는데, 원고료가 적어서 사양했지. 그런데 말이야, 곰곰 생각해 보니 병원의 역사를 다큐멘터리로 엮는 작업을 하려면 그 병원의 유명한 명의는 다 만나게 되잖아. 혹시 그중에 자네가 찾고 있는 의사를 만날 수 있을지도 모른다는 생각이 들더라고. 고료는 적지만, 자네를 수술해 줄 의사를 찾는 심정으로 한 번 해 볼래?"

"좋아요. 선생님."

나는 일리 있는 제안에 솔깃했다.

아빠가 돌아가신 1991년 그해 크리스마스이브.

나는 아산병원 민병철 병원장님과 처음 만났다. 짙은 눈썹과 호탕한 웃음이 인상적인 원장님은 매우 솔직했다.

"우리 병원이 홍수에 잠겼던 이야기를 문서로 집필하는 작업인데, 내 업적이 노출되는 이야기에 많은 고료를 줄수가 없는 점 이해하기 바랍니다. 그러하더라도 병원이 홍수로 잠겨서 전기도 끊기고, 물도, 먹을 것도 끊긴 상태에서도 단 한 명의 사고 없이 병원에 상주한 수천 명을 구출한 사건을 기록으로 남기는 작업이니까…. 지금 이후부터는 내 얘긴 듣지 마시고, 그때 관련된 병원 사람들을 작가가 취재해서 글을 써 주시면 됩니다."

나도 솔직하게 마음의 문을 열었다. 간단히 수술 개요를 말씀드렸다.

"백세민 교수님한테 1차 수술을 받았습니다만."

"오호, 백 교수를 내가 영입해 왔습니다. 그때 그 병원의 병원장이 나였습니다."

"정말요? 반갑습니다, 원장님."

나는 2차 수술할 의사를 만나는 것이 이 글을 쓰는 목적이라, 원고료는 아무래도 상관없다고 했다. 병원 의료진들과의 인터뷰를 진행할 사무실은 아산재단 이사장실이었다. 정주영 회장이 이사장이었다. 그 당시 정 회장님은 주로 현대그룹에 머물러 계셨고, 병원 재단 이사장실은 거반 비어 있었다. 의료진들과 인터뷰 일정을 잡는 일은, 정 회장님 비서가 도맡았다. 원장님의 인사권을 쥐고 있는 이사장실에서, 나는 이 작업의 전반적인 의미를 매의 촉으로 예리하게 짚었다. 열쇠가 손에 쥐어졌다.

결과적으로, 그 병원 구강외과에서 김재승 박사를 만났다. 김 박사는 나와 같은 케이스의 환자 수술실에 날 입회시켜서 수술 전 과정을 실시간으로 보여주었다. 수술에 필요한 모든 시뮬레이션을 보여주는 성실함에 감탄했다.

나는 병원 측에서 원하는 다큐멘터리 문서를 작성해서 깔끔하게 마무리 지었다. 순전히 자발적으로 추가 작업을 알아서 착착 진행했다. 문서 형식에서 나아가 일반인이 읽어도 흥미로울 수 있도록 소설 스타일로 다큐멘터리를 완성했다. 원고를 들고, 잘 아는 출판사 편집장을 찾아갔다. 그렇게 해서 「문학 사상사」에서 책으로 출간했다.

그리고 수술을 받기 위해 입원했다. 구강외과에서 10시간에 걸쳐서 턱 안면 수술을 받을 때, 원장님의 아낌없는 호의를 받았다. 2인 입원실 비용과 수술비를 전액 무료로 도움받았다. 내 수술을 전담한 김 박사는 이듬해, 그가 원하는 미국의 병원으로 가족과 함께 연수를 떠났다. 병원장님은 내 평생 잊을 수 없는 은인이 되었다. 병원장님 내외분도 의대생 외의 유일한 제자로 삼겠다고 나를 챙기셨다.

만일 그때 귀 수술을 하지 않았으면 코로나 시대에 나는 어떻게 하고 다닐까. 아무래도 마스크의 두 귀를 고무줄로 묶어서 머릿속으로 넣고 다닐 것이다. 돋보기는 어떻게 쓰게 될까?

참 다행이다. 두 귀가 있어서 안경도 쓰고, 마스크도 쓸 수 있어서 감사하다.

여전히 듣는 것은 불편하지 않다. 다만, 두 번의 치아 교정을 했어도 말을 하거나 웃으면 약간 어색하게 균형이 어그러지는 게 느껴진다.

가끔 호기심이 많은 사람이 조심스럽게 물어보면 솔직하게 답변한다.

"선천적으로 약간 언밸런스하게 태어났어요. 마주 보기 불편해요?"

"아, 아뇨. 그냥 궁금해서. 미안해요."

"괜찮아요. 사실인데 뭐."

나는 손으로 입을 살짝 가리고 웃었다.

20대를 순수하고 유쾌하게 보내면서 누구에게도 정을 주지 않았던 이유, 귀 수술을 하고 나서 제대로 교제도 하고 결혼도 할 각오 때문이었다. 대학 시절에 교회 오빠와 그토록 정서적으로 친밀했지만 전략적으로 한 치 곁을 주지 않았던 이유도, 그 때문이었다. **일 귀는 내게, 사도 바울이 평생 마음의 십자가로 짊어진 육체적인 가시와도 같았다.**

엄마의 팔순 잔치를 가족과 가까운 친척들과 함께 조촐하게 치렀다. 반포의 M 호텔에서. 그때부터 약 3년간 점심은 거의 밖에서 맛집 순례를 하며 엄마의 입맛을 돋워 드렸다. 병원순례도 언제나 내가 동행했다. 나는 잠자는 시간과 글을 쓰거나 승호 회사 일을 하거나 사람을 만나는 것 이외는, 거의 엄마와 함께 지냈다. 교회도, 병원도, 마트도, 운동도, 목욕도, 시장에 갈 때도, 음식점과 이웃 친구들과 산책을 하거나 맛집에 갈 때도 엄마는 예쁜 모자와 예쁜 옷을 입고 내 곁에 다소곳이 앉아 있었다.

주일 예배 후 담임목사님의 설교 말씀이 이해가 가지 않으면, 귀가하는 차 안에서 엄마가 질문했다. 이야기가 길어지면 집으로 곧바로 들어가지 않고 남산으로 차를 돌렸다. 남산 중턱 벤치에 앉아 테이크 아웃 커피를 마시면서 아담과 아브라함의 차이는 하나님에 대한 순종의 차이, 사울과 사위 다윗의 관계를 명징하게 설명해 주면 엄마 식으로 해석하고 좋아했다. 엄마는 나와 함께 성경의 인물에 관해 이야기하고 당신이 경험한 것을 간증하는 것을 굉장히 즐거워했다. 우리 모녀는 얼굴만 맞대면 무슨 할 얘기가 그리도 많은지, 깔깔깔 웃으면서 유쾌한 수다가 끊이지 않았다. 엄마에게 세상에서 가장 친밀한 친구는 큰딸인 나였다.

친구는 많아도 연인은 없는 내가 사회적인 파티에 부부 동반이 필요할 때면, 엄마를 곱게 꽃단장시켜서 함께 갔다. 화장품도 아예 내가 사용하는 제품을 함께 썼다. 엄마는 겉으로는 한사코 사양하지만, 막상 그곳에서 많은 사람을 만나면 무척 즐거워했다. 그런 모임이 있을 때마다 내 공식적인 연인은, 엄마였다.

18.

하나님은 나를 다 보고 계신다

2019년 봄부터 친구들과 함께 하와이 여행을 준비했다. 회계를 정하고 자금부터 확보했다. 디데이는 2020년 5월! 우리는 만나면 비키니냐 원피스냐, 수영복 선택을 놓고 깔깔거리고 웃었다. 아무래도 래시가드가 필요했다. 훌라춤을 추기 위해 화려한 원색의 치마도 벌써 옷장 속에 걸어 두었다. 챙 넓은 집시 모자도 구상해 두었다. 파리가 사뿐히 내려앉으면 낙상할 정도로 광이 반짝반짝 빛나는 백구두도, 끈 매는 백색 운동화도 신발장의 맨 위 칸에 쟁여 놨다. 백구두는 빨강 플레어스커트에 깔 맞춰 신어야 멋지다.

금융기관에서 주관하는 일어 어학원에 수강 신청했다. 한 달에 한 번은 일본의 도시로 당일치기 여행을 다녀올 목적이었다. 가까운 도시에 산책하러 가듯, 혹시 동행자가 있으면 더치페이로 즐겁고 보람찬 시간을 함께 보낼 생각이었다.

늦가을부터 이상한 조짐이 느껴졌다. 영성(靈性)이 밝은 기도 친구 L이, 만날 때마다 심각한 표정을 짓는다. 무슨 일이냐고 물었다. 하나님의 영이 임해서 나라에 위기가 닥칠 것을 예고했다고 하면서, 기도로 준비해서 피해를 최소화하는 데 관심을 쏟아야 한다는 소식을 전한다. 심지어는 하루 한 끼 금식 기도에 들어간다. 내겐 전혀 마음에 와 닿지 않는 얘기였다.

하지만 가끔 나의 영적 상태를 객관적으로 검증하고 날 위해 기도해 주는 친구라서 마음에 새겨두었다. 나이는 나보다 서너 살 연하인데, 영적 깊이는 나보다 두 배 정도 깊다. 나는 L을 만날 때마다 하나님을 의식하며 상대를 존중한다.

나는 주로 교회 2층 교육관에서 새벽 6시 예배에 참석한다. 기도를 마치고 아래층 벧엘 성전에 들르면, 5시 예배를 마친 L이 맨 뒷좌석에 홀로 앉아 기도에 열공한다. 시계를 보니 아침 7시경, L은 무려 2시간이 넘게 기도에 집중하고 있다. 나는 멀찌감치 떨어져 앉아 그의 기도가 응답되길 중보 기도하고 나왔다.

예상치 못한 일은 우리 집에서 먼저 LTE급으로 벌어졌다. 2019년 12월 9일, 엄마를 모시고 인근 병원에 가서 혈액검사를 했다. 정기검사였다. 점심은 근처 백화점 식당가에 들러 엄마가 즐기는 스시를 함께 먹었다. 다음날부터 엄마는 기력을 상실하고 드러누웠다. 말씀도 못 하신다. 어디가 구체적으로 아픈 표정도 없이 평온한 얼굴이었다. 나는 또다시 바들바들 떨리는 마음으로 기도에 전념했다. L도, 구역 목사님과 전도사님을 비롯 내 오랜 기도 친구들이 엄마를 위한 중보 기도에 들어갔다.

크리스마스를 앞두고 불안해서 엄마를 근처 대학병원에 입원시켰다. 의사의 진단명은 기저질환에 의한 기력 쇠진. 급기야는 중환자실로 이송해서 긴급 치료를 받고 나오면서 위내시경 검사를 받았다. 2020년 1월 3일, 83세인 엄마는 위암 3기 진단을 받았다. 수술은 가능하지만, 몸이 쇠약하고 내분비 계열의 기저질환으로 인해 회복을 장담할 수 없다고 한다.

"아니 단 한 번도 위가 쓰리다거나 아프다고 호소한 적이 없었는데."

"연세가 들면 통증을 잘 못 느껴요."

불행 중 다행인가. 혼란스러웠다. 내가 엄마를 잘 모시지 못한 불효처럼 느껴져서 마음이 무너졌다.

뭐, 이런 일을 이렇게 논스톱으로 진도를 빼는 거야?

내 기도의 최우선순위는 언제나 엄마였는데, 이게 다 뭐지? 왜 그동안 단 한 번도 내게 엄마의 위중한 상황이 전해지지 않았을까? 하나님의 침묵은 무엇을 뜻하시는 걸까?

동분서주하느라 감기가 들었다. 개인 병원에 들러 주사를 맞았다. 주사실에서 나와 진료실에 들렀더니, 원장님이 앞서 정기검진했던 엄마의 혈액검사 결과지를 내밀었다. 표정이 경직되어 보였다.

"정 선생님, 마음의 준비를 해야겠습니다."

그때까지도 나는 전혀 상황 파악이 되지 않았다. 인정하고 싶지 않은 강한 저항, 그럴 리가 없다. 엄마는 천년만년 내 곁에 살아 계셔야 한다고 생각했다.

언젠가 민병철 병원장님께서 하신 말씀이 생각난다.

"나이가 들면, 평소 무탈하다가 어느 순간 예고도 없이 훅 늙는 거야. 병이 나서 아픈 것도 수평으로 쭉 견디다가 어느 순간 수직으로 추락하더라고. 길게 수평을 유지하다가 수직으로 푹 내려앉는 게 노화 현상이라는 것이더라."

대학병원 의사들은 엄마의 시한부 시간을 1년, 아니 6개월, 혹은 3개월로 제각기 다르게 말한다. 남동생과 나는 아무 말도 믿지 않았다. 아니 믿고 싶지 않았다. 팩트체크를 위해 다른 대학병원 두 군데에 엄마의 몸 상태를 찍은 CD를 갖고 갔다. 잔인하지만 보호자가 마음의 결정을 빨리 내리도록, 건조한 음성으로 가장 빠른 일정을 제시한다. 암은 둘째고, 내분비 분야의 기저질환으로 인한 기력이 쇠진한 것이 문제였다.

남동생과 나는 과외의 길을 뚫었다. 수술은 포기하고, 엄마의 몸 안에서 암세포와 싸워 이겨내는 암 킬러 NK 셀 세포배양을 주입하는 것에 기대를 걸었다. 일본이나 선진국에서는 가능한 시술이지만 국내에서는 아직 불법 시술이라고 병원에선 손사래를 친다. 아무래도 상관없었다. 수천만 원의 비용도 괘념치 않았다. 우리 형제는 엄마를 살리는 일이라면 뭐든지 할 각오가 되어 있는 비밀결사대였다.

두 다리를 거쳐서 바이오 회사 대표를 소개받았다. 우리 집에서 엄마의 혈액을 6개의 유리병에 담았다. 그 사이 엄마는 병원 입원과 집을 오가는 일을 번갈아 했다. 두 번 혈액을 채취해서 세포배양한 NK 셀 주사를 맞기로 한 2월 마지막 주 월요일이었다. 아침 식사를 나누는 우리 형제는 약간의 희망에 부풀었다. 엄마가 예전의 건강을 회복하면 형제들과 함께 해외여행도 다니고, 맛있는 음식도 엄마에게 실컷 사 드리고, 즐겁게 잘 살자고 다짐했다.

남동생이 출근하고 나서 요양사 선생님이 출근한다. 나는 머리 손질을 하러 외출을 준비했다. 안방에서 요양사 선생님의 다급한 음성이 날 호출한다. 들어가 보니, 좀 전까지 멀쩡했던 엄마의 숨 쉬는 얼굴이 불편해 보였다. 119가 오고, 동생들을 호출하고, 집에서 가까운 강남 성모병원 응급실에 도착했다. 엄마의 심장박동이 불규칙하게 뛰다가 약해지는 동안 우리는 밖에서 멍하니 앉아 있었다.

 2020년 2월 24일 월요일 정오를 넘기는 그 시각, 엄마는 편안한 얼굴로 잠이 들었다. 평소와 조금도 변함없이 다정하게 미소 짓는 얼굴이었다. 죽음이 이렇게 편하게 다가올 줄은 꿈에도 몰랐다. 엄마에게서 받은 건 사랑밖에 없다는 남동생은, 고개를 푹 숙인 채 엄마를 내려다보고 서 있다. 1시간은 족히 보낸 엄마와 아들의 긴 침묵의 시간을 나는 커튼 밖에서 지켜보았다. 이미 너무 많이 울어버려서일까. 막상 결정적인 순간에는 기도할 엄두도, 눈물도 나오지 않았다. 그냥 너무 편안했다. 사랑하는 나의 엄마는, 암 선고를 받고 그 고통을 미처 겪기도 전에 홀연히 우리 곁을 떠났다.

 구역 부목사님의 주관으로 발인 예배를 드렸다. 크리스천 친구들에 의해 찬양이 울려 퍼지는 동안, 오랜만에 영안(靈眼)이 열렸다. 엄마가 아빠와 함께 다정하게 어깨동무를 하는 환상이 눈앞에 펼쳐진다. 엄마는 고개를 아빠의 어깨 안쪽으로 30도 기울이는 귀여운 포즈를 지으며 웃었다. 젊은 날 자주 뵈었던 그 모습이었다.

 울면서 엄마에게 속으로 물었다.
 '엄마, 행복해?'
 '응, 나 행복하다.'
 그러면 되었다.

큰집 가족 행사에 참석한
부모님의 젊은 날, 한때

어느 정도 슬픔을 가라앉히고, 7월에 친구들과 만나 널찍한 테이블 너머 거리를 두고 차를 마셨다. 8월 마지막 주, 부산으로 목적지를 바꿔서 럭셔리 트래블을 가자고 방방 떴다. 수영장과 바다가 맞닿은 듯이 보이는 인피니트 풀 수영장이 있는 기장의 5성급 H호텔에 묵자고 합의를 봤다. 요트에서 와인 파티도 즐기고, 하여튼 있는 멋 없는 멋 다 부리고 멋들어지게 여름휴가를 즐길 요량이었다.

회계를 맡은 친구가 여행 일정을 짜서 SRT 특석을 예약했다. 호텔 예약과 명소 레스토랑에도 사전예약을 마쳤다. 차량은 렌터카로 정하고, 운전은 번갈아 하면 된다. 성질 급한 다른 친구는 요트 승선용 파티복을 샀다고 자랑한다. 장편소설을 수정하던 나는 작업 삼매경에 빠져 있어도 행복했다. 친구들과 함께 요트로 해운대 바다를 둥둥 떠다닐 생각을 하니 절로 신났다. 부산은 자주 가 본 도시라서 전혀 낯설지가 않았다. 골목골목이 눈에 선하게 그려졌다. 광복절이 지나고 나서 소설을 탈고했다. 얼굴은 좀 수척했지만, 마음은 뭉게구름으로 부풀어 올랐다.

웬걸, 다시 코로나 2단계 봉쇄령이 내려졌다.

비 오는 주말 오후, 한 친구와 함께 청담동 국밥집에 가서 순댓국을 먹었다. 돌아오는 길에는 비가 멈췄다. 선루프를 활짝 열어젖히고 소릴 질렀다.

"해운대야! 네가 너무나 보고 싶구나!"

차 안 블루투스로 회계를 맡았던 친구를 호출해서 결자

해지(結者解之)했다.

"그냥 집콕하자고."

"그래, 진짜 치사해서 안 간다. 안 가!

"하나님이 우리 여행을 좀처럼 허락하지 않네."

나의 회갑 우정 여행은 그렇게 막을 내렸다.

라디오 주파수 사이클 169.9 극동방송의 오후 4시 방송을 즐겨 듣는다. 9월 10일에 들려주는 이창우 장로님의 마지막 멘트가 가슴을 친다.

'나는 날 보지 못하지만, 남은 날 다 보고 있다.'

이 한 구절이 많은 것을 시사했다. 나는 30년을 줄곧, 지금 나가는 교회만 다녔다. 오래 만나 익숙한 성도들하고만 구역 예배를 함께 드리고 교회공동체의 봉사 활동에 참여했다. 교회에서 추진하는 크고 작은 선교 활동과 구제 활동에는 무조건 예스맨이다. 나의 교회와 성도들에게 둘러친 담벼락의 바깥에 존재하는 다른 교회와 다른 성도들의 삶에는 무심한 채.

코로나 전염병의 온상지로 낙인찍힌 다른 교회와 성도들에게 쏟아지는 뉴스 세례를 지켜보면서, 이 장로님의 멘트를 살짝 패러디해 보았다.

나는 날 보지 못하지만, 하나님은 나를 다 보고 계신다.

하나님의 시각에서 나와 사회의 손가락질을 받는 성도들의 심령을 헤아려볼 마음의 여유를 가졌다. 그들과 나는 뭐가 다른가. 다르다고 굳게 믿었던 내 자신의 어리석음을 알고 어이가 없었다. 국난(國難)이나 다름없는 코로나 시즌에 방방 떠서 놀러 다닐 궁리나 했으니, 어쩌면 좋아. 전 세계인이 동시에 경험하는 사회적 위기 속에 굳이 두 번째 여행까지 추진했어야 옳았는가.

하나님은 희미하게나마 앞서 기도 친구 L을 통해서 국난을 예시하지 않았던가. 그러니까 나에게도 L을 통해 하나님의 뜻이 전해졌건만. 나는 L만 특별히 하나님께 선택되어 나라를 위한 기도를 해야 하는 줄 알았다. 변명 같지만, 엄마가 떠난 빈자리가 너무 커서, 내 설움에 겨워 사실 마음 둘 곳이 없었다. 기도해도, 사람을 만나도, 성경을 읽어도 내 허전한 마음이 채워지지 않았다. 당연히 영적으로 아둔해져 버렸다. 그런 나를 위로차 친구들이 추진한 우리의 화려한 거사는 코로나 2단계 거리 두기와 함께 해체되었다.

모바일 유튜브로 새벽 예배와 주일 예배를 드리면서 깨달았다.
크리스천에게 회갑의 기념일은, 훗날 천국 문 앞에서 베드로의 인도를 받아 하나님 앞에 섰을 때를 염두에 두고 살아야 하는 원년(元年)이라는 사실을.
지금부터 부단히 영적 지혜의 성장과 삶 자체를 선한 목자 예수 그리스도를 본받아 살아야 한다는 엄중한 사실에 아연 긴장된다. 다행히 우리 모두의 잠깐 방심을 집콕으로 꽉 붙들어 주고 근신하게 하신 하나님의 은혜에 감사했다. 나와 가족을 뛰어 넘어, 이웃과 사회 공동체, 교회 공동체와 나라와 인류를 위한 기도를 매일 수시로 드렸다.

동시에 매일 일정 시간을 내어 성경을 거꾸로 읽기에 돌입했다. 요한계시록부터 시작한 성경 읽기는, 창세기에서부터 읽는 것과 별개로 색다른 맛이 났다. 성경의 거울에 나의 삶을 투영하면서, 코로나 관련 뉴스를 지켜보았다.

동종 업계의 크리스천으로서 심각한 사회적 책무를 느꼈다. 반성하는 마음으로, 지금 가장 힘든 시간을 보내고 있을 소년소녀 가장 돕기 기금에 형제들과 조카들의 이름으로 개별 감사헌금을 준비했다. 내가 좁은 문을 벗어나지 못하도록 막아 준 하나님께 나 역시 감사헌금을 마련해서 봉투들을 노란 실 고무줄로 묶었다. 한가한 시간에 교회 재정 회계실의 헌금함에 넣었다.

회계 친구도 성경 필사 작업과 더불어 자기 성찰의 시간을 갖느라 두문불출한다. 전화로 자기도 자성하는 마음으로 가족 명의로 감사헌금을 드렸다고 한다. 또 다른 친구도 십일조 헌금과 함께 회개의 마음을 감사헌금으로 드렸다. 그 또한 성경 읽기와 남 몰래 해 오던 봉사 활동을 꾸준히 조심스럽게 진행하고 있다.

어느 새벽 예배 시간이었다. 갑자기 기도를 멈추었다. 전혀 예상치 못한 오열이 터져 나왔다. 눈물 콧물을 흘리면서 어린애처럼 중얼거렸다.

"하나님, 저는요. 절대로 이 나이에 의젓하지도 않고요. 어리석고, 부족하고, 나약해서, 하나님이 제 손 잡아 주지 않으면 가랑비에도 쓰러지고 말 가벼운 존재라고요. 그러니 주님께서 제 손을 꼭 잡아 주세요. 앞으로 어떻게 살아야 할지, 이처럼 나약한 저를 어디다 쓰려고 이렇게 기도로 저를 붙잡아 주시는지도 잘 모르겠어요. 아아, 저는 너무나 미약한 어린아이 같아서 하나님이 꼭 잡아 주셔야 해요. 제 동생들도 약하기가 이루 말로 다 못해요. 그 아이들의 손도 꼭 잡아 주셔서, 항상 바른 판단 바른 인간관계 바른 결정을 해서 하나님 보시기에 바른 삶을 살아 가도록 도와주세요."

하염없이 터져 나오는 울음을 그치고 자리에서 일어났다. 예배실엔 나 혼자 남았다. 6시 예배실은 그새 창밖이 환하게 밝았다. 벽시계는 8시 45분을 가리킨다. 예배실을 나와 계단을 내려갔다. 발걸음이 가벼웠다. 내가 아무것도 아니라는 사실의 고백을 드리고 나자 몸도 마음도 가벼워진 게다. 내 삶의 묵직한 무게감에서도 한결 자유로워진 느낌이 들었다.

하나님 앞에 내가 아무것도 아니라는 고백, 그것은 진실이었다.

19.

동반 성장의 파트너들

내 삶의 버팀목이었던 엄마가 없는 세상을 어떻게 살아야 할지 고민을 좀 해봐야겠다. 동생들과 조카들의 삶을 도우면서 내 삶을 가치있게 살려면 분명한 목표의식이 필요했다. 우선 엄마와 마지막 순간을 함께 보냈던 시간의 태엽을 되돌려 보았다. 하나님은 마지막 순간에 반드시 삶의 해법을 숨겨두고, 우리에게 보물찾기 하듯이 기도로 묵상하는 가운데 찾아내게 한다는 사실을 떠올린 게다.

먼저 엄마와 마지막에 나눈 대화를 떠올려 보았다. 2020년 1월, 순천향병원에 입원해 있으면서도 엄마는 자나 깨나 내 걱정뿐이었다. 승호는 젊고 아들이니까 알아서 잘하려니 싶으신 게다.

"나중에 너 혼자 남으면 어쩌냐. 애가 탄다."

"엄마, 그렇지 않아. 하나님이 절대로 날 외롭게 놔두지 않으실 거야. 믿읍시다."

"그러자."

나는 손을 내밀었다. 엄마는 내 손을 꽉 붙잡았다. 왼손으로 여윈 엄마의 얼굴을 쓸어안으면서 이마에 뽀뽀를 해주었다. 엄마의 눈을 들여다보면서 엄마를 안심시켰다.

"엄마."

"오야!"

"다른 건 다 내가 원하는 대로 할 수 있지만. 결혼은 남자와 함께 맞춰 가야 하는 인생이기 때문에 하나님이 맺어 줘야 가능한 거야. 내 결혼은 하나님께 맡기고. 지금은 일단, 엄마 건강을 먼저 추스릅시다. 응? 동생들도 걱정하지 마시고, 제가 잘 돌봐줄 테니까."

"고맙다."

"엄마. 사랑해! 아주 많이!"

"오야, 내 딸!"

엄마와 지상에서 나누었던 마지막 대화였다. 문득 엄마의 장례식 때 들렀던 많은 사람의 얼굴을 떠올려 보았다. 과연 하나님이 숨겨둔 보물이 거기 있었을까?

엄마가 암 선고를 받고 돌아가시기 사흘 전까지 머물렀던 마지막 병원은, 역삼역 인근 선한목자병원이었다.

2019년 11월에 줄기세포 주사를 맞았고, 이듬해인 2020년 2월 순천향병원에서 퇴원하면서, 기력을 회복하는 데 좋은 영양 수액을 맞기 위해 들렀던 병원이다.

순천향병원에서 그곳으로 옮겨 간 엄마는, 거기가 요양병원인 줄 착각하고 간병인이 떠먹여 주는 죽을 거부했다. 평소 엄마는 요양병원을 무척 싫어했다. 혜숙과 당신을 그곳에 보내지 말라고 내게 신신당부할 정도였다.

간병인에게서 연락을 받은 나는 서둘러 달려갔다. 동시에 승호와 둘리를 호출했다. 우리 셋이 다 함께 엄마의 곁에 서서 상황을 설명해도 소용없었다. 나중에는 원장님이 직접 엄마를 달래었다.

"곤사니임, 여긴 요양병원이 아니고 우리 병원이에요. 저번에 줄기세포 주사를 맞으셨잖아요."

그래도 화가 풀리지 않는 엄마를 위해 간병은 간병인이 떠안고, 삼시 세끼 식사는 내가 직접 챙겼다. 그때는 우리 삼 형제가 그 병원에 갑자기 왜 집합되어야 하는지 이유를 몰랐다.

천년만년 내 곁에 살아 계실 줄만 알았던 엄마를 천국으로 보내고 그 허전함을 메우기가 어려웠다. 엄마 생전에 많이 정리하고 변호사를 통해 공증해 두었지만, 여러 가지 세금 문제로 골치가 아팠다. 세무사와 법무사를 선임해서 각각 일을 맡겼다.

남은 숙제는 엄마가 부재중인 앞으로의 인생을 어떻게

살아야 할지 도무지 청사진이 그려지지 않았다. 우울하고 슬프면 두뇌 회전도 느렸다.

화창한 봄날 아침, 승호가 출근하고 나면 출근하는 장애인 활동 보조 선생님에게 혜숙이를 맡기고 집을 나섰다. 혼자 차를 몰고 남산의 소월길을 달렸다.

대체 엄마는 왜 암이 발생했을까?

엄마는 돌아가시기 5년 전부터, 국가에서 시행하는 건강 검진에서 암 검진에 해당하는 내시경 검사를 완강하게 거부했다. 위와 대장은 물론 유방, 자궁 검사도.

"먹는 것도 뻔하고, 많이 먹지도 않는데, 뭐하러 기운도 없는 사람의 몸에 기구를 집어넣고 여기저기 쑤시고 그래. 나 싫다."

혈액검사와 기본 검사를 마치기가 무섭게 병원 소파에 드러눕는다. 금식을 못 견딜 정도로 몸이 쇠약했다. 엄마의 저항을 차마 이겨낼 재간이 없어서 엄마가 하자는 대로 했던 결과가 위암으로 판명되었다. 입맛이 까다로운 엄마는 소식에, 제철 음식과 부드러운 음식만 섭생했다. 마음에 걸리는 것은 기저질환으로 인해 복용하는 약이 꽤 많았다는 점이다.

약이 얼마나 강하면 그 모진 병이 수그러들었을까, 생각이 들 만큼.

마음이 울컥해서 눈시울이 뜨거워진다.

엄마, 나 이제 어떻게 살아야 해?

하늘이 유난히 파랗다. 허공에 대고 계속해서 혼잣말했다.

모르겠어, 엄마. 아무 생각이 나질 않아. 바보가 되어 버린 느낌이야.

나는 한 손으로 눈가의 눈물을 닦아내곤 서행을 한다. 차를 소월길의 공원 앞 갓길에 세웠다. 엄마 생각이 나면 눈물이 지진처럼 솟구쳐 나와 감당하기 버거웠다. 가슴이 터져 버릴 것만 같았다.

아, 하나님! 저 어떻게 살아요? 잘 모르겠어요. 길을 잃어버렸어요.

아아, 나 어떡해!

한참 만에 마음을 추스른 다음, 소월길을 걸었다. 백목련의 꽃망울을 쳐다보니 사이사이 웃는 엄마의 얼굴이 보인다.

엄마!

그래, 아가. 내 딸, 내 딸!

엄마, 보고 싶어.

나도 보고 싶구나.

엄마, 엄마가 잠깐 올 거야? 내가 갈까?

안돼, 아가!

갑자기 엄마의 환상이 눈앞에서 사라져 버린다.

정처 없이 걸어 올라가다가 되돌아서 내려오는 길목의 벤치에 앉았다. 약간 마음을 가라앉히고 멍하니 앞을 바라보았다.

문득 엄마와 마지막 시간을 보냈던 병원에 다시 건강한 의구심을 가졌다.

왜 선한목자병원이어야 했을까?

대학병원의 의사들은 향후 6개월, 혹은 1년의 시한부 인생을 선고하고는 호스피스병원에서 엄마의 여생을 마무리하도록 추천했다. 미리 호스피스를 신청한 강남 성모병원에서 병실이 비었으니 입원하라는 연락을 받았다. 동시에 선한목자병원 원장님의 제안을 받았다. 엄마가 고통을 덜 느끼게 하는 영양 수액을 놔 주고 싶다는 얘기였다.

그때는 잘 몰랐지만 지금 생각해 보면 아주 중요한 선택의 갈림길에 섰었다.

나는 엄마를 편안하게 해드리기 위해, 선한목자병원을 먼저 선택했다. 강남 성모병원의 예약 대기 순서를 뒤로 미룬 채.

만일 그때 강남 성모병원에 먼저 입원했다면 엄마는 어떻게 되었을까?

우리가 알고 있는 암 환자의 마지막 고통을 끝까지 다 감당해야 했을 것이다.

다행히 엄마는 끝까지 큰 고통 없이 병원에서 처방하는 좋은 영양 수액을 맞으면서 계셨다. 사실 1월까지만 해도 엄마는 단답형으로나마 우리와 대화를 나눴다. 2월부터는 말씀이 없었다.

평소 말벗을 그토록 즐겨 찾는 엄마의 침묵, 하나님의 침묵 속에, 우리 형제들이 그곳에 모였다. 돌이켜 보면, 엄마의 마지막 유훈은 말씀이 아니었다. 우리 형제를 한꺼번에 집합시킨 병원 현장이었다는 것에 초점을 맞추었다.

비로소 내 슬픔 너머 나를 바라보시는 하나님을 향해 마음을 집중할 수 있었다.

하나님이 엄마의 침묵을 통해서, 우리 형제들을 그 병원에 집합시킨 뜻은 무엇이었을까?

그 질문을 놓고 그 자리에서 간절한 마음으로 기도를 드렸다.

해답을 얻었다.

앞으로 우리 형제가 어떻게 인생을 살아야 하는지 롤 모델이 거기 있었다.

선한목자병원의 이창우 병원장님과 굿셰퍼드재단의 김정신 이사장님 내외의 삶이, 내 마음에 와닿았다. 부부가 병원에서 의료진과 재단 이사장으로서 동반 성장에 주력하는 한편, 캄보디아 등 의료시설이 낙후된 오지의 환자들을 돌보는 일을 체계적으로 해 오고 있었다. **이상완 목사님이 상주해서 매일 오전 직원들과 함께 예배를 드리고 나서 하루 일과를 시작했다.** 한 달에 한 번은 병실 담당 간호사 몇 명만 빼고 전 직원이 소외당하는 이웃들에게 의료혜택을 주기 위한 자선 봉사 활동에 주력한다. 교회 청년부의 믿음과 성장을 위해서도 헌신적으로 봉사한다.

　소외받는 자들을 돌보기 위해, 동생들과 함께 동반 성장하는 감사의 삶을 사는 것.

　그것이 내 기도에 대한 하나님의 응답이었다.

　나는 형제들과 조카들을 하나님 앞에 믿음으로 바로 세우는 동시에 그들의 영적·사회적 성장을 적극 도우면서, 그들과 함께 소외당하는 이웃들에게 예수 사랑을 나눌 결심을 굳혔다. 나 역시 작가로 재기하는 데 게을리하지 않겠다는 각오로 무력함에서 자유함을 얻었다.

　또 하나의 지혜는, 엄마가 세상을 떠날 때 얻었다. 단 한 가지도 가지고 가지 못하는 것을 보았다. 마지막 순간까지 엄마에게 필요한 건 사랑이었고, 우리는 아낌없이 엄마를 사랑했다. 엄마는 그 사랑을 다 받고, 떠날 때는 편안하게 가셨다. 큰 고통 없이 가신 것이 참 다행이었다.

나도 언젠가는 가족의 아낌없는 사랑만이 전부일 때가 올 것이다. 그때를 대비하고, 그때 내 곁에 남겨지는 가장 소중한 사람이 될 동생들과 조카들에게 엄마가 남기고 간 사랑을 나눠주기로 작정했다. 조카들과는 자주 전화 통화로 근황을 주고받았다.

형제들과는 한 달에 한 번꼴로 만나 함께 식사를 나누며 격의 없는 대화를 나눈다. 엄마가 살아 계셨을 때는 엄마를 중심으로 형제들이 모였지만 지금은 주님을 향해 형제들이 나란히 어깨동무하고 친구처럼 격의 없이 만난다. 나를 중심으로 형제를 집합하는 것은 내 스타일도 아니려니와 하나님의 뜻도 아니었다. 그 편이 나도 좋고 동생들의 장래를 위해서도 좋은 결정이라고 생각했다.

지난해 늦가을 주말 저녁에는, 한우집에서 셋이 만났다. 엄마랑 자주 가던 곳이다. 그날은 지배인이 와서 고기를 직접 구워 준다. 코로나로 손님이 뜸한 까닭에 랜덤으로 손님들의 식탁에 다가와 고기를 구워 준다고 말한다.

우리 삼 형제만의 시간이 되었을 때, 둘리가 쾌적한 집안 환경을 치하한다. 나는 그 공을 승호에게 돌렸다.

"승호가 성능 좋은 공기청정기를 사 주어서 가능하지. 아무래도 환자 특유의 냄새는 창문을 열어서 환기시키는 것보다는 공기청정기가 잡아주는 효력이 더 커. 매일 나오는 환자복 빨래는 세탁기의 삶는 기능이 해주고, 말리는 건 건조기가 해줘서 수월해. 모두 승호가 사 준 가전제품이야."

"다행이다. 아무튼, 언니가 애쓰는 바람에 우리가 편하지."

"그럼."

맞장구를 친 승호는 국민학교 시절, 방학 동안에 서울에 올라와 내가 살던 하숙집에서 먹었던 밥이 맛있었다고 수다를 떤다.

"방학 때 형이랑 하숙집에 1주일 머무는 동안 하숙집 식구들이 어찌나 잘 해주는지. 무엇보다도 우리를 사람들에게 아주 자랑스럽게, 내가 가장 사랑하는 동생들이라고 소개하는 게 너무 좋았어. 막 하늘을 날아가는 기분이었다니까."

"당연한 거 아니니?"

"우린 촌놈이라 약간 주눅이 들어 있을 때인데, 서울만 오면 가슴이 막 뻥뻥 뚫렸어. 함께 있으면 우리가 세상에서 제일 잘났다고 생각하게 해주는 뭔가 있어."

문득 승호가 주어 호칭을 생략하는 것을 이 기회에 바로 잡아야겠다고 생각했다. 이 친구, 여동생들과 휩쓸려 '금애 언니'를 '금앤니'로 호칭한 이후부터 나를 누나라고 불러 본 적이 없다. 언제나 호칭을 생략하고 본론부터 말하는 습관이 있다.

"어이, 나의 젠틀맨!"

"하하."

승호는 기분 좋게 웃는다. 말이 씨가 된다니까 계속해서 호칭한다.

"젠틀맨! 너, 나한테 큰누나라고 불러 봐."

그는 수줍은 미소를 지으면서 석쇠 위의 고기를 내 접시에 덜어준다. 동생들은 여전히 추억 속을 누비고 있다. 과거 여의도 MBC에 들렀을 때, 구내식당에서 먹었던 양식도 훌륭했다고 입을 모은다.

"애들 좀 봐. 왜 갑자기 밥 타령이야?"

"그러게. 고기를 먹다 보니까 밥 생각이 나서 그런가 봐."

둘리가 또 다른 추억을 얘기한다.

"지금이야 언니가 우리랑 친구처럼 대화도 나누고 그러지. 그땐 만날 훈계하고 그랬잖아. 자기가 뭐 엄만가 싶어서 그땐 싫었는데. 언니랑 함께 있어서 좋았던 건 역시 말없이 밥을 먹을 때라서 그래. 밥 먹고 나면 우리가 자유롭게 놀 수 있는 시간과 장소를 딱 정해주고는, 언니는 언니 일에 바빴잖아. 그래도 좋았어. 언니가 정해준 시간과 동선 안에는 언제나 언니를 대신해서 누군가 우리를 친절하게 잘 돌봐주었던 기억이 나."

"와, 내가 갑순이었구나?"

"허, 웃겨. 그럼 우린 을순이 을돌이었고?"

동생들이 말대꾸를 하고는 먼저 와르르 웃어댄다. 동생들 앞에서 간만에 마음의 벽을 허물고 추억과 미래의 꿈을 시차 없이 오가는 이 시간이 즐겁다. 나는 동생들에게 우리 형제의 미래 비전에 대해 들려주었다. 말 없이 새겨듣는 동생들의 얼굴에 엔도르핀이 돈다.

지난날을 생각해 보면, 동생들이 타인에게서 아낌없는 친절을 받았을 때는, 다 이유가 있다. 내가 사전에 반드시 그만큼의 재정적인 대가를 치렀다. 남동생 둘이 1주일 동안, 하숙집 독방인 내 방에서 거주하는 체류비용을 하숙집 아줌마에게 선급으로 지급했었다. 방송국 견학은 사전에 해당 스테프 한 명에게 동생들을 잘 안내해달라고 신신당부했다. 미리 결례되지 않을 정도의 사례를 잊지 않았다.

과거 내가 친척 집에서 융숭하게 대접을 받았던 이면엔 부모님의 아낌없는 배려가 숨어 있다는 것을 익히 알고 있어서다. 여고와 여대생 시절, 장충동 고모 집에 갈 때마다 아빠는 정읍 청과물 시장에서 특상품 과일을 주문해서 준비해 갔다. 막상 고모 집에 가면 한겨울에도 바나나와 열대과일이 앙증맞게 잘 깎여서, 손대기가 겁날 정도로 예쁜 접시에 담겨 나왔다. 은은한 향이 도는 홍차와 일본 과자까지 한 세트로 정갈하게 나오면 저절로 얼굴이 상기되었다. 내가 특별한 대접을 받고 있다는 느낌에.

엄마는 정읍의 특산물을 아주 예쁜 보자기에 싸서 내 손에 들려주곤 했다. 고모집에는 더 세련되고 멋지게 데커레이션 된 음식들이 주방의 아일랜드 식탁에 올려져 있다.

나중에 집에 가서 엄마에게 말했다.

"엄마, 우리가 최상품으로 산 과일이 서울에서는 게임이 안 돼. 들고 가기만 무겁잖아."

"그래도 우린 우리의 정성을 표하는 것이 예의야. 부자일수록 경제적으로 무임승차하는 걸 속으로 무척 싫어한다. 우리는 우리가 할 수 있는 수준에서 그분들에게 최고의 예의를 갖추면, 그 마음의 중심이 전달되게 되어 있어. 선물이 비싸고 싼 것은 상관없어. 부자의 눈으로 보면 우리가 보낸 과일이 서울의 그것과는 턱도 없지만 시골에서는 최상급 과일이라는 것을 한눈에 알아보는 안목이 있거든. 과일 값과 크기와 상관없이 우리가 당신들에게 자식을 잠시나마 맡기는 것에 대한 감사하는 마음과 죄송한 마음의 진심을 담아서 선물하면, 고모부 내외는 어미인 내 마음의 중심을 헤아리고 내 자식인 너한테는 그분들의 부유한 수준에서 최상급으로 잘해 주게 되어 있어. 너도 나중에 고모처럼 큰 부자로 잘살고 싶거든, 공짜 티켓은 사양해라."

"엄마는 어떻게 고모 마음을 그렇게 잘 알아?"

"엄마 친정이 부자였잖냐. 날이 밝기가 무섭게 외할아버지에게 돈이나 혹은 쌀을 빌리러 오는 사람들이 많았거든. 심지어는 아침 밥상 머리에 앉아서 아예 식객으로 머무는 사람들이 많았는데 다 물러가고 한가할 때 외할아버지가 그 한 사람, 한 사람에 대한 얘기를 들려 주면서 그들이 갚을 능력이 있는지 없는지 분별하는 안목을 얘기해 주시더

라. 그 마음의 중심을 보는 눈이랄까."

"그게 보여?"

나는 점점 더 궁금해졌다.

"응. 사람들 사이에는 말하는 겉모습과 그 속마음이 똑같기도 하고 겉돌기도 하는데, 오래 살아온 어른들의 눈에는 보이지 않는 사람의 마음을 들여다보는 안목이 있다고 들었다. 처녀 때는 나도 무슨 말인 줄 몰랐는데 신앙생활을 하면서 느낀 것이, 하나님도 우리에게 그 보이지 않는 마음의 정성을 보신다는 사실을 알았지. 성경을 많이 읽었네, 헌금을 많이 했네, 봉사를 많이 했네, 전도를 많이 했네, 이것도 중요하지만! 우리 마음이 하나님에게 진심으로 열려 있는가, 물 한 그릇이라도 최고의 정성을 담아서 주님께 드리는가, 하나님은 우리 마음의 그 중심을 보신다는 것을 잊지 마라."

여고 다닐 때부터 귀에 못이 박히도록 들었던 엄마의 조언이었다. 조금 이해가 갔다. 장충동 고모 집에 친척 아이들이 드나들었지만, 대개는 주방에 딸린 손님 방에서 잤다. 나는 고모네 딸들이 자는 2층의 침대 두 개에서 함께 잤다. 내가 미안해서 침대 아래 카펫에 요를 깔고 자려고 하면 사촌 언니들이 한사코 손사래를 쳤다.

"얘, 금애야. 우리랑 함께 자자."

"고마워, 언니."

나는 언니들과 나란히 침대에 누워 잤다. 쌍둥이 큰언니들과 작은 언니와 함께. 퀸사이즈 침대 두 개를 나란히 댄, 널찍한 침대였다.

고모 집에 많게는 두 달, 적게는 보름 가량씩 머물러 있는 동안 서울의 생활문화를 온몸으로 체득했다. 그때나 지금도 나는 내 것과 남의 것에 대해 정확히 분별할 줄 알았다. 언니와 오빠들은 기사가 운전하는 자가용으로 대학을 다녔고, 외출했다. 나는 사촌들의 동승 제안을 언제나 사양했다. 내가 고모에게서 받아야할 배려는 숙식(宿食)이지, 그 밖의 의전은 아니었다. 만일 눈치 없이 고모의 배려를 권리로 알고 자녀들과 같은 호사를 누리는 일에 무임승차하면 나는 바보다. 언제나 나는 고모 집을 걸어 나오면, 혼자 시내버스를 타고 씩씩하게 내 볼 일을 보러 다녔다.

엄마 역시 내게 한 말은 반드시 손수 본을 보였다. 내가 둘리와 처음 원룸에서 생활할 때 서울에 오면 반드시 체류 비용을 선급금으로 내놓았다. 김치며 밑반찬도 바리바리 들고 왔다. 귀향할 때 내가 차비를 드리면 기쁘게 받았다. 내가 준 돈에서 언제나 십일조를 먼저 떼어서 딴 주머니에 넣었다. 장성한 승호가 준 용돈에서도 엄마는 언제나 따로 십일조를 떼어 놓는 것을 잊지 않았다.

엄마 스타일은 속된 말로 '큰놈 하나만 확실하게 패서', 작은 사람들을 큰놈에게 맡기는 식이었다.

2020년 8월, 나는 승호 회사에 근무한 지 8년 만에 퇴사했다. 내가 작가로 새롭게 재기하려면 회사 소속에서 벗어나는 게 맞다. 세금 문제에서 불편한 일이 발생할까 봐 미리 단도리를 한 것이다. 우리는 배려하는 건 확실하게 배려하지만, 계산도 정확하다. 더치페이 개념이 강했다.

평소 엄마가 말했다.

"에미 얼굴을 보면 반가워도 입을 보면 망설여지는 게 맞다. 그러니까 에미 돈과 너희들의 돈을 분리해서 살아야 한다."

엄마를 만나면 반갑지만, 엄마에게 맛있는 음식과 용돈을 챙겨 주려면 부담스러운 것이 인지상정이라는 말을 스스럼없이 한다. 결국 엄마의 돈에 눈독 들이지 말고, 철저하게 자립하라는 엄포다. 엄마와 우리 형제들은 1원이나 아홉 자리, 혹은 열 자리 숫자를 계산하는 일에서 단돈 1원도 가감 없이 전자계산기를 두드린다. 셈이 흐리면 엄마가 혼을 낸다. 우리도 엄마에게 그런 셈을 요구하는 것이 자연스러웠다.

승호는 회사에서 가까운 서래 마을에 장막을 마련했다. 복층으로 된 예쁜 빌라다. 우리 집에서 차로 15분 거리에 있다. 주중에 밥은 본가인 우리 집에서 해결하고 주말에 휴식 겸 사업 구상을 할 때는 세컨드하우스인 서래 마을에서 보내는 여유로운 생활을 나는 적극 응원했다. 얼리어답터(Early adopter)답게 잘 꾸민 스위트룸이다.

승호의 분가를 적극 응원했던 것은 독자들도 짐작했겠지만, 빨리 결혼하라는 간접적인 나의 압력이다. 그간 입에 혀처럼 편안하게 숙식을 제공하는 엄마와 큰누나가 있어서, 결혼을 느슨하게 생각하는 게 보였다. 혼자 식사를 준비하는 게 불편하고 인간적으로 외로움을 느끼면, 결혼을 진지하게 고려하지 않을까 하는 생각을 해 본 것이다.

아무리 형제간이긴 하지만 예의는 갖춰야 한다. 어느 날 저녁, 나는 정식으로 남동생에게 감사 인사를 건넸다.

"정 사장. 그동안 날 건사해 준 은혜, 감사해. 너에게 하나님의 크신 사랑과 행운이 늘 함께하길 진심으로 기원할게."

"뭘요. 아무튼, 저도 감사합니다. 앞으로 생활은 어떻게 하실지?"

"걱정하지 않아도 돼. 혜숙이와 둘이 소박하게 살 정도로 개인연금이 나오고 있으니까."

"아, 국민연금 말입니까?"

"그건 몇 년 더 있어야 해. 개인적으로 좀 준비한 게 있어. 새롭게 준비하는 작품 구상도 있고."

"다행이네."

끝까지 내 삶을 염려하는 남동생이 믿음직했다. 그의 배려가 곧 하나님의 은혜인 줄 알고 언제나 감사하는 마음을 잊지 않는다. 가족과 형제 같은 가까운 인간관계일수록, 배려에 대한 감사의 마음을 잊지 않을 때 서로에 대한 신뢰와 사랑이 꾸준히 이어진다고 믿는다.

내 방으로 들어왔을 때, 나는 승호를 위해 하나님께 감사 기도를 드렸다.

회사가 새로운 인재들과 함께 더 번성해서, 승호가 자기 성장과 자선 봉사의 균형 잡힌 감사의 인생을 살기를 기대합니다. 그리고 빠른 시간 안에 하나님이 예비한 성품이 온유하고 지혜로운 믿음의 배우자를 만나, 좋은 날 혼인해서 서로 동반 성장하는 인생을 살면서, 힘들 때는 서로 아낌없이 위로하면서 속정이 깊이 들기 원합니다. 하여, 주님으로부터 우리 집 믿음의 자손 내림의 축복을 받기를 간절히 열망합니다!

예수님도 삼시세판의 시험을 거뜬히 통과하고 공생애를 시작했다.

만일 내게도 다시 인생의 파트너를 만나게 될 삼시세판의 기회가 온다면?

예수님이 무사통과시켜 주리라 믿고!

그때 어떻게 살아야 하나 생각해 보았다. 오랜 시간 동안 혼자 살아온 사람들에겐, 일정 기간은 서로의 집을 오가는 생활 방식이 낫다고 본다. 서로의 생활 공간을 오가는 동안 각자의 재산은 각자가 관리하고, 함께 지내는 동안 사용할 생활비는 공동 자금으로 부담하는 것이 좋다. 한마디로 '내 돈' '네 돈' '우리 돈'의 개념이 확실해야 유쾌하게 잘 지낼 수 있다. 모든 것에서 신뢰와 사랑이 익어 가면, 그때 새로운 합의점을 모색하는 것이 크게 무리 없는 인생이라고 생각한다.

주변의 아주 늦깎이 연인들의 이야기를 들어 보면, 서로의 취향을 인위적으로 맞추는 데 따르는 갈등이 우리가 생각하는 것보다 힘들고 어렵게 느껴졌다. 뜻밖에도 파열음을 내는 갈등의 핵심은, 서로의 생활문화에 대한 차이를 인정하지 못하는 것과 경제력에 관한 미성숙한 기대심이었다. 경제적인 것은 은근슬쩍 상대에게 무임승차하려고 하면서, 상대의 취향까지 자기 스타일로 바꾸려고 옥신각신하다가 마음이 상해 버린 사람들을 숱하게 봐 왔다.

사람은 나이가 들었다고 해서 쉽게 변하지 않는다. 취향과 문화적인 스타일은 각자의 정체성인 만큼, 군말은 필요 없다.

그냥, 인정하고 통과하는 것이 정답이다!

내 인생에 그런 변화가 왔을 때, 혜숙이는 어떻게 할 것인가?

나는 상대에게 미리 양해를 구한 다음, 우리 집의 구조를 한 지붕 두 가구로 고쳐서 혜숙과 활동 보조 선생님의 휴식 공간을 따로 마련할 것이다. 추가로 내 휴대전화에 혜숙이 방을 영상으로 보고 들을 수 있게 해서, 혜숙의 상태를 24시간 확인할 수 있는 시스템을 갖출 것이다. 내 인생의 파트너에게도 불편하지 않게, 혜숙이도 소외당하지 않게 공존하는 공간 구성을 미리 구상해 두었다.

내 인생의 파트너가 심령이 예민하고 눈과 귀가 밝은 사람이라면, 혜숙에 대한 사랑의 헌신이, 서로의 성장을 돕는 하나님이 예비하신 비밀한 디딤돌인 것을 알고 우호적으로 성원해 주리라고 믿는다.

사실 상대가 할 일은 간단하다.

혜숙의 존재를 이해하고 인정하는 것.

그게 전부다.

문제는 지금 내가 너무 바빠서 연애할 시간을 낼 수가 없다는 것이다.

하루의 시간을 3분의 1로 쪼개 산다. 6시간 취침, 6시간은 혜숙 돌보기와 집안 살림과 장보기, 그리고 짬짬이 사람을 만나는 일로 채워진다. 12시간은 독서와 글쓰기, 격일로 운동 2시간이 포함되어 있다. 이 시간에는 활동 보조 선생님이 혜숙이를 돌봐 주신다. 장보기와 외출은 3시간 안에 마무리 짓고 귀가하는 것을 원칙으로 한다. 장보기에는 분가한 승호에게 줄 밑반찬을 준비해 주기 위한 것도 포함되어 있다. 가끔 승호가 퇴근길에 연락을 해서 함께 자주 가는 대형마트에서 장보기를 한다. 계산은 승호가 한다. 나는 싱싱한 국산 식재료를 고르는 안목을 알려주고, 간단하게 조리하는 법도 일러주는 것을 잊지 않는다.

글쓰는 일을 잠시 접어 두는 경우가 있다. 자선 봉사 활동에 가거나 하나님의 말씀을 전하러 사람들을 만나러 갈 때다.

그러니 언젠가 연애하기 딱 좋은 마음의 여유가 생긴다면!

하나님께서 보시기에 좋은 유쾌한 남자 친구를 만나면 좋겠다. 물론 그 사람의 인생에도 내가 유쾌한 여자 친구가 되어줄 수 있기를 바란다.

우리가 하나님이 맺어주는 짝이라는 것을 알 수 있는 징표를 무엇으로 할 것인가? 하나님과 나 그리고 상대가 함께 알 수 있는, 사랑 깊은 약속으로 정해 두었다.

20.

드라마 선교를 꿈꾼다

지난 시간을 되돌아보니, 내 인생은 혜숙이가 오기 이전의 전반부와 혜숙이 온 다음의 후반부로 정확히 나누어진다. 전반부의 내 신앙은 나를 위해 하나님이 도와주시기를 원했던 이기적인 신앙이었다. 후반부는 호된 훈련과정을 통해 시행착오를 거듭한 끝에 하나님이 원하시는 이타적인 신앙으로 거듭났다고 본다.

후반부의 처음은 혜숙이와 재활 병동에 있으면서 시작되었다. 일껏 수고하고 참았던 분노를 한꺼번에 터뜨려 버렸다. 기왕의 수고를 물거품으로 만들어 버리기가 일쑤였다. 모세가 애굽에서 이스라엘 백성들을 이끌고 가나안으로 가는 광야에서의 행군 과정에서, 혈기를 부려 하나님의 뜻을 완수하기 직전에 삼진 아웃을 당한 것처럼 나도 혈기

방자해서 재정적인 어려움을 좀 겪었다.

하나님은 우리가 혈기를 부리면 1차 경고로 재정적으로 어렵게 한다. 그래도 말을 듣지 않고 혈기로 오락가락하면 건강을 상하게 한다. 그다음은 정말 무서운 시련이 예고된다는 것을 알고부터 나를 내려놓았다. 항상 온유한 마음을 유지하려고 내공을 쌓았다.

문제가 발생하면, 언제나 문제로부터 거리를 두고 하나님께 모든 사실을 기도로 아뢰고 나서 성경 말씀을 통해 해답을 얻으려고 했다. 그것이 정말 하나님의 뜻인지 확신을 얻기 위한 숱한 기다림에 단련되었다. 그래도 상황 파악이 안 되면 주변의 신앙 친구들에게 중보 기도를 부탁했다. 마음이 조급해서 견디기 힘들면 목회자들에게 구원 요청을 해서 중보 기도를 받았다. 진짜 중대한 문제라고 생각하면 무조건 담임목사님을 찾아가는 용기를 내었다.

우리 담임목사님이 한 번은 날 보고 이렇게 말씀하신다.

"아이고, 작년에는 엄마 때문에 바들바들 떨더니 이제는 또 동생 때문에 바들바들 떨고, 참."

나는 웃었다. 하긴 혜숙이 때문에 서울 순천향병원에서는 '미스 호들갑'으로 불렸다. 혜숙이의 표정만 이상해도 주치의를 호출하고, 수술 후 대기 상태에서 감기만 걸려도 진료 중인 담당 교수를 찾아가 사정을 호소했다. 수간호사들과 간호사, 간병인들한테서 들려오는 나의 닉네임도 '미스 호들갑'이었다. 교회에서는 이제 '미스 바들바들'로 불렸다. 내 문제는 언제나 '도도'하게 처리하건만, 가족의 일에 맞닥뜨리면 어떤 지능도 필요가 없다. 본능적으로 민낯으로 맞닥뜨려서, 마음을 졸이고 애틋해 하면서 하나님의 손길을 느끼려고 바들바들 떤다. 뭐 어쨌든 나는 그런 닉네임이 과분하면서도 퍽 소중하게 느껴진다.

그러고 보니 이 글에서 얘기하기를 아껴 두었던 한 사람, 혜숙의 아들은 대전에서 건실한 청년으로 성장해서 직장생활을 잘하고 있다. 올해 나이 서른이다. 승호를 결혼시키고 나면 곧바로 이 청년을 결혼시킬 구상을 하고 있다. 격동치는 청소년 시절을 지나는 동안 조카와 나의 관계도 퍽 소란스러웠다.

사건이 터질 때마다 나는 그 아이를 되레 험지로 밀어뜨렸다. 시지프스의 신화를 연속 재현했다. 절망 속에서 무너지면 사람은 누구나 쉽게 딴 길로 가기 쉽다. 어둡고 비겁한 길이다. 나는 무너진 그 환경에서, 아이가 자발적으로 일어나 똑바로 앞만 보고 걸어가는 뚝심을 키우도록 자극했다. 어려운 길이지만 혼자 일어날 수 있는 용기만 있으면 밝고 찬란한 바른길로 나아갈 수 있도록, 속마음과 영혼으로는 바들바들 떨면서 하나님께 기도드렸다. 그래도 성이 차지 않으면 새벽마다 교회에 가서 눈물로 주님께 호소했다.

주님, 저 아이가 반듯하게 성장하도록 도와주세요. 제발!

막상 그 아이를 향해 내 입에서 터져 나오는 말의 톤은, 휴대전화 오디오 기능이 박살 나도 좋다는 식으로 버럭 소리 질러댔다.

"너! 당장 내 눈앞으로 와! 내가 지나가는 강아지한테는 져도, 너한테는 절대 질 수가 없다! 네가 서울로 올래, 내가 너한테로 갈까? 도망치고 휴대전화를 끄면, 당장 경찰에 너를 실종신고 내서 내 앞에 무릎 꿇어 앉히게 할 테니까 맘대로 해! 에이, 심심하던 차에 잘됐다. 어디, 누가 이기나 너랑 나랑 한 판 붙어 보자. 너 이노오옴!!!"

"제가 갈게요, 이모. 숨 쉬어요. 숨 쉬고, 편히 기다려 주세요."

다행히 조카는 모진 성장통을 잘 이겨냈다. 지금은 대전의 대학가 주변의 약간 넓은 오피스텔에 거주하면서, 독립적인 삶을 잘 살고 있는 듯이 보인다. 날이 추우면 춥다고, 더우면 덥다고 안부 전화를 해 온다. 아주 가끔은 조리할 음식에 대한 레시피를 묻기도 한다. 한동안은 양념을 보내 주었는데 요즘은 그마저 본인이 다 해결한다. 아주 기특한 청년으로 성장하고 있다.

지난해 봄, 혜숙의 아들이 다니는 회사 사장과 통화할 일이 있었을 때다.

"의외로 정직하고 성실하게 일을 잘합니다."

'의외로'라는 말에 웃음이 나왔다. 모든 선입견을 지우고도 남을 정도로 하나님의 은혜 안에서, 잘 지내고 있음을 감사하게 생각한다. 밤마다 기도하고 잠을 자는 신실한 청년으로 바뀌었다. 이모에게 감사하는 마음을, 주변에서 만나는 소외당하는 이웃들에게 사랑으로 나누라고 말했다. 지금까지 단 한 번도, 그 아이에게 혜숙의 일로 재정적으로나 간병으로 인한 일체의 수고를 요구한 적이 없다.

"너 하나, 몸도 마음도 튼튼하고 건강하게 잘 살아주면 그것으로 됐다. 그것이 네가 나한테 주는 최고의 선물이다."

"제가 나중에 아들 노릇 해드릴게요."

"아서라! 내가 니미도 모자라서 너까지 책임질 하등의 이유가 없어. 그냥 우리 사이는 영원히 이모와 조카로 충분해. 그 선, 넘지 마."

아이는 내가 자신의 진심을 알아주지 않는다고 서운해한다. 나는 단호한 어조로 말했다.

"네 엄마는 하나님이 나한테 맡겼으니까, 너는 너 스스로 잘 살아! 언제나 네 앞에는 하나님, 뒤로는 큰이모와 삼촌, 작은 이모가 있다는 것을 잊지 마라. 하지만 네 인생은 네가 책임지고 살아야 해. 명심해라."

"감사합니다."

다행히 아이는 말귀를 잘 알아들었다.

그 아이에게 완전한 자유를 주는 것, 자유를 누리는 만큼의 책임과 대가를 치르는 용기를 내는 것. 그 자유와 책임은 언제나 하나님의 돌보심 안에서 누릴 수 있는 것이어야 했다. 내가 조카에게 줄 수 있는 최고의 사랑이다.

　본격적으로 드라마에 전념하기 전, 승호의 인생과 회사의 미래경영을 위한 '경영 보고서'를 15장에 걸쳐서 작성했다. 과거 IT에서 효력을 보았던 보고서 스타일이다. 성경에 근거해서 회사와 승호 개인의 미래를 설계한 것이다. 새롭게 산 성경과 함께 책으로 제본한 경영 보고서를 전해 주면서 굳이 마음의 부담을 안겨 주었다.
　"이 정도 보고서는 5천만 원 정도 개런티를 받아야 한다. 과거에 내가 받은 개런티 액수야. 중요한 것은 개런티가 아니라, 네가 우리 집의 아브라함으로 거듭나는 것이지. 경영 보고서에 기록한 내용대로만 네가 순종하면, 나도 네 사업에 투자자 차원에서 흔쾌히 선한 조력자가 되어 줄 것이다. 그에 따른 베네핏은 배당주로 주면 세금 문제도 없을 테고 말이야."
　"감사합니다."
　순종하는 마음으로 알아들었다.
　"좋아. 우리 한번 멋지게 동반 성장을 해서 하나님의 일에 주력하자."
　"아멘."
　좀 마음이 놓였다.
　그 후 승호의 집에 갈 기회가 있었다. 아직 정리되지 않은 물건이 여기저기 놓여 있다. 거실의 잉글랜드 테이블에 성경과 경영 보고서, 히브리어로 샬롬(평안)이라고 적힌 액자가 나란히 놓여 있다. 나는 얼른 거실과 안방 화장실만 차례로 청소해 주었다.

"언제나 화장실은 깨끗하게 청소해라. 네 얼굴로 생각하고."

"알았어."

나는 거실 소파에 앉아서 하나님께 감사 기도를 드렸다.

그리고 묶였던 회사의 재정이 풀리는 게 보였다. 주말에도 생산공장과 연락을 주고받았고, 직원들과도 수시로 연락을 나눈다. 전에 비해 말의 톤이 온유해졌다. 연말에는 새로운 일이 폭주하면서 2주간에 걸쳐 자정 무렵에 퇴근했다. 그 시간까지 남동생을 위한 기도를 하나님께 드리면서 성경을 읽었다. 1천 번제 예물이 담긴 감사 봉투에 기도 제목을 깨알같이 기록하고 읽고 또 읽었다. 약간 졸음이 밀려올 무렵이면 어김없이 현관문을 열고 남동생이 들어선다. 나는 생전의 엄마처럼 양팔을 벌리고 동생을 대환영했다.

"어서 와, 어서 와. 춥지?"

보온병에 담은 따끈한 차를 먼저 마시게 한 다음, 새벽을 불사하고 간단하고 따끈한 먹거리를 뚝딱 만들어서 먹였다. 스트레스로 인해 건강에 좀 무리가 왔던 승호는, 철저한 식이요법과 더불어 약도 잘 챙겨 먹고 그 좋아하던 술도 딱 끊으면서 건강을 회복했다. 올 신년에 정기 종합건 강검진을 통해 좋은 결과를 얻어서 다행이다.

지난해만 해도 주중은 잠원동에서, 주말은 서래 마을에 서 지내더니 요즘은 바뀌었다. 주중은 서래 마을에서, 주 말은 잠원동에서 생활을 하게 되면서 나도 좀 편해졌다. 비로소 내 미래를 생각해 볼 마음의 여유가 생겼다.

드라마 시장은 그새, 전 세계 시청자들에게 선보이는 넷 플릭스 같은 플랫폼이 대세로 떠올랐다. 오프라인으로 지 평을 넓히던 시대를 뛰어넘어 요즘은 온라인으로 세계시 장을 장악하는 것이 가능해졌다. 나는 대선배들이 쓰는 드 라마를 꼼꼼하게 분석하면서 시청하는 한편 나만의 개성 을 담은 단막극을 차근히 준비했다.

성경의 구약에 나오는 보디발의 아내와 요셉의 갈등을 현대적으로 재해석한 스릴러 멜로가 첫 번째 드라마다. '성폭력 살인 미수범으로 경찰에 쫓기는 꽃미남과 그를 변 호하는, 상처로 감정을 잃어버린 여자'의 디테일한 감정 묘사를 통해, 새로운 유형의 연인 관계를 그린 <나의 변 호사>다. 곧이어 준비한 단막극은 개과천선한 아담과 하 와를 소재로한 <이브의 미술관>이다. 우리 사회의 핫 이 슈를 구현했다. '지옥은 죽어서 가는 곳이 아냐, 집 없는 설움이 딱 지옥'이라는 3040의 애환을 허세작렬 코믹 풍자로 녹여냈다. 세상에서 어떻게 빛을 보게 될런지는 두고 볼 일이다.

비로소 용기를 내어 성경 전편에 걸쳐 주요 등장인물을 소재로한 드라마 프로젝트 기획안을 만들었다. 일명 '하나님 프로젝트 10'이다. 두 편은 이미 단막극 대본으로 완성시켰으니, 여덟 편은 미니시리즈 대본으로 완성시킬 계획이다. 필력을 다지기 위해 드라마 각색이 가능한 원작 소설도 몇 권 써볼 생각이다. 자세한 내용은 스포일러라서 생략하기로 한다. 일이 잘 풀리게 되면 성경의 저작권에 대한 로열티는 내가 다니는 교회에 십일조로 하나님께 드릴 작정이다.

말이 나와서 얘긴데, 내가 성경을 통독하기 시작한 것은 혜숙이와 재활 병동에 있으면서부터였다. 병원의 저녁 식사는 6시 땡이다. 세안까지 마치면 거반 7시 전에 모든 일과가 끝난다. 취침 전까지 무려 5시간을 어떻게 보낼까 궁리 끝에 주변의 전문 간병인들에 대한 연구 분석에 들어갔다. 분석을 마친 후로는 간병인들에게 무조건 언니라고 호칭하면서 친분을 쌓았다.

한여름에는 살얼음이 동동 뜬 두유를 회색 보온병에 넣어 와서, 점심 식사 후 간병인 언니들과 나눠 마셨다. 군침을 흘리는 환자들에겐 절대 금식이다. 간병인들만 실실 웃으면서 맛나게 두유를 마신다. 병원 앞 막걸리 집에서 사온 냉(冷) 두유를 마신 언니들은 기분이 좋아서 팔자걸음을 걷는다. 손에는 방금 따끈한 오줌을 싼 환자의 기저귀를 담은 까만 비닐봉지를 쥐고, 에헤라디야 콧노래를 부르며 신났다.

어느 날 나는 간병인 한 명을 공략했다. 6인실 가운데 벽에 붙어 있는 텔레비전을 보느라 정신없는 옆자리 간병인에게 귀엣말을 건넸다.

"언니."

"왜?"

여전히 텔레비전에 눈과 귀를 빼앗긴 언니가 건성으로 대꾸한다.

"나 2층 진료실 의자에 가서 이 책 좀 읽고 올 건데. 혜숙이가 울거나 보채면 나한테 전화해 줄 수 있어요?"

"어, 그래."

나는 언니의 손에 지폐 한 장을 쥐여주면서 보호자 침대에서 엉덩이를 들고 일어났다. 언니도 자동으로 자리에서 일어나 그 지폐를 다시 내 손에 쥐여주려고 내 뒤를 따라나선다. 자연스럽게 병실에서 복도로 공간을 이동한 나는 간병인을 벽에다 세우고 곰살궂게 웃었다.

"언니, 내 사정 알잖아. 할 일도 없는 밤에 책이라도 읽어야지 내가 무슨 낙이 있겠어. 나 성경책만 읽고 얼른 들어올게."

"내가 네 사정을 왜 몰라? 아휴, 동생 때문에 뭔 고생이냐 이게? 가, 내가 혜숙이 기저귀도 갈아주고 할 테니까 마음대로 책 읽고 와. 그리고 이런 거 안 줘도 돼."

나는 언니의 손을 밀어내면서 말했다.

"아르바이트 1시간에 만 원이 적어?"

"야는 그 말이 아니잖여. 우리 사이에 뭔 소리야. 그러잖아도 엄마가 오실 때마다 김치며 밑반찬을 나눠주는데 내가 답례도 못 하고 미안하던 판에 잘됐어. 혜숙인 내가 밤에만 봐줄 테니까 어서 가 봐."

"이 언니 진짜 마음에 든다."

나는 활짝 웃으면서 언니를 가볍게 안아주었다.

"언니. 연변과 상하이에 아파트가 세 채나 있는 갑부라는 거 다 알아. 이거, 우리 사이에 정으로 알고 받아 줘. 그래야 내가 편하게 책을 볼 수 있어."

병동에서 이 언니가 돈을 좋아한다는 소문이 짜하게 돌았다. 돈을 좋아하는 사람은, 돈을 받은 만큼 일도 확실하게 잘 한다. 돈을 좋아하는 간병인에게 환자를 맡기고 제때 간병비만 잘 지급하면 환자도 잘 봐준다. 약간의 제스처로 사양하던 언니가 지폐를 호주머니 속에 넣으면서 인심을 쓰듯이 말한다.

"그려. 좋아, 그래야 네 맘이 편하다면 오늘부터 밤에만 혜숙이는 나한테 맡기고 어서 가서 너 할 일 해."

"고마워, 언니."

나는 밤마다 1만 원으로 5시간의 아르바이트 간병인을 고용해서 혜숙을 맡겼다. 콧노래를 부르며 커피와 간식을 챙겨 들고 2층 진료실을 찾았다. 낮에는 환자들로 북적거리지만, 밤은 고요하고 전기가 켜져 있는 데다가 대기실은 의자가 좀 긴가? 정수기까지 있어서 책을 보기에는 금상첨화였다. 그곳 대기실 의자에 스탠드를 가져다가 불을 밝히고, 세상에서 가장 편한 자세로 성경을 읽었다. 가끔은 전공책을 읽고, 노트북을 들고 나와 제자들에게서 날아드는 메일에 화답을 해주었다. 그곳에서 처음 성경을 통독했다. 성령이 충만해지면 찬송가를 흥얼거리고 기도를 하면서 혼자 부흥회를 열었다.

사실 나는 혜숙과 재활 병동에서 생활하기 전에는 성경을 제대로 완전히 통독할 시간이 없었다. 전공책과 작품에 관련된 책을 읽기도 바빴다. 성경은 항상 부분적으로만 읽었다. 새벽 예배와 주일 예배에는 성경 일부분만 갖고도, 목사님이 어찌나 세밀하게 설교 말씀으로 잘 해석해 주는지 내가 따로 읽을 필요를 느끼지 못할 정도였다.

체계적인 성경 공부는, 혜숙이를 퇴원시켜 집으로 데려온 후 교회에서 진행하는 '트리니티 성경대학원'에 참석하면서부터 하게 되었다. 담임목사님이 직접 강의하는 내용은 혼자 성경을 읽는 것보다 훨씬 진지하고 재미있게 진행되었다.

내가 느끼는 재미는, 성경 자체를 깊이 있고 체계적으로 알 수 있는 학문적인 분위기가 좋다는 뜻이다. 실제로 대학원에서 받는 수업처럼 파워포인트로 선보이는 수업이었다. 우리는 미리 준비된 프린트에 빼곡하게 적힌 내용을 보면서 강의를 들었다. 이 시간에 조는 사람을 보지 못할 정도로 수강생들의 태도도 진지하고 열의로 가득 찼다. 강의하는 목사님도 주일 예배에서 하지 못한 속 있는 얘기를 할 정도로 고무되어 보였다.

모든 것이 보기에 좋았다!

1년을 2학기로 나누고, 한 학기에 1주일 단위로 하루 1시간 30분씩 진행하는 수업은 매주 과제를 제출했고 채점을 받았다. 심지어는 종강 시간에 성경 시험까지 치렀다. 종강 시험을 마치면 구역 식구들은 다 함께 교회 근처 음식점에 가서 식사를 나누고 차를 마시며 담소를 즐겼지만, 나는 시험을 마치기가 무섭게 집으로 달려가야 했다. 혜숙이는 선생님이 챙겨 주었지만, 몇 년 전부터 엄마의 식사를 챙기는 건 내 몫이었다. 숨 가쁘게 바빴지만, 참 행복한 시간이었다.

엄마가 건강했을 때는 함께 이 수업을 받고, 함께 과제를 제출했고, 함께 시험을 치렀다. 물론 엄마는 거반 내 시험지를 커닝해서 제출했다. 1백 점으로 채점된 시험지를 돌려받고는 흐뭇하게 웃었다.

날씨가 좋은 주말은, 엄마와 혜숙, 혜숙을 돌보는 선생님과 함께 국회도서관에 갔다. 혜숙을 휠체어에 태워 밖으로 내놓고 엄마와 선생님이 나무 아래 벤치에 앉아서 차를 마시고 간식을 들면서 담소를 나누도록 조처한 다음, 나는 도서관에 들어갔다. 성경의 궁금한 대목을 논문으로 찾아서 복사했다. 한글판 논문이 없으면 영문판으로 복사했다.

복사본을 읽으면서 관련 참고문헌을 노트에 깨알같이 적었다. 노트를 들고 강남고속버스터미널 건너편 상가에 있는 성경 전문 서점에 가서 책을 골랐다. 그곳에는 카페가 있어서 웬만한 에세이는 즉석에서 읽었다. 정독이 필요한 책만 사서 나오면 대략 대여섯 시간이 눈 깜박할 사이에 지나간다.

내킨 김에 고속버스터미널 지하 상가에서 아이쇼핑을 하고 나면 다리 힘도 짱짱해지고 머리도 맑아진다. 그 길 끝에 대형서점이 있다. 그곳에서 일반 책을 찾아서 읽는다. 내 생각에 성경만 집중해서 읽으면 상상력에 제한이 생긴다. 하나님을 의식한 거룩한 분별력이 자꾸만 선과 악을 임의로 긋는다.

작가는 선과 악을 자유롭게 머릿속에서 그리는 용기는 갖되 행함에서 분명한 선을 그으면 된다고 믿는다. 선(善)을 잘 그리려면 그보다 한 뼘쯤 악(惡)을 더 선명하게 잘 그려야만 선의 승리가 매력적으로 그려지는 법.

지하상가를 완전히 빠져나와 근처 대형 마트 주차장으로 향하는 내 손에는, 까만 비닐봉지와 종이봉지가 주렁주렁 매달려 있다. 그 속에는 성경 관련 책과 일반 책들 그리고 몇 가지 티셔츠와 바지가 들어 있다.

집에 와서 가족들의 저녁 식사가 끝나면, 독서 노트를 만들어서 서고에 꽂아 두었다. 요즘은 낙서처럼 저장한 그 당시의 노트를 꺼내어 원고를 쓰는 데 참고한다. 꽤 쏠쏠한 아이디어가 실타래처럼 풀려나온다.

하나님이 나를 광야로 내몰았던 이유가, 성경을 제대로 읽고, 하나님을 제대로 알고, 성경에서 가르쳐주는 삶을 제대로 살라는 것이 아니었을까?

광야의 초반에는 내 감정이 기승을 부려서 앞이 캄캄했다. 내 생각을 내려놓고 하나님을 향해 방향을 고정하면서부터, 희미했던 나의 정체성이 선명해졌다. 앞으로 내 미래가 어떻게 펼쳐져야 하는지 그림이 정해지자 마음이 평온해졌다.

기도 중에 땅끝까지 이르러 복음을 전하라, 는 주님의 말씀에 생각만 해도 가슴이 벅차오른다. 오프라인으로 세상 밖에 나가는 선교와 다르게 드라마 선교가 주님의 뜻이었다.

오호, 나 같은 사람이 뭐라고….

내게 그토록 오랜 시간을 공들여서 여기까지 나를 이끌어 주실까.

겸허한 마음으로 고개가 숙어진다.

하나님, 참 감사합니다. 사랑합니다.

5
장
•

코로나 시대를
사는 지혜

하나님은 당신의 뜻을 이루고 싶은 장르에
사심 없는 약자를 통해 메시지를 전하고 일하신다.

21.

코로나가 외로운 자, 위로

지난해 11월 중순쯤, 단풍이 곱게 물든 산자락을 보면서 경부선 고속도로를 달렸다. 분당에서 경기도 광주행 도로를 한없이 달려가 차를 멈춘 곳은 곤지암의 이마트 지하 주차장이다. 1층 입구에서 만난 사람은 오랫동안 알고 지내오던 자폐아의 엄마였다.

그녀는 큰딸을 낳고 터울이 많은 나이에 노산으로 둘째를 낳았다. 남편의 아들 욕심으로 낳았지만 딸이었다. 돌이 지나면서부터 아이는 자폐증을 앓게 되었다. 게다가 아이 스스로 허리를 지탱할 수 없어 누군가의 돌봄이 절대적으로 필요한 아이였다. 취재차 들렀던 삼육재활학교에서 만난 모녀와 인사를 나누는 과정에서 알게 되었다. 남편과는 합의이혼하고 자신이 아이 양육을 떠안았다. 우리는 그녀가 이루 말할 수 없는 고생을 하고 있을 때 만났다.

아이 엄마의 수다를 귀담아 들어주면서 작별 인사를 나눌 때 나는 지갑을 열었다. 가진 돈을 다 꺼내어 내밀고 꿋꿋이 잘 살아 보자고 격려했다. 그 후로 우리는 가끔 전화로 안부를 나눴다. 내가 병원에서 혜숙이와 같이 지내는 동안에는 계좌이체를 해주었다. 한사코 거절했지만, 장애 환자를 챙겨야 하는 보호자 심정을 잘 알기에 나는 언니를 달래어 작은 보탬이 되어 주려고 노력했다.

그 아이의 나이가 이젠 스무 살 중반, 엄마는 70대가 되었다. 그녀의 손에 들려 있는 건 총각김치와 김, 누룽지 튀김이었다. 날 주려고 일부러 준비해 온 정성에 나는 화사하게 웃었다. 비닐봉지에 담긴 물건을 받아드는데, 뜻밖에도 그의 손톱에 연보라 매니큐어가 곱게 발라져 있는 게 눈에 띈다. 화장도 곱게 해서 피부도 전보다 고왔다.

"와, 이 언니 피부 좀 봐. 탱탱하고 젊어졌네."

"이모도 만만치 않다니까."

우리는 길 건너 음식점에 들어가 샤부샤부를 주문했다.

"오늘 식사 값은 내가 낸다."

단호한 말투에 나는 얼른 고개를 끄덕인다.

"좋아요."

이미 음식점 입구에 들어설 때 음식값을 보았다. 언니가 내도 부담 가지 않는 값이었다. 언니는 경우지게 말한다.

"이모네 집 근처로 가면 이모가 사고, 우리 집 근처에 오면 내가 사는 거 맞지?"

"그럼요. 경위 밝은 언니답네."

나는 그렇게 말하면서 언니가 내민 김 봉지를 뜯어서 잘 구워진 김을 먹었다. 맛있다는 표정을 짓자 언니는 마스크를 벗고 웃는다. 나를 만나려고 화장도 곱게 하고 손톱 손질도 일부러 했다고 한다. 이제 좀 마음의 여유가 생겼다는 얘기다.

그래도 자기 집으로 내가 오는 건 망설여진다고 밖에서 보자는 것이다. 집 안을 보여주고 싶지 않은 심정은 충분히 이해가 된다. 환자에게서 나는 냄새가 신경 쓰이는 게다. 손님이 집 안에서 나는 냄새에 역한 반응을 보일까 봐, 아예 외부인 방문 자체를 사전에 차단하는 것이다.

2시간 30분 정도 함께 있는 동안, 내가 말한 시간은 5분 남짓이다. 자기 말만 하는 건 삶이 그만큼 외롭고 고단하다는 거다. 자존심이 센 언니라서 생각 없이 조언해선 안 된다. 마음에 상처를 받으면 치유하는 데 시간이 오래 걸린다. 내가 할 일은 언니가 쉴 새 없이 흐르는 시냇물처럼 좔좔 쏟아내는 말을 들어주고, 고개를 끄덕이고, 자주 웃어주는 것이 전부였다.

언니의 얘기를 간단히 정리하면 두 가지다. 큰딸이 시집가서 사위와 금실이 좋고 경제적으로 안정되게 잘살고 있다는 것과 언니 모녀가 다니는 교회에서 둘째 딸을 정성껏 돌봐 줄뿐더러 언니 또한 신앙공동체에서 행복하게 잘 지내고 있다는 것이다. 기초생활 보장 수급자에 장애인 연금으로, 빠듯하지만 교회와 주변에서 돕는 손길이 있어 사는 데 어려움이 없다고 말한다.

큰딸 내외가 서울로 와서 이웃에 살자고 제안하지만, 교회의 신앙공동체를 떠나 살면 심리적으로 우울증이 올까 봐 걱정이란다. 작은딸도 교회 친구들과 자주 만나지 못할까 봐 싫다고 한다.

내 생각을 물었다. 내심 큰딸 내외를 내게 자랑하고 싶은 것이다.

"큰딸 내외가 번성하는 건 그들의 노력도 작용하겠지만, 언니의 헌신이 밑거름되어 준 거죠. 하지만 나이가 들면서 삼시 세끼만으로 채울 수 없는 정서적인 허기는, 신앙생활과 마음을 나눌 수 있는 친구로 채워야 해요. 공기 좋은 여기서 계속 지내면서 가끔 큰딸 내외를 만나는 건 어때요?"

"이모 생각도 그렇지?"

언니는 눈을 반짝거리며 나의 동의를 반긴다. 나는 언니를 한없이 추어올렸다.

"작은딸에 대한 언니의 헌신이 큰딸 내외의 성장으로 축복받았네. 언니, 진짜 장하다."

"아휴, 내가 뭘 했다고. 내가 낳은 내 딸인데 당연히 내가 키우는 게 맞지."

고개를 흔들면서도 언니의 입가에 미소가 떠나지 않는다.

참 고단한 세월을 거쳐 온 언니 모녀에게 큰 선물을 주신 하나님께 맘속으로 감사 기도를 드렸다. 그것은 내 기우를 잠재워 주는 선물이기도 했다. 언니는 체중이 많이 나가는 딸을 휠체어에 태우거나 목욕이며, 집 안에서 생활하는 모든 것을 돌보느라 허리에 협착 증세가 도졌다. 시술하면 좋은데 병원에 입원해 있는 동안, 딸을 돌봐줄 사람이 마땅치 않아서 차일피일 미루고 있는 게다. 딸이 장애인 활동 보조 선생님을 도무지 받아들이지 않는다고 한다. 큰딸도 장사하는 남편과 어린아이가 있어서 선뜻 여동생을 맡을 수 없는 형편이었다. 사정을 봐 가면서 정 견디기 힘들면 무슨 수를 내겠다고 한다.

　"웬일인지 요즘은 좀 견딜 만해."

　"집안일을 하거나 아이를 목욕시킬 때, 허리에 밴드는 두르죠?"

　"그럼."

　"다행이에요. 자주 스쿼트도 하고 복근 운동을 해서 허리를 좀 달래 보세요."

　언니는 고개를 끄덕인다.

　다행인 것은 먼 훗날 언니를 대신해서 둘째 딸을 책임질 사람을 하나님이 돌보고 계심을 알고 안심이 되었다. 큰딸 내외의 재정을 풍요롭게 만들어 주시는 이유에, 훗날 동생을 책임지라는 하나님의 섭리가 내포되어 있음을 미뤄 짐작했다. 그럴더라도 여전히 언니의 삶은 쪼들리고 힘들 것이다. 우리가 헤어질 때가 되었을 때, 언니는 딸아이가 좋아하는 과자를 사러 이마트에 다시 간다는 말을 한다. 나는 가벼운 마음으로 언니의 외투 호주머니에 봉투를 집어넣었다.

"내가 이모니까 조카 과자쯤은 사 줘도 괜찮은 거죠?"

언니는 터질 듯한 자존심을 내려놓고, 자존감으로 화사해진 미소를 짓는다. 언니와 나 사이에 막힌 담이 허물어지면서 하나님이 함께 계심을 확신하는 순간! 주차장으로 향하는 내 발걸음은 나비처럼 가벼웠다.

교회에서 장애인 사역을 돕는 안내가 있었다. 간간이 혜숙이가 사용하지 않는 신형 휠체어와 의자, 보조 기구를 기부했지만 깊은 관심을 갖지 못했다. 교회에서 내 관심은 이제까지 소년·소녀 가장들을 돌보는 일이었다. 봉사 활동의 영역을 더 넓혀보자는 생각에서 기도했다.

장애우를 위한 봉사 활동은 혜숙을 돌보는 것으로 가닥을 잡았다. 활동 보조 선생님이 계시지만, 내 손길과 사랑의 대화를 더 필요로 할 때가 많았다. 가령, 선생님이 계실때 혜숙은 얌전하게 혼자 잘 놀다가도 내가 현관을 들어서기가 무섭게 우는 소리를 하면서 응석을 부린다.

아프다는 호소가 대부분인데, 실상은 다른 뉘앙스일 경우가 많다. 혜숙의 말과 표정을 보면 진짜로 아픈지, 뭘 먹고 싶어서 그러는 것인지, 같이 놀아줘야 할 때인지, 함께 기도하고 찬송가를 불러줘야 할 때인지 직관적으로 알아차리는 것은 내 몫이었다. 인지는 낮아도 성경을 읽어 주거나 찬양을 하면 "아멘" "할렐루야"를 잊지 않는다. 혜숙이 즐겨 부르는 찬송가를 부르면 함께 흥얼거린다. 가끔은 '태산을 넘어 험곡에 가도' 같은 찬송가를 불러 달라고 주문하기도 한다.

장애우를 위한 정기적인 후원을 고려해 보았다. 승호와 내가 먼저 용기를 내기로 작정하고 기부 행렬에 참여했다. 한 번 시작하면 꾸준히 해야 우리의 작은 기부가 십시일반으로 합력해서 선을 이루는 과정에서, 하나님이 그들을 성장시켜 주는 것을 볼 수 있다.

꾸준히 지속하려면, 내 소비성향의 절제와 알뜰한 가계부를 위한 발품이 필요하다. 남아돌아서 타인을 돌보는 사람은 극히 드물다. 타인을 돌보는 일은 많이 가졌든 적게 가졌든 간에, 자신의 희생 없이는 절대 가능하지 않다.

그뿐만 아니라 장애우를 위한 중보 기도를 매일 일정 시간에 한다. 장애우들과 그 부모 그리고 돌보는 목회자들과 자원봉사원들 모두 하나님의 사랑으로 빛나는 삶이 되기를 간절히 기원한다.

선교 차원에서 시도하는 일이 있다. 비대면, 혹은 아이들 육아로 교회에 나가기 어려운 지인들에게 월간 신앙 잡지 「온타임」을 1년 단위로 정기 구독해 주는 일이다. 주로 이방인들에게 전하는 사랑의 메시지다. 매일 혼자 말씀과 기도로 하나님과 함께 보낼 수 있는 가르침을 통해 신앙생활을 하는 프로그램이다. 지방에 있는 친구들이나 친척들이 코로나 시대에 아주 요긴한 선물이라고 입을 모은다.

22.

노아의 방주에 살자

코로나 시즌에 내 이웃들은 어떻게 사는가?

직장이나 병원, 마트 정도의 필수 이동 이외는 집안에서 지낸다. 아파트 공동 현관 바깥에서 우연히 만나면 서로 간격을 두고 선 채, 마스크로 얼굴을 가리고 겨우 안부 인사만 나눈다. 차 한 잔, 밥 한 번 먹자는 말은 먼 옛이야기가 되었다.

주변의 지인들과는 전화 통화와 카카오톡을 통해서 자주 안부 인사를 나눈다. 지난해 상반기만 해도 불안을 호소하더니, 지금은 혼자만의 시간을 알뜰하게 보내는 노하우를 공개한다. 인터넷 강의를 통해 어학 공부를 하거나, 성경 필사 작업을 통해 영성훈련을 심오하게 단련하고 있다. 띄엄띄엄 읽던 성경을 전체적으로 통독하고, 구약과 신약을 한 큐에 꿰뚫어 정리하면서 하나님의 뜻을 되새긴다. 한 작업을 마칠 때마다, 그 기념으로 밥을 사겠다고 외곽의 음식점으로 장소를 정한다. 주로 거리두기 하향 단계 시즌에, 널찍한 식당의 한 켠에서 조용히 식사를 나누었다.

직장인 후배들도 퇴근 후 집콕하면서 자기 능력을 극대화하려는 노력의 흔적을 SNS를 통해 알린다. 은퇴 후 제2의 직업을 염두에 둔 라이센스를 획득하려는 데 집중한다. 오프라인 학원 대신 인터넷 강의에 유료 접속해서 실력을 쌓는다.

반면에 소상인들과 소외된 이웃들이 어렵고 힘든 생활을 한다는 뉴스를 볼 때마다 가슴이 저민다. 거리의 상가 유리창에 붙은 공실 공고를 보는 마음도 편치 않다.

또 다른 이야기 하나!

코로나에 전염되지만 않는다면 이 코로나 시즌이 꼭 나쁜 위기만은 아니라는 생각이 들게 하는 장르가 있다. 접대문화다. 크고 작은 비즈니스에 필수적으로 등장했던, 고급 음식점의 접대와 여자들이 시중하는 술 접대문화가 생략되고 있으니 말이다. 말이 나왔으니까 하는 얘긴데, 이 기회에 술 접대와 성 상납 비즈니스의 퇴폐적인 관행을, 업무 종료 후 성과보수로 바뀌는 것은 어떨까 하는 바람을 가져 본다. 직장 내 불필요한 성적 유희, 혹은 성을 담보로 한 갑질문화와도 이 기회에 적절한 거리 두기가 정착되었으면 한다.

코로나 팬데믹의 자가격리와 비슷한 사례가 성경에 있다. 창세기에 나오는 노아의 방주가 그렇다. 헤브라이어 노아(Nah)는 '휴식'이라는 뜻이다(창세기 5장 29절). 노아의 휴식을 현대적으로 재해석하자면 '재충전'이다. 또한 영어 노아(Noah)는 '위로'라고도 한다.

여기서 잠깐, 성경의 창세기에 나오는 노아의 방주에 대한 사실적인 기록을 간단명료하게 이야기해 본다.

2천 년 전 성경 시대의 사람들도 그들의 삶에 약간의 여유가 생기는가 싶으면, 술과 부부 이외 혼외 성(性)에 탐닉하고 뇌물을 당연시하는 타락한 생활에 빠져 살았다. 하나님이 보시기에 가관도 아니라는 판단이 들었을까. 하나님은 타락한 사람들을 홍수로 심판할 계획을 굳혔다. 그 와중에도 홍수 이후, 이 땅에서 바른 생활을 하는 사람을 콕 짚어서 새롭게 바른 나라를 건설하려는 계획도 동시에 구상한다.

하나님은 바른 생활의 남자 노아에게 홍수가 올 것을 미리 알렸다. 하나님이 세상을 홍수로 쓸어 낼 동안, 그와 가솔들, 가축과 조류들이 안심하고 살 수 있는 방주를 건설하도록 지시한다. 노아는 하나님의 명령에 따라 길이 300큐빗, 너비 50큐빗, 높이 30큐빗의, 3층으로 된 방주를 만들었다. 고대의 1큐빗은 팔꿈치에서 가운데 손끝까지의 길이로 약 45센티에서 46센티를 가리킨다. 모든 준비가 완료되자 노아는 여덟 명의 가족과 여러 동물과 조류들을 한 쌍씩 데리고 방주에 탄다.

노아가 가솔과 생명 있는 것들을 데리고 방주에 들어간 순간, 하나님이 방주의 문을 닫았다(창세기 7장 16절). 곧바로 세상에는 대홍수가 시작된다. 세상의 살아 있는 모든 생물은 홍수로 전멸하고, 방주에 탔던 노아의 가족과 동물들만 살아남게 된다. 홍수가 끝난 후에 방주에서 나온 노아 가족이 새롭게 삶의 터전을 일구면서, 홍수로 멈추었던 인류의 역사가 재개된다.

주목할 것은 방주 안의 생명은 하나님의 주권 안에서 철저하게 보호받지만, 방주 밖의 생명은 하나님이 지켜주지 않았다.

코로나를 굳이 하나님의 심판으로까지 보고 싶지는 않다. 다만 노아의 방주를 통해 추측하건대, 보건 당국에서 권장하는 자가격리와 방역을 준수하는 사람은 건강하게 코로나의 터널을 빠져나올 것으로 예견된다. 세계의 인류 전체가 준수해야 할 매뉴얼을 준수하지 않는다면, 당연히 코로나를 피할 길이 없다.

성경 시대의 노아 패밀리가 경험한 방주와 현대판 자가 격리가 우리에게 전해주는 교훈은 크게 다르지 않다.

'내게 불의한 것들과는, 과단성 있게 굿바이!'

벌써 1년째, 우리를 쥐락펴락하는 코로나의 정체가 대체 뭔지 알아보자.

먼저 코로나(Corona)의 뜻을 찾아보니, 스페인어와 포르투갈어로 '왕관'이라고 나온다. 왕관은 권력을 상징한다. 한갓 전염병이 권력으로 상징되어 인류 전체를 공포와 불안으로 옭매인다면, 이것은 악의 권력이 틀림없다.

과연 이 악의 권력에 맞서, 생명의 위협을 느끼며 불안에 떨고 있는 인류를 구원해 줄 왕관은 누가 쓰고 있을까? 백신과 치료제와는 별개로 팬데믹으로 인류의 생명을 위협하는 악의 도전을 물리칠만한 왕관은, 대통령의 권력이 아니다. 어느 나라 대통령이 왕관을 머리에 쓰고 있는가? 아직 보지 못했다.

인류의 죄를 대속하기 위해 십자가에 못 박히신 예수 그리스도께서 머리에 쓴 가시 면류관

가시 면류관이 그 왕관을 상징한다. 가시 면류관은 예수 그리스도가 인류의 죄를 대속(代贖)하기 위해 십자가에 못 박혀 돌아가실 때 머리에 쓴 왕관이다. 그리스도의 선으로, 우리를 괴롭히는 악을 대적하고 구원하기 위한 사랑의 왕관이다.

그 당시 유대인들은 예수 그리스도가 십자가에서 못 박혀 돌아가셨음을 알고 모든 것이 끝났다고 생각했다. 천만에! 그리스도는 사흘 만에 부활해서 살아 있는 영으로 다시 우리 곁으로 왔다. 가시 면류관은 고통으로 위장한 사랑의 선물이자, 악으로부터 인류를 구원해 줄 선한 영향력을 상징한다.

예수를 믿지 않는 사람은 선한 영향력에서 예외인가? 안심해도 좋다. 예수는 유대인이나 헬라인이나 이방인 사마리아인까지도 가리지 않고 품어 안는다. 로마서 3장 29절에서 사도 바울은 이렇게 말했다. '하나님은 다만 유대인의 하나님이시냐? 또한 이방인의 하나님은 아니시냐? 진실로 이방인의 하나님도 되시느니라'라고.

예수는 또 누구신가? 메시아로 공적 업무를 시작하던 서른 이전에는, 평범한 청년 목수에 지나지 않았다. 나이 서른에 하나님으로부터 임명받은 예수의 공적 책무는 메시아다.

메시아는 어떤 일을 하는가? 널리 복음을 전하고, 인류의 죄를 구원하고 병든 자를 치유하며, 죽은 자를 살리기도

하는 어마무시한 권력이다.

그 엄청난 권력을 행하기 직전, 예수에게 삼시세판의 시험이 기다리고 있었다. 먼저 사십 일 동안 광야에서 물 한 모금, 일용할 양식 한 톨도 사양하고 기도로 일관해야 한다. 사십 일을 주린 끝에 예수는 성령에 이끌리어 악(마귀)에게 두 차례 시험을 받았지만 믿음으로 통과한다.

두 번의 시험을 이겨낸 예수는 세 번째 악의 시험에 맞닥뜨린다. 악은 예수를 산 정상에 올라가게 한 다음, 천하만국과 그 영광을 보여주며 제안한다.

"만일 내게 엎드려 경배하면 이 모든 것을 네게 주리라."

예수가 준엄하게 꾸짖는다.

"사탄아, 물러가라."

구약의 예언서 매뉴얼에 의하면, '주 너의 하나님께 경배하고 다만 그를 섬기라' 라고 기록되어 있다. 예수는 그 매뉴얼에 의해 담담하게 처신했다. 곧바로 악은 예수에게서 떠나간다. 그러자 천사들이 나아와서 예수의 수종을 들었다.

재미있는 사실은, 악의 시험에 대처할 매뉴얼이 이미 성경에 예시되었다는 것과 예수가 공적 책무를 감당할 수 있는지를 파악하기 위해 하나님이 그로 하여금 악의 시험을 받도록 묵인했다는 점이다. 이것은 마침내 더 강인하고 더 담담하게 맷집을 키워서 인류에게 선한 영향력을 갖게 하려는 의도가 아니었을까.

중요한 것은, 그 모든 시험에 임하는 예수의 태도였다. 아주 온유했다. '내가 누군데? 언감생심 바로 코앞에 메시아의 임무를 띤 나를 감히!' 그러면서 자신의 마음을 격동치지 않았다. 자신에게 모멸감을 주는 악을 비난하지도 않았다. 굳이 자신에게 이 모든 시험을 하는 하나님을 향해 '왜, 나에게 이러십니까?' 묻지도 따지지도 않았다. 그저 담담하게 그 모든 시험을 매뉴얼에 의한 대응으로 무사통과! 메시아로서 공적 책무를 수행하게 된다.

그렇다면, 재해 앞에 나약한 인간은 대체 악을 어떻게 이겨내야 하는가?

사도 바울은 로마서 12장 21절에서 '악에 지지 말고 선으로 악을 이기라'고 말했다. 악은 하나님에게 맡기고, 당국에서 제시한 보건 매뉴얼을 성실하게 준수하면서, 각자의 영역에서 자신의 삶에 충실하게 살아가면 된다.

사실 코로나에 감염되지 않으려면 어떻게 해야 하는가에 대한 예방 수칙과 대응 매뉴얼은 우리 모두의 휴대전화를 통해 시시각각으로 공지되고 있다.

매일 개인위생을 철저히 하고, 자신과 가족, 타인의 비말에 노출되지 않도록 마스크를 쓰고, 각 공동체 안의 사회적 거리 두기를 실천한다. 또한 여럿의 만남을 자제하고, 사회적 혹은 각 개인 공간을 철저하게 소독 방역하도록 한다. 이는 방송과 언론, 인터넷, 휴대전화 알림 서비스를 통해 전 국민에게 실시간으로 전달되어 모르는 사람이 없다. 우리가 코로나를 이기는 방법은 그 매뉴얼을 잘 지키면 된다. 그 단순한 원리를 잘 지키지 않으니까 문제가 되는 것이다.

힘들 때일수록 단순한 삶을 살아가야 한다. 잘 자고 일어나 일하고 가족과 지인들과 전화로 자주 안부를 나누는 일도 게을리하지 않아야 한다. 불안해 하거나 외롭거나 하는 자기 우울증에 걸리지 않기 위해서는 몸은 사람들과 사회적 거리를 두고 자가격리를 하되, 정신과 마음은 타인과 소통의 끈을 놓아서는 안 된다.

아주 가끔은 스스로 정한 자가격리 현장을 빠져나와 사람들이 뜸한 자연과 마주 서는 시간도 가져야 한다. 큰 나무 아래에서 심호흡도 하고, 주변을 걷는 일도 하면서 생산적으로 내일의 삶을 위한 계획을 세워야 한다. 건강할 때 면역력을 길러서 좋지 않은 병과 균이 우리 몸에 침투할 틈을 주지 않는, 자가 면역 치유력에도 관심을 쏟아야 한다.

이렇게 엄중한 코로나 시즌에 신앙인이 갖춰야 할 태도는 무엇인가?

너나없이 개인위생과 사회적 거리를 철저하게 준수하면서 늘 깨어 기도해야 한다. 우리의 기도에 반드시 응답하시는 하나님의 도우심으로, 만일 코로나임에도 불구하고 자신과 주변 사람들의 삶이 한 뼘씩 성장하고 있다면 참 감사한 일이 아닐 수 없다. 설령 그리하지 않을지라도, 코로나의 상황과 환경을 뛰어넘어 하나님을 만나려는 간절한 기도의 마음을 갖는 것. 그것이 참신앙인의 태도라고 생각한다.

성경 시대의 꽉 닫힌 방주에서 운신한 '노아 패밀리'에 비하면, 방역과 개인위생이 잘되면 자유로이 집과 직장, 시장 등을 오갈 수 있는 '코로나 팬데믹'이 우리에게 천 번만 번 다행이지 않은가?

벌써 코로나 백신을 맞는 나라가 늘고 있다. 우리도 머잖아 백신 주사로 코로나의 전염에서 벗어나게 될 날이 온다. 그때까지, 일파만파로 번져 가는 이 팬데믹을 누그러뜨릴 우리 몸 안의 면역력 관리는 어떻게 해야 할까?

아무리 강조해도 지나치지 않는 코로나 방역 매뉴얼을 재점검해 본다.

첫째는 보건 위생 매뉴얼을 잘 지키는 것이다.

둘째는, 제철 음식을 골고루 조금씩 잘 먹고, 그만큼 운동하는 것이다. 체력과 활력이 있어야 뭐든 길고 오래 잘할 수 있다. 쉽게 지친다는 건 앞서 그 두 가지 요소가 결핍되었다는 증거다.

셋째는, 한두 달 간격으로 가까운 병원에 가서 내분비 계열의 검진을 받고 혈액검사를 통해 몸의 기능을 점검하고 주사 혹은 약 복용으로 건강관리를 한다.

넷째, 각자의 업(業)에 최선의 능력으로 정진해서 정서적, 경제적 성취를 하는 것이다. 위기엔 자기 분야의 전문가만 살아남는다. 어정쩡하게 잘하는 사람이 가장 힘들다. 주저앉으면 퇴보한다. 운동화 끈을 조여 매고 더 열심히 자신을 담금질하면 프로로 성장하는 기회가 온다.

현재, 코로나 사태를 지켜보는 자연과학 분야 학자들이나 지각이 있는 신앙인들은 코로나를 천재지변이나 하나님의 심판으로 쉽게 왜곡하지 않는다. 인간의 방만한 자연 질서 훼손, 혹은 동물 관리 부주의에서 오는 자연재해로 간주한다.

생태학자인 최재천 이화 여자대학교 석좌교수도 신종 코로나 사태는 생태학과 밀접 관계가 있다고 한다. 2020년 9월 11일 「조선일보」와의 인터뷰에서 그가 말했다.

"흑사병은 당시 유럽 인구의 3분의 1이 죽고 끝났다. 중간에 많이 죽어서 저절로 사회적 거리가 생겼다. 바이러스는 생물이 아니라서 자기가 의지를 갖고 다음 몸으로 향할 수 없다. 거리 두기만 확실히 하면 못 옮기는 것이다. 결국은 끝날 일이지만, 그에 앞서 피해를 최소화하기 위해 우리가 (보건 위생 규칙을 지키며) 애쓰고 있다. 자연계에서 늘 벌어지는 일이지만 규모가 이렇게까지 대단한 경우는 별로 없다. 어떻게 끝날지 시간이 얼마나 걸릴지는 우리 하기 나름이다."

23.

뭐가 그렇게 신나느냐고 묻는다면

지금까지 국가적으로 위기가 닥치면 대통령은 종교계 지도자들을 초청해서 조찬 기도회를 열었다. 코로나는 달랐다. 제발, 교회 문을 닫고, 성도들도 집에서 근신하면서 비대면 영상 예배를 드리라고 촉구한다. 심지어는 일부 교회와 성도들의 집단 감염으로 인해 전체 교회와 성도들이 다함께 국민의 짐이 되어 원성을 샀다. 방역 당국의 정책에 잘 따르는 다수의 교회와 성도들조차, 같은 종교에 속하는 그들 때문에 얼굴을 들 수가 없다고 수군거린다.

왜 하필 코로나로 인해 교회와 성도들이 사회의 손가락질을 받게 된 것일까?

화려한 치장, 놀라운 스펙, 연봉이 높은 직업, 모두가 선망하는 동네의 아파트 소유 등등 보이는 것에 치중한 '성공 지향적인 신앙'에 대한 경종이라고 본다. 사실 신앙생활이란, 교회와 목회자, 성도들을 뛰어넘어, 눈에 보이지 않는 하나님을 믿고 따르는 것이다. 하나님과 자신의 영적 관계성을 사랑으로 바르게 맺는 것에 힘쓰면, 나와 누군가의 만남 속에 항상 하나님이 개입해서 두 사람의 뜻이 바른 차원에서 좋은 결실을 보게 되어 있다.

그 하나님의 은혜 안에 살려면, 성경 말씀을 제대로 알아야 한다. 말씀이 삶으로 녹아져야 한다. 말씀에 의지하면 보혜사 성령(聖靈)께서 우리를 선한 방향으로 인도하신다.

그럼에도 불구하고 코로나가 극성을 떠는 지금, 많은 사람이 하나님은 어디에 있나 하고 의구심을 품는다. 세상 돌아가는 상황을 보면 그럴 수도 있다.

내 생각은 약간 달랐다. 이미 우리는 하나님의 은혜 안에 살고 있다. 그 하나님의 은혜 안에서, 왜? 라고 묻기에 앞서 크리스천이라면 적어도 이 코로나 현상에 어떻게 대응해야 하는지를 먼저 고민하고 기도해야 한다고 믿는다.

하나님은 직접 세상을 바꾸진 않으신다. 한 사람의 심령을 바꿔서 그를 통해 그가 만나는 가족과 이웃을, 그리고 그 가족과 이웃이 그들의 작은 공동체를 움직이는 데 함께하신다. 그렇게 사람과 사람 사이에 하나님이 계셔서 그들이 사랑의 마음을 나누기를 원한다. 그러니 사회적인 위기일수록 나 한 사람부터 하나님 앞에 믿음으로 바로 서는 것이 중요했다.

하나님이 세상을 바꾸는 방법은, 이렇듯 한꺼번에 제도를 바꾸거나 사회를 허리케인으로 바꾸진 않는다.

조심스럽지만 내 경우를 얘기해 본다. 방역 당국과 의료진의 조언 대로 개인위생관리를 철저히 하는 한편, 일상생활에서 타인들을 대하는 사소한 예의를 먼저 행동으로 옮겨 보았다. 가령, 지난 해 여름에는 항상 냉장고 냉장실에 휴대용 방탄 커피를 쟁여 놨다. 휴대용 주스와 아이스 아메리카노 커피도 함께.

인터넷몰에서 쇼핑하는 횟수가 늘어나면서, 우리 집 초인종을 누르는 손님은 택배 아저씨와 우체부, 가까운 대형마트 배달원, 아파트 환경미화원 아줌마들이었다. 나는 그들이 초인종을 누를 때마다 현관문을 열고 나가서, 방탄 커피를 건네면서 위로 인사를 전했다.

"더운 날씨에 배달해 줘서 감사해요."

그 한 병의 인정에, 마스크를 쓴 택배 청년의 눈이 초승달로 바뀌면서 유쾌하게 웃는 웃음소리가 내 귀에 싱그럽게 들린다. 인터넷몰에서 방탄 커피는 개당 2400원이다. 어느 카페에 들러 주문하니 3800원이었다. 이 정도 씀씀이야 모르는 타인이라 할지라도 나눠줄 수 있지 않은가. 코로나 시대라서 애써 거리를 두고 타인을 피해 다녀야 한다지만, 마스크를 쓰고 손 소독을 하고 사람들과 거리를 두면 자가 방역은 된다고 본다.

한 발 더 나아가 천 냥 빚을 나눠 보았다. 속담에 '말 한마디로 천 냥 빚을 갚는다'라는 얘기를 실천해 본 것이다. 택배 기사로부터 전화가 걸려 오면 끝마디에 꼭 '선생님'이란 호칭을 붙였다. 굉장히 쑥스럽다는 듯이 퉁명스럽게 본론만 얘기했지만, 그의 뒤끝은 찬란했다. 우리 집 앞에 배달되는 어떤 물건도 툭 버려지듯이 던져진 적이 없다. 언제나 현관 왼쪽의 계단에 차곡차곡 쟁여져 있다. 내가 손을 뻗으면 닿기 편리한 장소다.

장보기 조차 두려운 요즘 그들이 아니면 누가 우리의 먹거리와 생필품을 갖다 줄 것인가? 나는 그들이야말로 나를 찾아와 준 예수로 믿고 감사하는 마음을 품는다.

우리가 예수를 믿는 건 성경 속에 박제된 글이어서는 안 된다. 좋을 때만 예수께서 우리와 함께 계시는 것이 아니다. 어렵고 힘든 고난 속에서도 그분은 늘 우리 곁에서 뭘 도와줄까 하고 우리의 기도에 귀를 기울이신다. 부활과 동시에 영(靈)으로 살아 계신 예수는, 고대 이스라엘에서도, 지금 이 순간에도, 카이로스(Kairos)의 시간으로 우리 곁에 계시는 것이다. 카이로스는 기회, 또는 특별한 시간을 의미하는 그리스어로, '기회의 신'을 뜻한다.

지난 9월 1일, 글을 쓰고 나서 프린트를 해야 하는데 컬러 카트리지의 잉크가 떨어졌다. 오래 거래하는, 가로수길에 있는 단골 문구점에 전화를 걸었다. 프린트지도 한 상자가 필요했다. 걸어서 들고 오려면 부피가 있어서 차를 갖고 가야 하는데, 가로수길의 좁은 도로 주변에는 주차장이 턱없이 부족했다. 문구점 사장은 자전거로 배달을 해주겠다고 말한다. 미안해서 어쩌냐고 말하면서도, 속으로는 내심 고마웠다. 쓰고 있던 글의 문맥이 끊어질까 봐 외출하기가 망설여졌던 참이다.

문구점 사장이 물었다.

"카트리지 넘버가 404호 맞죠?"

"앞서 산 넘버, 기억하시잖아요?"

수정 작업 중인 노트북 화면에서 눈길을 떼지 못하면서 휴대전화 스피커폰으로 답변했다.

"그래도 한 번 점검해 주세요."

"사장님이 그렇게 기억하면 그게 맞겠죠. 죄송하지만 빨리 갖다주세요."

아뿔싸! 20만 원이 넘는 컬러 카트리지의 포장을 뜯어서 복사기에 끼웠는데 호환 에러가 나왔다. 이상해서 카트리지를 끼우는 칸을 열어 보았다. 403호였다. 난감했지만 다시 403호 카트리지를 전량 재구매했다.

내 잘못인데, 사장님은 내가 포장지를 뜯은 404호를 필요로 하는 곳에 약간의 할인 가격으로 팔아주겠다고 중개에 나섰다. 새롭게 산 카트리지는 중간이윤을 빼고 원가로 계산하겠다고 한다.

"아뇨. 요즘 코로나로 모두가 힘든데, 내 실수니까 원래 가격으로 결제할게요. 저는 그래도 아직 버틸 여력이 있으니까요."

 "하하. 오랜 단골이신데 계속 찾아주는 것만으로도 우리가 고맙죠. 제가 알아서 할 테니까, 현관 앞으로 나오세요."

 그는 무거운 문구를 우리 집 현관 입구까지 운반해 주면서 카드 결제기를 꺼낸다. 나는 거듭 원래 가격으로 결제해 달라고 요구했고, 그는 그렇게 할 거라고 대답했다. 막상 영수증을 받고 보니, 앞서 결제한 명세의 절반 가격이다.

 "아니 왜?"

 "에이, 제 실수도 있잖아요. 단골이라 잘 안다고 그만 번호를 잘못 알았잖아요. 그리고 앞으로도 계속 우리 물건, 찾을 거잖아요."

 그는 당장의 손해보다는 장기적으로 단골을 잃는 것을 더 염려했다. 코로나의 불황을 극복하려는 의지가 엿보였다.

 "당연하죠. 하지만 이 영수증 처리는 반칙이네. 다시 결제해 주세요."

 "아, 아뇨."

 그는 서둘러 엘리베이터를 타고 내 눈앞에서 사라진다.

아이고, 이런.

예수님, 이럴 때는 어떻게 해야 하나요?

그 일이 있고 나서 2주쯤 지났을 때다. 나는 몇 가지 필요한 문구와 주변에 선물할 용구를 사러 문방구에 갔다. 그를 통해 예수께서 나를 찾아와 준 답례를, 나를 통해 예수께서 그를 방문하는 소소한 기쁨을 문구점 부부가 함께 느끼게 하고 싶었다. 상대의 배려를 당연한 권리로 받아들이면 그다음이 없다.

사람과 사람 사이에는 항상 긍정적인 여지를 남겨 둬야 한다.

언젠가 김장철에 가락동시장에 가서 들은 얘기다. 가을 배추밭에서 수확을 마친 농부들은 덜 여문 작은 배추나 겉잎사귀를 끝내 추수하지 않는다고 한다. 서리가 내려앉은 배추 잎사귀만 걷어다가, 집에서 삶은 시래기를 시장에 내다 팔아서 생계를 잇는 사람들에 대한 배려라고 한다.

나는 매일 기도하면서 영적 소통을 나누는 예수를, 이렇듯 주변의 사람들을 통해 만난다. 나 또한 나의 작은 선행을 통해 그들로 하여금 예수를 만나는 사랑의 통로가 되었으면 하는 바람을 가져 본다.

다시 코로나를 종식하는 지혜를 모아 보자. 우선 누가 위악스러운 코로나로부터 우리를 안전하게 지켜 주려고 노력하는가?

수많은 사람 중에 한 사람의 행동에 주목한다. 바쁜 일정에도 불구하고 페이스북에 코로나 관련 일상 정보를 알려 주는, 성심병원 감염 내과 이재갑 교수다.

그가 신앙 고백을 한다.

의료는 제게 큰 의미에서 선교이고, 현장 사역이라고 생각하고 있어요.

그가 C일보 인터뷰에서 밝힌 코로나 관련 정보를 함께 나눠 보자. 이 교수는 코로나 예방 차원에서 자가격리로 고통스러워하는 우리의 심정을 정확히 알고 있어서 흥미로웠다.

사람이 병에 반응하는 데도 단계가 있다고 한다. 처음엔 화를 내고, 다음엔 이겨내기 위해 노력한다는 것이다. 그 다음 단계는 급속도로 우울해지고 나서 결과적으로 병을 인정하고 수용하게 된다고 한다. 나와 내 주변 사람들이 모두 겪은 일이다.

나는 지금 맨 마지막 단계에서, 홀로 견디는 일을 즐겁게 하려 한다.

피할 수 없는 고통이라면, 차라리 즐겨라!

의사인 그 역시 이전과 달라진 삶에 적응하려고, 배달 앱으로 주문한 맥주를 마시면서 스트레스를 푼다고 한다.

　우리는 분명 달라진 시대에 살고 있다. 인정할 때가 되었다. 그래야 빨리 코로나로부터 자유로워져서 갈팡질팡하는 경제를 비대면으로나마 잘 챙겨서 다시 본궤도에 올려놓을 수 있다. 코로나만큼이나 무서운 것이 경제적 손실이지 않은가.

　성경에 기록되어 있는바에 의하면 십자가에 못 박혀서 돌아가신 예수의 시체를, 아리마대 사람 요셉이 빌라도 총독에게 허락을 받고 무덤으로 운반했다. 니고데모는 몰약과 침향 섞은 향품을 예수의 시신에 바르고 세마포로 싸서 무덤에 묻었다.

　사흘째 되는 날, 여제자 막달라 마리아 등이 무덤가에 갔을 때 무슨 일이 벌어졌던가? 소문을 전해 듣고 달려간 수제자 베드로가 가 보니 예수가 보이지 않는 빈 무덤이었다. 세마포도 있고 머리를 쌌던 수건은 딴 곳에 썼던 대로 놓여 있다.

　그들은 성경에서 누차 예언했던 말씀을 잊고 있었다.

　'예수는 죽은 자 가운데서 다시 살아나야 하리라'는 그 예언의 말씀을.

　보이는 것이 다는 아니다. 예수의 사랑을 믿고 확신한다면, 우리는 알 수 있다. 그분은 지금 우리 모두의 불안한 마음을 위로하고 아픈 자들을 치유하며 간절한 기도를 하는 자들에게 소망을 주려고 코로나의 38선 최전방에서 수고하고 있다는 것을. 의사의 가운을 입고서, 간호사의 의복을 입고, 때론 간병인의 손길이 되어 아픈 자의 몸을, 마음을 치유하고 회복하려고 수고를 아끼지 않는다.

조심스럽지만 우리는 교회에서만 예수를 찾는 낡은 습관을 내려놔야 한다. 부활하신 예수를 빈 무덤에서 찾는 것과 뭐가 다른가?

예수의 빈 무덤과 제자들

나는 코로나 덕분에 유튜브를 통해 우리 교회 목회자들은 물론 다른 교회 목회자들의 설교 말씀을 자유롭게 시청하면서 영적 호사를 누리고 있다. 십일조와 감사헌금, 기타 헌금은 틈나는 대로 내가 출석하는 교회 재정회계실 앞 헌금함에 넣는다. 곧바로 교회를 나서지 않고, 텅 빈 교회 안 작은 정원의 벤치에 앉는다. 마음에서 우러나오는 기도를 한다.

내가 누군가의 손을 잡아주었을 때, 그 사람들이 나를 나로 보지 말고 예수 그리스도를 만나는 기쁨을 누리도록 간절히 기도드린다. 예수는 영이라서 사람을 통해 당신의 뜻을 나타내신다. 힘들 때일수록 모두가 맑은 영혼과 마음의 등불을 밝혀서 그러한 기적을 체험했으면 한다.

우리는 그동안 교회 안에서, 목회자들이 떠먹여 주는 성경 말씀과 기도 응답을 넘치게 받았다. 그 사랑을 받은 우리가 이제는 교회 바깥으로 나가, 주님의 일에 쓰임받는 사랑의 도구가 되었으면 한다. 거리에서, 직장 혹은 병원, 시장에서 만나는 사람들이 예수를 체험하도록….

거창한 기적이 아니면 좀 어떤가. 차 한 잔, 샤인머스켓 한 송이를 나누면서 느끼는 소소한 기쁨이면 되는 것을.

그러한 인간관계에 예수가 함께 계신다고 믿기만 하면, 거기에는 틀림없이 예수가 함께하신다. 예수가 함께하는 인간관계가 얼마나 좋을까, 상상만 해도 신나지 않는가. 뭐가 그렇게 신나느냐고 묻는다면, 이렇게 대답하고 싶다. 예수 그분이 우리가 알기 전부터 우리를 사랑으로 감싸 안고 우리의 소망을 들어주는데 왜 아니겠느냐고. 의심스럽다면 직접 그분을 믿어 보라. 내 얘기가 진짜인지 가짜인지 알게 될 것이다.

24.

히스테리한 정치는
용기를 더 내시오

가끔 비슷한 연배의 친구들과 함께 번개팅을 한다. 나이가 들었지만 우리의 마음은 언제나 청춘이다. 우리끼리 만나면 그렇다. 거리 두기가 비교적 완화되었던 지난 해 가을 그 무렵, 친구들과 함께 논현동의 이디야 커피 브랜드 본사 커피숍에 도착했다. 나선형의 계단 위로 올라간 2층은 거리 두기 간격 폭이 넓직해서 마음이 놓였다. 홀 안은 정장을 입은 청년이 순찰 중이다. 커피와 다과를 먹을 때만 마스크를 벗고, 음식 섭취가 끝나기가 무섭게 다시 마스크를 쓰라고 주의를 시킨다. 2층 어느 테이블에서도 그의 말에 이의를 다는 팀은 없었다.

그날은 내 마음이 좀 상해 있었다. 결과적으로, 나는 친구들과 대화를 나누는 동안 하나님의 은혜를 체험했다. 사람과 사람 사이에 하나님이 계실 때 어떤 일이 벌어지는가. 절대 상대가 안고 있는 문제를 후벼 파지 않는다. 전반적인 시각에서 문제의 쟁점 선상에 있는 사람들 개개인의 긍정적인 면을 노출해 사소한 '다름'을 이해시키고, 상한 마음을 위로하면서, 새로운 시각에서 동반 성장하는 방법론을 제시한다. 그들의 조언이 끝나고 나서 '넌 뭘 그렇게 아는 게 많아?' 라고 질투하지 않는다. 그런 바보는 더 이상 좋은 친구를 갖지 못한다.

친구들의 조언은 내게 백만 불짜리 컨설팅이었다. 아주 기분이 좋아졌다. 다시 명랑 코드를 되찾은 나의 유머로 우리는 자리를 털고 일어나기 전까지 웃느라 시간 가는 줄 몰랐다.

이런 인간관계가 나는 정치의 시작이라고 생각한다. 친구들 간에 인기 캡은 정치를 잘하는 사람이다. 그는 모두에게 존중받고 사랑받는다. 이 친구들이 그렇다. 나는 이 친구들과 오래 유지되어 오는 우정을 무척 자랑스럽게 생각한다.

아파트 값이 수억 올랐다고, 건물주가 되었다고, 아들딸이 직장에서 잘나간다는 자랑은 안부 인사 정도로 한 번이면 족하다. 그다음의 대화는 가족을 뛰어넘어, 각자의 개인적 가치관이 무엇이고, 그 가치관에 의한 삶을 어떻게 살아가고 있는가에 관한 이야기로 서로를 평가한다. 친구들과 서로 선한 자극을 주는 이야기를 만들기 위해서라도 각자 열심히 살려고 노력한다.

더 많은 친구를 만났을 때, 그 자리에 없는 사람에 대해 험담을 하는 사람이 있으면 모두 배시시 웃는다. 분위기 파악을 못 하고 남의 뒷말이나 연예계 스캔들로 자신의 열정을 불태우는 그런 촌스러운 사람은, 다음 모임에서 제외된다.

평범한 5060세대들의 정치도 그러하거늘!

하물며 코로나 시대에!

우리 삶에 엄청난 영향력을 미치는 나라의 정치가 갈수록 히스테리 하다. 정치가 히스테리한 것인지 언론이 그것을 조장하는 것인지 알다가도 모르겠지만. 우리가 정치를 체감하는 것은 신문과 인터넷, 방송밖에 더 있나? 세 가지 매스컴을 통해 간접적으로 체감하는 정치는 유달리 히스테리하게 느껴진다. 나만 그렇게 느껴지는 걸까?

지난해 여름, 부동산 정책과 과다 세금 책정으로 정치는 전 국민의 인구분포도를 2분의 1로 쫙 갈라 놓았다. 강남 3구와 전국으로 확실하게! 나중에는 그마저 경계선이 무너졌다.

전국적으로 부동산 가격을 올려서 세금을 높여 받는 이

유가 복지를 돌보는 동반 성장을 위한 것이라는 말은 이해한다. 코로나 이전부터 다양한 기저질환을 이력서로 달고 사는 가난한 사람들과 자녀가 있지만 혼자 단칸방에서 살며 아파도 호소할 곳 없이 외롭게 늙어 가는 사람들, 자가 격리하면 아무도 돌봐 줄 수 없는 소년 소녀 가장들, 장애가 있는 사람들, 원치 않게 노숙인이 되어 생계를 위협받는 사람들에게 정치적 함의를 통해 사회적 지원의 우선순위가 주어져야 하는 것은 인정한다.

그렇다면 정치는 유권자인 국민에게 이것이 성장과 돌봄의 균형 잡힌 삶을 위한 정책이라고 솔직하고 세련되게 양해를 구해야 한다. 왜냐하면 누구나 최선보다 차선을 선택해 아낀 돈으로 세금을 내고 있으니까 말이다.

그러니 정치도 국민에게 진심이 담긴 마음을 내줘야 한다.

"참 감사합니다. 앞으로도 더 건강하게 더 오래 일하고 저축해서, 우리 함께 소외된 사회계층을 돌보는 데 힘을 합치면 우리는 성장과 나눔의 균형 잡힌 선진국으로 진입할 수 있으리라 확신합니다. 원치 않는 코로나이지만, 이 또한 개인위생 규칙만 잘 준수하면 거뜬히 이겨낼 수 있지 않겠습니까? 우리가 누굽니까? 우리는 저력 있는 대한민국 국민이 아닙니까? 감사합니다, 소외당하는 사람들의 눈물을 닦아주신, 세금 많이 내신 국민 여러분… 더 부자 되시고, 더 나눔의 삶을 실천합시다. 정부는 세금 내는 여러분을 오늘도 응원합니다."

그날 기분파 떡볶이집 아줌마는 하루 공짜 떡볶이를 돌릴지도 모른다. 2002년 월드컵 대회를 상기해 보자. 우리가 얼마나 기분파인가? 우리 동네 떡집 아저씨는 떡을 사는 손님들에게 한 팩에 2천 원짜리 떡을 덤으로 주었다. 대한민국이 4강으로 올라간 그날의 기념으로.

멀리 갈 것도 없다. 코로나의 불안이 가시지 않는 요즘, 트로트 열풍이 사그라지지 않는 이유도 트로트가 감성파 국민의 뜨거운 오락이기 때문이다. 진짜 정치는 스포츠, 트로트처럼 국민에게 신명을 주는 '오락'과 같아야 한다. 그래야 국민이 따라준다.

현실은 어떤가. 대외적으로는 국가와 국민을 위한 대의를 부르짖지만, 국민의 눈으로 보면 속 보이는 얘기다. 정치인들 개개인의 욕망과 출세에 집착한 나머지 히스테리해져서 다른 사람의 얘기를, 다른 사람을 돌봐 줄 마음의 여력이 없어 보인다. 정치인들은 대체 언제 재충전을 하는지 궁금해진다.

중요한 것은, 정치는 더 이상 세금을 많이 내는 사람의 의무 이행을 당연시 여겨서는 안 된다. 경제학자들은 어떤가. 겉으로는 정부의 경제정책을 조목조목 따지면서 여타 국민의 분노를 달래는 것처럼 보인다. 그러나 글의 행간을 찬찬히 들여다보면 아니다. 그들 속내는 정부의 경제정책을 수반하는 인물에 나만한 인재도 없다고 으스대고 있다.

기왕 야망을 품은 정치가와 야심만만한 경제학자라면 이 정도는 되어야 한다.

'만일 내가 대통령의 정치 과외 선생이라면? 그리고 내가 대통령의 경제 과외 선생이라면? 나는 코로나의 위기 상황에서 이런 대안의 국가정책 방향을 제시하겠다. 큰 방향의 밑그림은 이렇게 저렇게 정리해서 국민적 동의를 얻고, 예산 편성을 하고, 인재들을 규합하고 지휘 통솔자를 임명한 다음, 프로젝트 기한은 언제까지로 정해서 상용화가 되면 국내 GNP와 GDP에 몇 퍼센트 상승효과를 가져오는가에 대한 시나리오를 파일럿 모의실험했더니 이런 결과가 나왔다. 필요하면 참고하시라' 정도는 제시할 수 있어야 한다.

최악의 경우 어떤 손실이 예상된다면, 미리 손실을 줄여가는 해결사는 누가 어느 부처에서 어떻게 진행해서 보완할 것인가에 대한 파일럿 모의실험 결과도 내놔야 한다. 그 정도 야심을 보이면 정치도 그런 사람에겐 관심을 두고 주목하고 있다가, 필요할 때 손을 내밀어 자기 편으로 끌어들이지 않을까 싶다.

미국의 실리콘밸리를 움직이는 힘은, 서부의 샌프란시스코와 써니베일, 스탠퍼드 대학이 있는 팔로알토의 엔지니어들과 벤처 사업가 및 벤처 자본가가 아니다. 그 힘은 미국의 정치 심장부 워싱턴의 엘리트 정치가들이 자유롭게 모의실험하는 경제성장 인프라 연구 실적에 관한 보고서에서 나온다.

하버드대학의 연구 보고서는 어느 박사학위 논문 못지않게 꼼꼼하고 정치적이다. 대학의 연구생들과 정가의 정책 수립자들도 쉽게 이해하고 수긍해서 현업에 적용할 정도로 현실적이라는 차원에서 정치적이라고 말한다. 지적 호기심이 있는 외국인 독자들도 쉽게 이해할 수 있게 정리해서 번역본으로 독서 시장에 내놓는다.

나는 우리의 정치가들과 경제정책 학자들도 더 야심만만하게, 더 치열하고 도도하게 공부하고, 연구 실험해서 유권자들의 '마음을 쏙 훔치는 큰 도둑'이 되는 데 더 용기를 내었으면 하는 바람이 크다.

내가 보기에 우리의 정치 야망은 국민의 성에 차지 않는다. 정치는 더 크게 야망을 키워야 한다. 다수의 국민은 사실 코로나보다는 이기적이고 소탐대실하는 정치환경을 더 불안해 한다. 코로나 시대의 정치는 그러한 현실을 인식하고, 차가운 지성과 뜨거운 감성으로 경제성장의 비전을 구체적으로 제시해야 한다.

경제성장과 더불어 진짜 중요한 정치의 품격과 덕목은, 국민의 인격을 존중하는 것에 세심한 관심을 쏟는 것이다. 정치의 커다란 포용력으로 우리 모두 삶의 질이 높아진다는 체감온도가 느껴질 때, 그나마 코로나의 위기를 극복할 용기가 난다.

감성지수를 높이는 다양한 문화정책을 통해, 많은 사람의 흥을 돋우는 것을 권장하는 것도 하나의 대안이다. 그렇게 부동산 자산에 쏠려 있는 관심을, 문화 자산을 가진 사람들이 존중받는 그런 정치로 탈바꿈해야 한다.

지난해 추석 전날 밤, KBS에서 방영된 나훈아에게 열광한 국민의 감정을 보라. 74세에 그 가창력이 가능했던 그의 노래 실력과 찢어진 청바지 사이로 드러난 체력 관리의 흔적에서 나는 깊은 감동을 받았다. 비대면 시대에 그는 우리의 마음속으로 훅 치고 들어와 신나게 논 것이다. 나도 무방비 상태로 그의 노래를 따라 불렀고, 그와 한바탕 신나게 놀았다. 유쾌한 밤이었다.

다음날 형제들과 함께 추석 식사를 마치고 설거지를 끝낸 후, 나는 운동화를 꺼내 신었다. 아파트 뒤편 한강 둔치로 나가 2시간을 족히 혼자 걸었다. 매일 체력 관리를 철저하게 해야겠다는, 즐거운 다짐을 하면서 말이다. 평범한 사람의 마음은 그렇게 반응하면서 살아간다.

진정성 있는 정치는 히스테리한 말과 글로 하는 것이 아니다. 실적을 말과 글로 보여주는 리더십이 진짜 정치다.

25.

대한민국의 노후 간병인,
AI 로봇

성장과 헌신은 톱니바퀴와 같다. 성장의 폭이 높아질수록 헌신의 깊이가 탄탄하게 뒷받침해 줘야 균형 잡힌 삶을 잘 유지해 나갈 수 있다. 주변에 막 빛을 보기 시작하면서 주저앉는 사람들을 분석해 보면, 성장에 따른 가족 혹은 본인의 헌신 결핍도 포함되어 있음을 주목한다. 반대로 매사 순항하는 사람들을 보면, 본인 혹은 가족 중 누군가 그를 위해 헌신적인 삶으로 응원하고 있음을 알게 된다.

자원해서 어려운 사람을 돕기 위해 잠시 자신의 성장을 중단할지언정 거기 주저앉지 않고, 전보다 더 탁월한 성장의 가속도를 밟는 사람들도 본다. 성장과 헌신의 균형 잡힌 삶을 사는 성숙한 사람들이다.

그것이 비단 개인의 경우에만 해당할까?

선진국에서는 경기가 후퇴하면서 시장이 불황을 호소할 무렵이면 새로운 기술혁신(기술의 물갈이)의 관점에서 국가 경제성장의 로드맵을 재설계한다. 내 생각이 아니라 경제학자 슘페터가 그의 '경기순환론' 이론에서 밝혔다. 기술 발전의 공식을 보면, 경기 후퇴, 불황, 기술의 물갈이(예를 들면 유선전화에서 휴대전화로)를 반복하면서 이뤄진다는 논리다.

우리 경제의 성장 과정을 슘페터의 이론에 대입해 보면 어떤 의미에서는 일리가 있다고 본다. 우리의 나라 곳간이 늘어나게 된 구체적인 계기도, 경제 산업 개발 5개년 계획에 의한 국책 기술 개발을 통해 경기 불황을 헤쳐 왔기 때문이다.

정부가 국책연구소를 통해 신기술을 도입하면, 대기업과 중소기업이 동반관계로 제조업과 부품산업을 활성화했고, 그들이 완성한 제품을 공기업을 통해 정부가 제품의 일정량을 구매하도록 독려함으로써 신기술 전자제품을 시장에 정착시켰다. 국내에서 소구력이 높아지면, 그 여세를 몰아 해외 수출로 기염을 토한다. 국내의 경기는 호황기를 누리는 선순환이 이뤄진다. 눈치 빠른 경제 정책가와 대기업은 호황기의 절정에서 차가운 머리로 다음 단계 기술 개발을 위한 아이디어와 투자에 신경을 곤두세운다. 전전자교환기, 반도체, 초고속 전산망, 인터넷, CDMA 휴대전화 모두 그 같은 과정을 통해 시장에서 호응을 얻었다.

이 패턴으로 우리 경제 산업의 초창기를 계획 주도한, 주목할 만한 인물이 있다. 1970년대 후반의 경제정책가 김재익 경제수석이다. 여기서 잠깐 이 글의 사실적 증명을 위해 김재익 수석이 누군가 짚고 넘어가자.

1980년 쿠데타로 정권을 장악한 전두환이 삼고초려 끝에 국보위에 영입했다가 청와대 경제수석으로 기용했던 인물이다. 경기고등학교 2학년 때 자퇴하고 검정고시를 통해 서울대에 합격했다. 미국 스탠퍼드대에서 경제학 박사를 땄는데, 거기서도 천재 소리를 들었다고 한다. 서울대에서 강사를 하다가 한국은행 공채에 수석 합격했고, 기획재정부에 들어가서 42살에 차관보까지 올랐다. 신군부 세력이 집권 가도를 달리던 1980년 사표를 내고 연구직을 모색하다 전두환에게서 프러포즈를 받았다.

그는 두 가지를 약속받고 정권에 합류했다. 하나는 소신껏 일하게 해달라는 것이었고, 다른 하나는 정치자금에는 관여하지 않게 해달라는 것이었다. 전두환은 "경제에서만큼은 당신이 대통령"이라며 그에게 경제정책에 대한 전권을 부여했다. 그러나 서울대 동문으로부터는 군부정권의 하수인이 됐다는 조롱을 들어야 했다. 심지어는 아들로부터도 항의를 받았다. 그는 "경제가 국제적으로 성장해야 독재정치도 막을 수 있다"라는 소신으로 자신을 방어했다고 한다.

김재익은 1983년 전두환의 미얀마(버마) 방문을 수행했다가 북한이 저지른 아웅산 테러로 생을 마쳤다. 그는 두 가지를 인정받는다. 재벌과 밥을 먹어도 밥값은 꼭 자신이 낼 정도로 청렴했고, 지인들로부터 수백 통의 이력서를 받은 노모가 아들의 성품을 알기에 한 통도 건네지 못했을 정도로 강직했다고 한다.

또 하나는 정권의 유불리를 따지지 않고 소신껏 정책을 추진했다는 점이다. 저물가 기조를 철저히 유지해 서민경제에 울타리를 쳐줬고, OECD(국제협력개발기구) 가입을 성사시켜 국격을 높였다. 그가 주도한 전전자교환기와 은행 지로제 도입 등은 한국이 정보화 강국으로 가는 길을 닦았다는 평가를 받는다. 종국에는 실패로 끝났지만, 정치자금 조달에 문제가 생긴다며 결사반대한 당시 권력 실세들과 충돌하면서까지 금융실명제를 밀어붙인 사례는 유명하다.

〈2019. 08. 11「충청타임즈」권혁두 기자의 '충청논단'에서 발췌〉

김재익 수석이 통신 분야 전문가인 오명 박사를 청와대 대통령 비서관으로 추천·발탁했고, 연구소에 실무를 담당할 인재로는 KIST 경상현 박사를 비롯 유능한 엔지니어들을 독려해서 국책사업을 추진한 결과! 내수시장에서 자신감을 얻은 기업들이 앞다퉈 수출 활로를 뚫음으로써, 경제 전반에 걸쳐 크게 활력을 불러일으킨 것은 부인할 수 없는 현실이다.

　코로나 시대라는 새로운 역사가 진행되면서 여기저기에서 경기 둔화를 염려한다. 경기가 예전 같지 않다는 것이다. 기술 발전의 공식에 우리 현실을 대입해 보면, 경기 침체의 해법은 새로운 기술 물갈이를 통해 경제성장의 로드맵을 만들어 가야 할 때라는 답이 나온다.

　좁은 소견으로 봐도 휴대전화와 반도체 강국이라는 닉네임 이후 이렇다 할만한 획기적인 기술 물갈이가 눈에 띄지 않는다.

　지금 우리가 국가 차원에서 헌신해 온 분야가 과연 있을까?

　해외에 살다가 들어온 친구들이 이구동성으로 말하는 게 있다. 우리의 의료 복지와 장애인 및 노인 복지 지원이 눈에 띄게 개선되었다는 것이다. IT 분야가 성장의 울타리 속에서 줄곧 버티기를 하는 가운데 꾸준히 개선되고 있는 분야가 복지인 것은 맞다.

문제는 다수의 복지 지원정책이 재정을 창출해 내는 분야가 아니라고 생각한다는 점이다. 복지 수혜자들에게 최소한의 삶의 질을 유지할 수 있도록 나라 곳간의 예산으로 개개인에게 연금과 치료 혜택, 혹은 돌봄 인력을 제공하는 것에 그치고 있는 현실이니까. 복지 소비 시장을 복지 산업 시장으로의 발상 전환을 할 때라는 생각이 머릿속을 떠나지 않았다.

사고의 발상을 반 발자국만 내디뎌 본다.

휴대전화 산업이 시장에서 순항하기 시작한 1990년대 후반부터 2천 년대의 IT 성장과, 2천 년대 말부터 2020년 현재, 복지에 대한 헌신적인 지원정책이 얼추 균형을 잡아가고 있다는 건 나만의 생각일까?

거시경제 차원에서 되돌아봤을 때, 우린 다사다난한 정치와 안보, 사회문제 속에서도 시차를 두고 성장과 헌신의 균형 잡힌 속도를 바투 유지해 왔으니 말이다. 기술 인프라를 통해 경제성장의 시너지를 일으킨다는 방향만 설정되면, 우리는 다시한번 세계시장에서 소구력이 강한 신기술 제품으로 경제성장의 활력을 기대할 수 있겠다. 반도체와 휴대전화 개발에 버금가는 기술로.

코로나 감염의 백신 개발과 치료에만 치우친 나머지, 우

리의 강점인 경제 기술 개발에 대한 의욕이 외면당해서는
안 된다.

　수년 전부터 '과학기술정보통신부' 부처에서 인공지능
간병 로봇을 국책사업으로 개발 중이라고 한다. 과거 전전
자 교환기, 반도체, 초고속 전산망, 인터넷, CDMA 휴대전
화 개발에 이어서 개발하는 인공지능 로봇 간병인은 우리
경제성장과 개인의 삶의 질을 높이는 데 어떤 효력을 가져
다줄 것인가?
　결혼과 출산을 미루는 젊은 세대들이 향후 대한민국의
노후 간병을 떠안는 10년 안팎의 미래에, 가족 간병을 떠
안는 자녀들과 병원에서 환자를 돌보는 전문 간병인들의
요긴한 간병 조력자가 될 것이다.
　혹자는 간병 로봇의 개발로 인해 일자리가 줄어드는 것
이 아니냐고 우려한다. 그것은 기우다. 초미세먼지를 빨아
들이는 진공청소기와 드럼세탁기가 맞벌이 부부와 파출부
및 베이비시터 고용시장에 활력을 주고 있다. 외국인으로
채워지는 간병인들조차, 이송 부담이 큰 중증 환자를 피하
는 것이 현실이다. 간병 로봇이 전문 간병인 곁에서 이송
조력자가 되어 주면 환자를 돌보는 일이 한결 수월해질 것
이다.

노인과 장애인을 이송하는 보호자 혹은 간병인이 환자를 이송할 때, 힘을 덜어주는 로봇 간병인 개발은 시의적절한 기술이라고 생각한다. 사람 모형의 외형에 리모컨 조종이 가능한 인공지능 칩을 탑재해서, 근거리 이송 수단으로 사용하는 것이다.

지금 집 밖에서 휠체어를 타고 다니는 장애인은 집 안에서 어떻게 이동하고 있을까? 집 안에서 사용하는 세컨드 휠체어가 따로 있다 한들, 보편적인 집 안 구조로 볼 때, 디테일한 움직임이 필요한 화장실 겸 욕실과 같은 근접 이동은 가족 혹은 장애인 활동 보조인과 요양 간병인들의 부축을 받아야 한다. 어떤 집들은 거실 바닥이 목재로 설계되어 있다. 마룻바닥에 흠결이 생길까 봐 휠체어의 사용을 싫어한다. 우습게 생각할 일이 아니다.

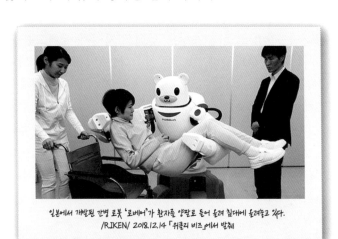

일본에서 개발된 간병 로봇 '로베어'가 환자를 양팔로 들어 올려 침대에 올려놓고 있다.
/RIKEN/ 2018.12.14 「위클리 비즈」에서 발췌

재활 병동에서 만난 60대의 어느 따님으로부터 직접 전해 들은 이야기다. 새로 입주한 아파트 거실이 결이 좋은 나무 마룻바닥으로 되어 있다고 종종 자랑삼아 얘기했었다. 퇴원한 지 두 달 만에 안부를 전해 온 따님에 의하면, 연로한 어머니를 요양병원에 입원시켰다고 한다. 휠체어에 태운 친정어머니를 거실에서 화장실로 이송하는 동안, 마룻바닥에 체인 자국이 나고 간혹 나무 마루에 흠집이 생기는 것을 견디다 못한 조치였다.

　무슨 대단히 큰 이슈로 가족 간에 갈등이 야기되는 것이 아니다. 나무 마룻바닥의 흠집 같은 사소한 불편이 쌓이면서 불만이 터져 나오게 되는 것이다. 그러나 마룻바닥의 흠집이 진정한 이유였겠는가. 실상은 친정엄마의 기저귀를 집에서 매일 갈아 끼우는 불편함과 그로 인해 외출이 부자연스러웠을 불편이 총체적으로 불거지면서 벌어진 일이라고 본다.

　사실 아직도 거동이 불편한 전신 마비, 혹은 반신 마비 장애인을 안방에서 거실로, 거실에서 안방으로 이동하는 실제적인 비상수단은 대단히 원시적이다. 두툼한 솜 이불에 환자를 보쌈해서 네 귀퉁이를 가족들이 붙잡고 이동시키는 것. 환자를 운반하는 가족들은 근육통으로 고통받고, 솜 이불에 의해 이동하는 불편을 감수하는 환자들의 인격적인 모멸감은 누가 달래 줄 것인가?

이 소소한 이동을 간병 로봇이 도와준다고 가정해 보자. 로봇이 장애인을 두 팔로 안아서 양변기에 앉힐 경우, 환자의 자존감을 살려주는 동시에 가족 혹은 간병인의 팔과 어깨와 허리 통증을 덜어주는 장점이 있다.

고령이지만 아직 정신이 명료한 상태에서, 약한 다리 근력으로 인해 하는 수 없이 침대에서 기저귀로 대소변을 받아내야 하는 경우가 있다. 이때 안방 안에 있는 욕실과 화장실로 이동해야 하는 일이 버거워 하는 수 없이 요양병원에 입원해서 간병인의 조력을 받는 경우가 비일비재하다. 실상 병원비와 약값은 그다지 비싸지 않다. 인지장애와 알츠하이머 등 중증 난치병 환자들에겐 복지정책 차원에서 병원비할인 혜택이 있으니까.

변함없이, 대책도 없이, 여전히, 비싼 건 간병비다. 중증 환자의 간병비는 2020년 기준으로 하루 일당이 십만 원이다. 한 달이면 삼백만 원, 일 년이면 3600만 원이 된다. 병원비보다 간병비로 인한 경제적 출혈이 크다.

인공지능 로봇 간병인 모델

어디 간병비뿐일까? 병문안 갈 때마다 가족들은 간병인에게 반찬과 간식거리를 제공해 줘야 한다. 밥은 이미 환자식에 끼니마다 한 공기 추가로 신청하는 건 기본이다. 유일하게 '김영란법'이 통하지 않는 비무장지대가 간병인 집단이다. 그뿐인가. 간병인들에겐 주기적으로 보너스를 현금으로 쥐여 줘야 하는 관행으로 보호자는 허리가 휘어진다. 만일 간병 로봇이 실내에서 노약자의 이동을 도와준다면, 굳이 부모를 요양병원에 보내지 않아도 된다. 당연히 간병비로 지출되는 가욋돈도 아낄 수 있다.

집에서 가족이 음식을 제공하고 목욕을 돌봐주는 일은 어렵지 않다. 화장실만 걸어서 다니면, 사실 나머지는 일도 아니다. 그렇다면 자식들은 종신 직전까지 집에서 편하게 부모를 모실 수 있고, 당사자는 가족들의 호의적인 환대 속에서 여생을 보낼 수도 있을 것이다. 집에서 요양하는 노인들과 중증 장애인은 복지부에서 급여를 제공하는 노인 요양보호사, 혹은 장애인 활동 보조인의 조력을 받을 수 있다. 사전에 요양 등급만 받으면, 10% 혹은 15%의 수수료를 지급하면 된다.

이 단순 이동 도구인 로봇에 인공지능이 부착될 경우, 거동이 정상인 사람들에겐 하루 일정과 한 달 일정을 기록한 다이어리를 해당 날짜와 시간에 음성 메시지로 알려주는 비서 기능이 요긴해진다.

특히 꾸준히 식전·식후에 약을 먹어야 하는 경우에도 용이하다. 혼자 있을 땐 가끔 약을 먹었는지 안 먹었는지 헷갈릴 때가 있다. 그것을 로봇의 인공지능이 예약한 시간에 약 먹을 시간을 알려주면 꽤 편리할 것이다. 로봇이 혈당을 체크하는 것은 부담스럽겠다. 혈압을 재는 기계 정도는 로봇의 손아귀를 통해 가능한 로봇이라면 어떨까?

일본 소프트뱅크의 로보틱스 그룹이 2020년 9월 28일 베어로보틱스가 개발한 서빙 로봇 '서비'를 시연했다 : 로이터

인공지능 기능이 환자의 혈압이 높거나 저혈압일 경우, 약을 먹거나 운동으로 보완하는 정보를 알려줄 것이다. 만일 합병증이 위험 수치에 이르게 되면 병원에 내원해서 치료를 받도록 인공지능 기능이 권할 수도 있다. 고령 시대

를 예견하고 준비하는 AI 로봇 기술 개발이, 훗날 거동이 불편하거나 연로한 사람들에게 삶의 질을 높여주는 기회가 되어 주리라 믿는다.

또한 다양한 산업 현장에서 요긴하게 쓰임받는 도구로 주목받을 것이다. 그러한 삶의 환경이 경제적인 시너지를 몇 포인트로 끌어올릴 것인가는, 아무래도 경제 관련 연구원들이 해야 하는 미션으로 남겨 둬야겠다.

내 인생과 믿음의 스승들께 감사

처음엔 몰랐다. 가족 간병 보호자들을 얕잡아 보는, 전문 간병인들의 속맘을. 그들의 갑질에 신경이 날카로워져서 한 방에 진압하려고 벼르는 순간마다, 나를 사랑으로 붙잡아 주신 은혜로운 인연들이 있다. 도저히 사양할 수 없는 분들이 초대하는 점심 자리에, 작업복 차림에 재킷 하나만 더 걸치고 병실을 나갔다. 쉽게 가라앉지 않는 분노를 억제하느라, 비싼 밥을 맛도 모르고 먹었다.

선생님들의 대화는 언제나 신선하고 배울 점이 많았다. 그분들이 기사가 운전하는 차로 장충동 S호텔을 떠나는 것을 배웅한 나는, 다시 호텔로 들어가 커피숍에서 나만의 황금 같은 시간을 갖고 문제의 실마리를 풀었다.

혜숙이처럼 완쾌가 보장되지 않는 장애 환자를 간병하는 것이, 전문 간병인들의 수입을 늘리기에 좋은 조건이었다. 보호자를 내쳐야 그 자리를 차지할 것이 아닌가. 교통보험으로 간병비가 화수분처럼 나오는 혜숙이를 맡으면 편하게 간병할 수 있기 때문이다. 문제는 혜숙이가 간병인을 한사코 싫어한다는 것이다. 재활 전문 요양병원에서 혜숙은 블랙 리스트 환자다. 보호자가 상주한다는 조건 없이는 입원 자체가 안된다. 전문 간병인들이 모르는 일이다. 그러니 내가 그들을 이해하는 수밖에.

또 다른 문제는 좀 난감했다. 가족들에게 버림받은 설움을, 더 연약한 약자의 보호자에게 노골적으로 '먹을 것'을 요구하는 노인 환자들의 심술이었다. 원무과에 가서 들어보니, 다들 며느리에게 쫓겨나 갈 곳 없는 노인들이었다. 간간이 아들과 딸이 찾아오는 정도였다. 병원 비상구 계단에서 아들을 부여잡고 설움을 호소하는 것을 여러 번 목격했다. 아들이 다녀간 이후로 노인들의 짜증은 도가 넘었다. 밥을 먹다가 갑자기 수저를 탁 소리 나게 내려놓으면서 신경질을 낸다.

"에이, 더러워서 밥 못 먹겠네."

그 말이 떨어지기가 무섭게 엄마가 P브랜드 빵과 예쁘게 잘 깎은 과일 접시를 갖다가 대령한다.

"아이고, 어머니. 입맛이 없기도 하겠어."

엄마는 옆 침대의 환자마다 전부 '어머니'라고 호칭한다. 나한테 외할머니가 그렇게 많을 줄은 상상도 못했다. 어느 병실에 가든지 간에 외할머니가 세트로 누워 계신다. 병실에서 민원이 들어가면 원무과에서 바로 보호자 호출이 오고, 병원에서 나가라고 할까 봐…. 우리 모녀의 뇌물 상납은 끝이 없었다.

지금까지 혜숙이를 간병하게 될 줄 알았더라면, 그때 그렇게 죽기 살기로 열심히 하지 않았을 것이다. 그때는 혜숙이가 재활치료를 받고 빨리 걸어야, 제부와 아들이 있는 곳으로 보낼 수 있다는 가열찬 희망으로 재활치료에 목숨을 걸었다.

재활 요양병원의 병실에서 갑은 화장실을 걸어서 다니는 환자다. 을은 혜숙이처럼 기저귀를 차는 환자다. 그러니 을은 항상 갑의 입을 호강시켜 줘야 병실에서 쫓겨나지 않는다. 기저귀에서 나는 생리적인 냄새가 분쟁의 원인이다. 영화 <기생충>에서 이선균과 송강호가 피비린내 나는 분쟁으로 파국을 일으킨 원인도 냄새였지 않은가. 냄새는 어디서나 민감한 문제였다.

나중에는 미니 공기청정기를 병실에 들여놓는 무리수를 놓았다. 차츰 미니 진공청소기며, 미니 가습기, 미니 커피포트, 노트북을 올려놓기 위해 미니 접이식 테이블까지 들여놨다. 아예 원두커피 카페를 차렸다. 노인들이 건강에 좋지 않다고 커피믹스는 마다해서 내가 직접 커피를 내려서 상납했다. 다섯 명이 사용하는 다인실 안 혜숙이의 콧구멍만한 침대 아래에 쟁여놓고 사용했다. 병실에서 쫓겨나지 않으려고 산전수전 공중전을 다 겪어 봤다.(우리나라의 의료 체계상, 한 병원에 오래 입원하지 못한다. 대학병원은 2주, 준 대학병원은 두 달, 재활 전문 요양병원은 석 달 입원이 가능하다. 대학병원에 입원 예약을 신청하고 대기하는 동안 잠시 재활 전문 요양병원에 가 있던 적이 있다. 혜숙이가 전주 예수병원에서 지냈던 6개월을 뺀 나머지 3년 6개월을, 세 모녀가 병원의 순례자가 되어 광야를 떠돌았다.)

을의 보호자를 향한 갑질의 매뉴얼도 정해져 있다. 빵은 P브랜드 제품, 과일은 병원 앞 어느 가게, 음료수는 L브랜드, 곰국은 병원 건너편의 국물이 진한 한우설렁탕집. 이렇게 정하고 얻어먹는다. 병실 안 화장실 바닥에 함부로 물을 버려서도 안 된다. 환자 바지를 벗고 양변기에 앉았을 때 밑단이 젖는다고, 바닥을 마른 수건으로 닦아 줘야 한다. 어느 날 강의를 마치고 병실에 들어가니까 엄마가 혜숙의 마른 수건을 죄다 꺼내어 욕실 바닥을 보송보송하게 닦고 있었다. 감방과 병실과 군대는 동급으로, 엄연한 서열이 존재한다.

호텔 커피숍에서 혼자 차를 마시는 동안, 노인들의 갑질에 긍휼한 마음이 생겼다. 전화로 원무과에 퇴원을 신청했다. 소외받는 자들에게 죄를 짓지 않도록, 믿는 자답게 마음의 여유를 찾게 해주신 선생님들에게 감사드린다. 어쩌면 하나님께서 이분들을 통해 나를 위로해 주신 것은 아닌가 하는 생각이 든다. **아산병원의 전 병원장이신 민병철 원장님, 그분의 수제자이신 박용현 서울대 이사장님, 그리고 내가 4년간 재직했던 용인송담대 재단의 최영철 이사장님이 그분들이시다.**

"박사과정에 들어가기 전에는, 내 눈앞에 나타나지도 말라!"

호된 꾸지람으로 나를 자극해서라도 교수로 성장하는 것을 보고 싶어 했던 민 원장님의 깊은 배려와 같은 마음으로 내 능력을 여동생에게 헌신하는 것에 안타까워했던 최 이사장님은 전공과 다른 과를 통해서라도 나를 정교수로 임용하려 했다. 하나님께 서원 기도를 하지 않았다면, 나는 두 분의 바람에 흡족한 교수로 잘 적응할 수 있었을 것이다.

그 당시 서울대 병원장을 은퇴하고, 잠시 재충전의 시간을 보내던 박 이사장님의 생각은 두 분과는 약간 달랐다.

"대중의 마음을 훔치는 도둑이 되어 보세요. 그래야 좋은 작가로 재기하죠!"

결과적으로 내 삶은 박 이사장님이 예측하는 대로 흘러갈 전망이다.

나중에 알고 보니, 박 이사장님은 그 당시 서울대 병원장 직을 잘 마치고 잠깐 재충전하는 기간에 경제 과외 선생들을 초빙해서 치열하게 경영자 수업을 쌓았다. 이듬해 두산 그룹 회장으로 재기하셨다. 개인적인 인생에도 새롭게 꽃 피는 봄날을 맞이했다. 지금은 서울대 재단 이사장님으로 재직하신다. 에너지가 대단하신 분이다.

돌이켜 보면, 세 분은 하나님이 보낸 선한 인간관계였다. 하나님은 자애로우신 분이기도 하지만 참으로 엄격하시다. 현실적으로 교수 임용에 최적의 인간관계를 내 주변에

포진하고 내가 하나님과의 서원 약속을 지키는지, 인간관계에 기대는지 날 시험하고 있다는 생각을 지울 수가 없었다. 좀 복잡한 심경이긴 했었다, 그때는.

결국, K수도원으로 피신해서 잠을 잤다. 맑은 정신으로 깨어 일어나, 그곳에서 교수에 대한 욕망을 내려놓고 하나님과의 약속을 지킬 수 있어서 다행이었다.

혜숙이가 사고를 당한 그 순간 살려야 한다는 절박한 마음으로, 전주에서 서울로 내가 다니는 교회 담임목사님 비서실에 전화를 걸었다. 때마침 교회에서는 1년에 한 번 40일 작정으로 새벽 4시 45분에 예배를 드리는 '호렙산 기도회'가 진행 중이었다. 화급을 다투는 여러 가지 서류를 제치고 일선으로 목사님에게 전달해 준 비서실의 기민한 판단으로, 새벽 예배 시간에 전 교인들과 함께 혜숙을 살려달라고 기도해 주신 K 담임목사님과 비서실 C 선생에게도 감사 인사를 전해드린다. 그해 호렙산 기도회의 중보 기도 내내 혜숙이를 살려달라는 내용이 포함되었다.

전주에서 25일 만에 서울에 와서 담임목사님을 뵈었을 때였다.

"저도 믿지 마시고요. 목회자와 교회의 담벼락을 뛰어넘어 하나님을 믿으세요. 목회자인 저도 하나님의 영(靈)이 임하지 않으면 아무것도 할 수 없어요."

오, 놀랍다. 아무것도 강요하지 않음에도 불구하고 나를 자연스럽게 하나님과 자석으로 착 붙여주는 연결고리가 되어 주었다. **말씀을 통해 내 믿음의 스승이 되어 주신, 교회의 담임목사님께 거듭 감사드린다.**

끝으로, 우리 자매가 병원에 입원해 있는 동안 병문안 와서 기도해 주고 위로해 준 친척들과 지인들에게 감사 인사를 전한다. 그동안 수많은 구역 부목사님들과 전도사님들의 책임감 있는 헌신적인 기도와 권면의 얘기도 퍽 위로가 되었다. (**끝**)

참 감사합니다

초판1쇄 발행 2021년 6월 24일

지은이   정금애
발행인   김정신
편집   이상완, 김민수
디자인   김민수
펴낸곳   서우북스

주소   서울시 강남구 논현로507 성지하이츠 3차B/D 107호
팩시밀리 02-556-9175
이메일   wan1-2-3@hanmail.net
홈페이지 https://www.facebook.com/seoowoobook

ISBN 979-11-963804-9-6 03230

"서우(瑞友)"는 "남녀노소 모든 사람들에게 복이 되는 친구"라는 뜻으로 서우북스는 문서
출판을 통하여 좋은 친구처럼 도움을 주는 일에 주력하고자 합니다.

이 도서의 판매 수익금 일부는 선한목자병원과 굿세퍼드재단이 함께 추진하는 '13개국의 16개 무료진료
센터' 운영과 '캄보디아 아이들에게 약 보내기' 캠페인에 기부됩니다.